逸翁自叙伝

阪急創業者・小林一三の回想

小林一三

講談社学術文庫

目次

第七章　大阪町人として……138

文庫化にあたって

・本書は『逸翁自叙伝』(図書出版社、一九九〇年)を底本とした。
・あらたに「阪急創業者・小林一三の回想」とのサブタイトルを付した。
・見出し等の体裁をあらためた。内容に変化はない。
・底本において(参照)とされ、本文内に収められている文章は巻末に移した。
・著者が故人であることから原則として文章は底本どおりとしているが、明らかに誤植や文字づかいの誤りと思われる箇所、固有名詞や年月日・事実関係・書誌等で明らかに記憶ちがいや錯誤があると考えられるものは、できるだけ原典や初出にあたり、これを正した。
・企業や官庁名で当時の正式名称ではなく、通称やその後の名称が用いられている場合があるが、そのままとした。
・ルビを大幅に増やした。なお、歴史的仮名遣いの引用文においても現代仮名遣いでルビを付している。また講談社の規準にしたがい、表記を若干あらためた箇所がある。
・人名等に適宜、説明を補足した。編集部がおぎなった箇所は［　］で示している。
・底本の解説「小林一三について」(堤清二)は割愛した。
・あらたに鹿島茂氏による解説を付した。

逸翁自叙伝

第一章　初めて海を見た時代

中田通りで人力車を降りて、正門を見上げながら坂をのぼり、［慶応］義塾の高台に立って、生れて初めて海を見たのであるが、そのとき、どういうわけか、海は真白く、あたかも白木綿を敷いたように鈍い色で、寒い日であったことを記憶している。それは今から六十五年前、十六歳の春、明治二十一［一八八八］年二月十三日である。

赤煉瓦の講堂の入口から左手の塾監局の一室にて、益田英次《ますだえいじ》先生におめにかかり、それからその日のうちに、運動場の前から坂を下った益田先生のお宅に寄宿することになった。その頃は塾の構内に小幡《おばた》［篤次郎《とくじろう》］先生、浜野《はまの》［定四郎《さだしろう》］先生等、何軒かの先生の私宅があって、生徒を預ってお世話して下さったものである。

十四日、入学試験を受けた。予科四番の一に編入、左記の教科書を借りた。

ローマ史、ウィルソン第三リードル、グェーキー地質学、ロビンソン実用算術書。

漢籍日本外史は自弁であった。受持先生はたれであったか少しも記憶がない。英語はファロットという年増の肥った女史で、長いスカートを引きずって、いつも廊下に砂ほこりをたてて歩いていたのを覚えている。

翌十五日は終日ただウロウロするのみであった。先生も生徒も講堂を出たり入ったり、雑然として落着かない。結局授業なしで寄宿に帰ると、明十六日から生徒一同ストライキだから登校すべからずと、同宿の先輩から言渡された。何が何んだかサッパリ判らない。夜になって益田先生の代理らしい同宿の一人から「君はこのたびの規則を承知して入学したのだから、ストライキに参加する理由はない。明日から必ず出席しなさい」と命令を受けた。あとで聞くと何か新規則が発布されたのに対し、生徒一同から反対請願書を提出したけれど御採用がないので、連袂退校《れんぺいたいこう》という騒動であったが、私達無関係の生徒と、退校反対の生徒と、教室は七、八名の少人数で、淋しい幾日かがつづいた。その当時の日誌（らしいもの）を見ると、三月二日の夜、四国町に大火、三日は遠慮して授業を休むと記してある。退校騒動でほとんど休業同様に連日ブラブラ遊んでおったから、益田邸寄宿生徒の連中十五、六名は退屈でたまらない。演説会を設立して気焔《きえん》を吐こうという先輩に指導されて、会員の親睦を計るために鶴鳴会という演説討論の会が設立され「本会の目的は」云々と評議し立案し、署名させられた。まず第一が鴻池《こうのいけ》新十郎《しんじゅうろう》、それから東本願寺の若い美しい坊さん房麿、温麿兄弟、それに付添の阿部慧水師、新潟、秋田、大阪、山梨、福島、北海道出身の人達で、今はほとんど故人になっていると思う。そして毎週一回、夕飯後三時間あまり、演説や討論がすむと、益田先生からお菓子の御《ご》褒美《ほうび》を頂戴したものである。

三月七日、どういう妥協案が成立したか、その内容は少しも知らないが、退校騒動も無事に収まって、和解の親睦会が運動場において行われ、仮装行列が華々しく催された盛況に驚いた。

それから私は、その年の夏休みは親戚の保証人の宅で暮し、九月八日三田に帰り、十七日益田先生の寄宿から本塾寄宿舎童子寮に移されたのである。その当時の三田台上の建築物全景は、間違っているかもしれないが、次の通りの見取図だと記憶している。

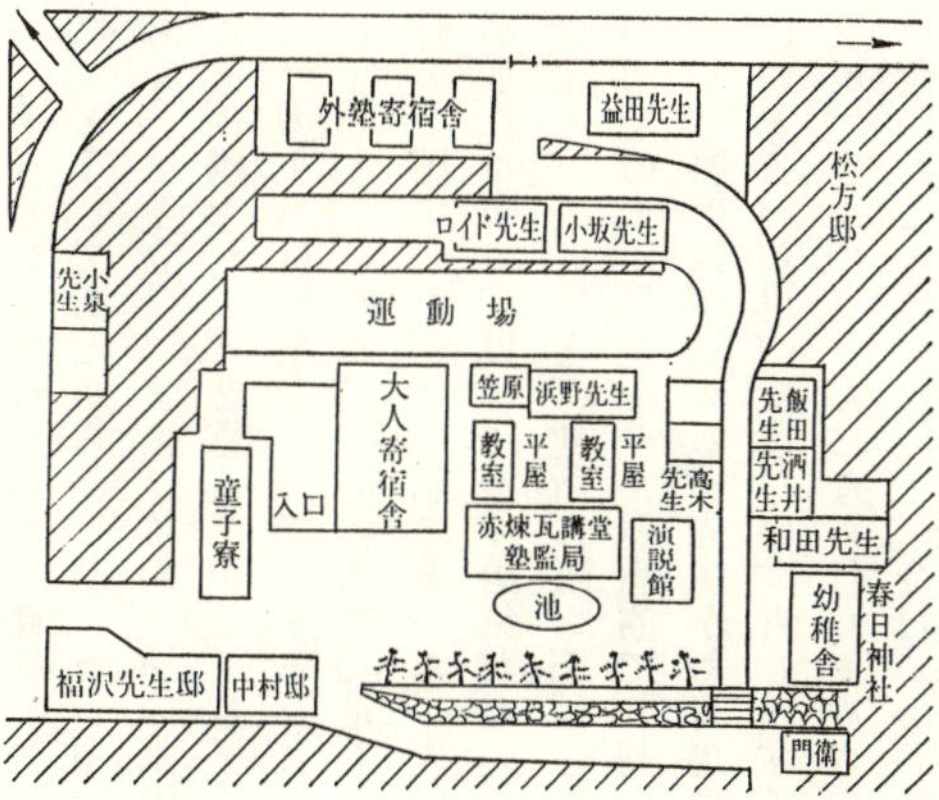

益田先生宅にいる時にも、鶴鳴会という演説会や鶴鳴雑誌という回覧雑誌があったごとく、童子寮にはまた「寮窓の灯」という堂々たるコンニャク版の機関雑誌があった。童子寮は十六室で一室に三、四人、室長は本塾を卒業近い老成の人格者で、その室長さんは社会に出て、それぞれ有名人になった人ばかりである。［横浜］正金《しょうきん》銀行の副頭取から鮮銀［朝鮮銀行］、興銀［日本興業銀行］の総裁になった鈴木《すずき》島吉《しまきち》さん、三井物産の重役磯村豊太郎《いそむらとよたろう》さんなどにはずいぶんお世話になっ

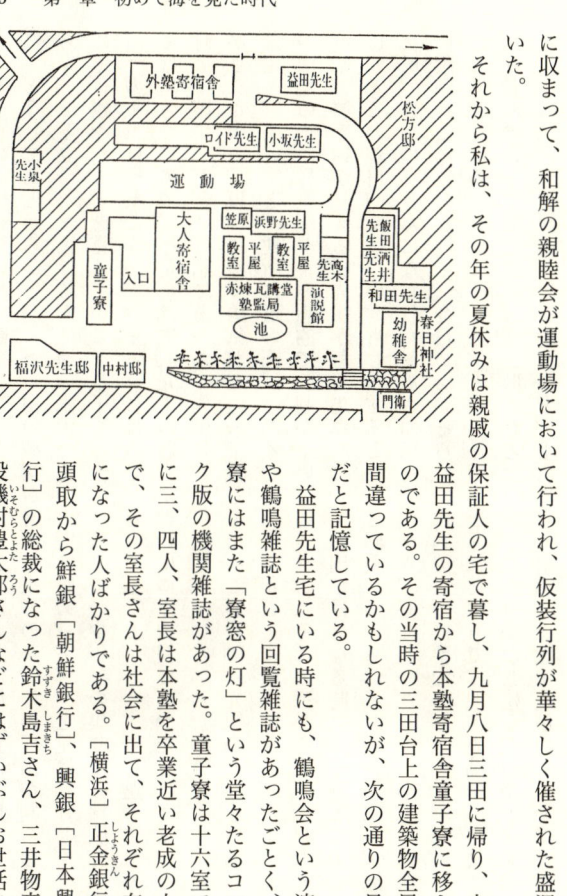

た。童子寮の記憶は江の島、鎌倉に遠足した時、七里ケ浜の大海原を見て、風もない好天気に、どうしてあとからあとからと真白い波濤《はとう》が寄せて来るのか、その理由が判らない。しばらく茫然と立ったままはるかに遠い水天一色の大空を眺め、ドドッと足許に押し寄せる大波に逃げ廻ったことを覚えている。童子寮は十七、八までの少年達の集りで、機関誌「寮窓の灯」の主筆は投票によってきまる。私は入寮するとまもなく、その主筆に選挙された。会費では足らないので、不足金は福沢先生のお宅に貰いにゆく習慣であったそうだが、それは毎月二十円ずつだという話であった。先生のお宅に行くと、いろいろ質問を受けて困るとおどかされたので、貰いにゆく勇気がないので苦しんだ。この寮には光線のあたる風通しのよい部屋と、暗い室と、便所に近い部屋とあるので、半ヵ年ごとに籤引《くじびき》で部屋替があった。二階の南端の十六号室が一番理想的で評判がよい、というのはそこの窓から眼下に福沢先生の玄関や、勝手口が見える。先生が毎日馬車に乗ってお出かけになる時はすぐ判る。実は先生を送迎するのが目的ではない。もしかすると先生と同乗しておられるお嬢さん二人、志立《しだち》「鉄次郎《てつじろう》」さんの奥さんになられたお滝さんはその頃十六、七であったろう。小肥りに血色のよい潑剌《はつらつ》たる洋装の女性で、今日でもおそらく現代的美人の標準であるかもしれない。その妹のお光さんは潮田《うしおだ》「伝五郎《でんごろう》」工学士の奥さんになられたお方で、現在の潮田「江次《こうじ》」塾長のお母さんである。お光さんは優《や》さ形《がた》のおとなしい、しとやかなお嬢さんのように記憶している。この二人の女性のお姿が現れると、十六号室の南窓には数十人が押すな押すなに集ってる。

来る。シッシッ！　騒いではいけないと騒ぐのである。私としてはその時代が一番なつかしい、思い出の多い義塾生活であった。

十八歳の時に、外塾と呼ばれた崖下の寄宿舎に移された。この頃から、私は学校の勉強がイヤになって、二十歳の冬、かろうじて卒業させて貰ったように、文学青年の空想的生活に終始したので、いまだに無学であることを後悔している。また文学志願の私としては、いきおいその交遊が、いわゆる角帯《かくおび》型の義塾青年層でなく、硯友社《けんゆうしゃ》風のキザな青二才に伍しておったのを思い出すたびに苦笑する。

明治二十三年の春、麻布東洋英和女学校の校長ラージ氏が何者かに殺された事件があった。その事件の犯人は結局、最後まで発見されなかったが、私はその事件を新聞で読んだ翌日から執筆して山梨日日新聞に「練糸痕」（二四七ページ参照）という小説を連載した。三、四回つづいた頃に、ある日塾監局からちょっと来てくれという呼出しを受けて行って見ると、そこに警官が二、三人「お前はこの小説を書いたのか」と詰問されたのである。取調べの筋があるから麻布警察に同行するというのである。私はブルブルふるえた。塾監局の人達が私の身分を証明してくれ、拘引されなかったがいろいろ根問《ねど》い葉問《はど》いされた。恋愛破綻の空想的筋道を話して許されたが、これより先、山梨日日新聞社の方では、新聞社に甲府警察署から多数の警官が出張して、筆名靄渓学人《あいけいがくじん》という私を究明せんず大騒ぎをしたというので、思いがけなくとんだ迷惑をかけた次第から、その小説は九回限りで結尾にしたが、六十

三、四年後、友人の宮武外骨《みやたけがいこつ》君の仕事場である東大の新聞研究室で、外骨翁にこの追憶談をしたところが、ただちにその新聞紙を探し出して送ってくれた。一読してその拙いのに驚いた。いかに若気の至りとは言え、こんなものを書いて、それで小説志願者であったという過去を顧みると、何と無茶であったかと、苦笑せざるを得ないのである。

このごろ麻布十番に、外塾から赤羽の工場裏を通りぬけると、芝居の幟《のぼり》が景気よく風に翻っている。森元座《もりもとざ》、開盛座《かいせいざ》、寿座、三座が櫓《やぐら》を並べて年中休みなしの芝居町があった。女優市川九女八《いちかわくめはち》一座、坂東勝之助《ばんどうかつのすけ》一座、それから奇術、手品、壮士芝居など珍しい新しい興行ものがかかる。川上音二郎のオッペケペーの東京乗込も三座のうちのどこかであった。私は毎月毎月この芝居を見ることによって劇通になり、そして木挽町《こびきちょう》に歌舞伎座が新設されてから、初めて本筋の芝居を見るに至ったのである。いま考えて見てもおかしくてたまらない事は、私達同人の劇評において、私の劇評は、断然独創的で新味があるからとおだてられて、国民新聞に頼まれ、金子春夢《かねこしゅんむ》という人に同伴されて、歌舞伎座を見物したことがあった。芝居の出しものは何であったか忘れたが、そのとき、二階桟敷に陣取っている数十人の劇評家の中に、私は平然として乗込んだ。朝日の饗庭《あえば》［篁村《こうそん》］翁、時事の竹下［竹翁《ちくおう》］翁を初めとして松居松葉《まついしょうよう》君その他知る人知らぬ人、彼等の冗談駄弁を聞きながら私は考えた。芝居を見ることをやめて彼等の一挙手一投足と、その細語雑説《さいござっせつ》を書留めたのである。そして「歌舞伎に劇評家を見るの記」を書いた。私の写生は必ずしも皮肉ではないけれど、楽屋落ちの実態をさらけ出したことは、我ながら痛快だと信じておった。しかしながらそれは同業者の仁義として、掲載は出来ないというので没書《ぼつしょ》になった。その原稿はどうなったか知らないが、もし存在するものとせば、その時代の劇評家なるものの風貌を知悉《ちしつ》し得るであろうと信じている。

三田生活五ヵ年間の同窓者の大多数は、今や幽明境を異にしている。生き残っている私は来年は八十歳だ。雀百までという諺《ことわざ》どおり、私はここに原稿のペンを取り、さらに芝居や映画やテレヴィジョンや、すきな世界に働こうと勇み立っているのである。（新文明、［昭和］二六年一一月号）

第二章　二十代

二十代！

六十年も前の、あの頃を顧みるのは、私にとっては、一種の苦痛である。花やかな青春の夢と許してくれるだろうか。気おくれがして書き出すのもものうい年の暮の忙しいうちに、私は心に鞭打って見るであろう。

明治二十五［一八九二］年十二月、慶応義塾を卒業して、二十六年一月から、三井銀行に出勤することになっていた私は、暮の二十五日故郷に帰って正月を迎え、春早々松の内から飛び出して鰍沢《かじかざわ》に一泊、暁色明けきらぬ朝まだき、富士川の一番船に乗った。折あしく雪模様で、暗澹《あんたん》たる峡間を下る小船が、一時間も下ったかと思う頃、急流岩石の一角から浅瀬に乗上げて、船底から浸入する冷たい水にしばらく立往生、次の下り船に助けられて、岩淵《いわぶち》に着いたのは午後の二時頃であった。

その頃、この富士川の時間船は、甲州から東京行き最短の旅程で、時間表によれば、十一時半に岩淵に着く。駅前の旅館に着くと、ただちに昼飯が運ばれて、一時頃の汽車に乗ると、その日に新橋に着、汽車賃は一円一銭、一マイル一銭として百一マイルと覚えている。昼飯は十五銭、名物として甲州人の待ちこがれていた鮪《まぐろ》のさしみが食べられるので嬉しかった。

そのとき、熱海《あたみ》に病気保養の親友Y君を尋ねて、二、三泊遊ばせて貰う約束があったから、この日は三島で一泊、翌日雪の峠を越えて熱海の露木という宿舎に着いたのは正午頃であった。私が尋ねて行ったY君の部屋の向うに、アーノルドという外人が滞在しておったのは、忘れられないエピソードの一つである。お金に不自由のないY君は、贅沢《ぜいたく》なお客様ぶりで、毎夜この部屋に集まる同宿の連中を、花札の組、うた歌留多《カルタ》の組、囲碁の組というように、大旦那の接待ぶりで、いつも賑かであった。二、三泊で東上する予定であった私は、外人アーノルドといつもペラペラ話している一女性と言葉を交わすようになって、東上がつい延び延びになり、三井銀行に出勤することも、一月二十日挙行さるべき学校の卒業式に出席することも、忘れたようにぼんやりと、一日一日と暮らしてゆく。「いつ東京へ行くのだ」とY君に詰問されても。

梅林へのそぞろ歩き、宿の前の流れに湯気の立ちのぼる片側路を海岸伝いに、Y君を引っ張り出して、Y君をして彼女を引っ張り出さしめて、そして文学青年の私のキザな対話を、今思い出しても独り苦笑せざるを得ないのであるが、その楽しい淡い一時間二時間、今日になっても忘れられない対話の一節を覚えている。

彼女は私より二つ年上で、色は白くなかったけれど、顔立ちの男々しい、やさ形なキビキビした立居振舞「小林さん、あなた駄目よ、そんなチョコチョコ歩いては」このチョコチョコ歩くせは、八十の今日になっても、万一にも彼女が生きているとせば「相変らずネ」と冷やかに言うかもしれない。

朝早く起きたてにはいる、寝る前におそくはいる、毎日二回、温泉に十分ばかり浸る濛々《もうもう》たる極楽世界の片隅に、私は彼女を発見したことがある。それは偶然ではなくて、待ちもうけた計画的瞬間のあるひと時である。男女混浴の時代として、珍しからぬこの境の風景に何の不思議もない。湯気の中にかろうじて見ゆる神秘な幻影を、しばらく凝視している私から離れて、彼女は慌《あわただ》しく出ていった。私は浴槽に深くジッと浸って、立つことが出来ないのである。

そのあくる日、彼女は私の知らぬ間に東京へ帰った。二、三日して東京へ帰ってから、私は上二番町《かみにばんちよう》の彼女の家の前を、何度行きつ戻りつしたことであろう。三井銀行から催促を受けたけれど、どうしても銀行にゆくのは気が進まない。

その当時、私は、上毛新聞という地方新聞に「お花団子」（二五三ページ参照）という時代小説を連載しておった。山中閑という人が社長であった。都新聞（今の東京新聞）に大阪から渡辺台水《わたなべたいすい》先生が入社するという話があって、すすめられるままに都新聞に入社しようとしておったが、渡辺先生は、どうしても大阪毎日新聞を離れることは出来ないというので、この話は中止になった。四月三日の祭日に、熱海から東上して来たY君に叱られて、その結果、四月四日から三井銀行に出勤した。それから十数年、私の二十代は銀行員として安月給取りの、あられもない贅沢生活に多年を浪費したが、この小説的行動を、私の五人のこども、九人の孫と、それから何万人という私の同勤の人達に対して、虚言なしに書けるであろうか。（新文明、〔昭和〕二七年二月号）

第三章　その頃の大阪

それは六十年前の昔の話だ。

二十一歳の夏であった。明治二十六［一八九三］年九月、日は忘れたが、十日前後の午後四時頃と記憶する。その前日、東京新橋駅から汽車に乗って、車中一夜をあかし暑さに疲れ果てた昼すぎ、朝日ビール工場の大きな広告を右手に見て、次がいよいよ大阪だ。

荷物を片付けて、独りぽっち梅田《うめだ》のステーションに降りた時は心細かった。人力車に乗ってしばらくゆくと「曾根崎《そねざき》警察署」という看板が眼につく。曾根崎という文字は、近松門左衛門《ちかまつもんざえもん》の戯曲から文学的に深く印象づけられておった私にとっては、何という野暮な看板であろう、と感じたのである。

それから、曲りくねった狭い街に来ると、両側に「曾根崎貸座敷」という細長い行灯《あんどん》が軒なみにかけられてあるのを見て、ここが近松の曾根崎新地であるに違いない、と想像した時は、ちょっと嬉しかった。蜆川《しじみがわ》、堂島《どうじま》、中之島《なかのしま》というがごとき、適確の場所はもちろん知るよしもないが、上方文芸の予備知識があっただけに、みちすがら時々親しみのある文字や標札を見て、頼もしく心強う思った。淀屋橋《よどやばし》をすぎて大川筋浜側の、たしか島平《しまへい》といった旅人宿に着いたのである。

この宿には学友玉木誠次郎君（現在大倉組の重役）が、伊勢参宮から上方見物にゆく、大阪では島平という宿屋に何日まで滞在する、その日までに自分も大阪に行く、そして二、三日大阪を一緒に見物して遊ぼう、という約束がしてあったのである。宿に着いて見ると、私がついたならば、この手紙を渡してくれ、と伝言して彼は今朝、東京へ帰ったというのである。

心細くも独り取残された私は、こんな立派な旅館に落着いて泊れる身分ではないと、心配しながら入浴し、食事し、宿の浴衣《ゆかた》のまましばらく、川添いの手摺りにもたれて、淀屋橋を行き交う人のむれや、大河の流を漕ぎ上る涼み船を眺めておった。

夕日はまだ落ちない。残照の漣《さざなみ》は斜めに大河を染めて、その対岸にならぶ数十艘の小船には、屋号を筆太の旗が風に靡《なび》いている。納涼行きの男女を招く船頭の呼声も面白い。私は大胆にもひとりそぞろ歩き、借り下駄をつっかけて、淀屋橋からその上流の光景に見とれておったのである。この時、けたたましき人力車の雑音、それはこの時代に流行《はや》った花街特色の人力車で、車の心棒には鉄の丸輪のいくつかがはめ込まれて、走るにつれてガランガランと鳴り響くのである。二台三台四台とつづく。人力車の勇ましい音に驚いて、私は振返って見た。車上の人は艶色《えんしょく》嬌態《きょうたい》、満艦飾《まんかんしょく》の舞妓《まいこ》姿である。芝居の舞台と絵画とによって知っている活きた舞妓を初めて見たのである。その影を追うがごとくに飄然《ひょうぜん》として二、三歩進出したと見えて「あぶない」と大声に叫ぶ車夫の叱声《しっせい》と共に、車上の人の嘲けるがごとき笑顔を目送したのである。私は大阪に着いたその第一日において、浪花美人の権威に威圧されたのである。

島平に一泊してその翌日、勤務先の三井銀行支店に荷物を移した。三井銀行支店は、高麗《こうらい》橋通《ばしどおり》二丁目、今の三越のところにあった日本造りの店舗で、奥の方は、二階建と三階建であったが、表正面は平屋建であった。

私は大阪支店に転勤するまでは本店の秘書課におったが、その頃の三井銀行は学校出をドシドシ採用する。採用された行員は本店に四、五ヵ月勤務していると、次から次と、地方の支店へ転勤を命ぜられる。政府の御用銀行として日本全国に支店、出張所等、百ヵ所もあるから、北は根室、東北は青森、八戸《はちのへ》等の僻地《へきち》まで行かねばならぬので、大阪西松商店の創設者であった西松喬君などは、青森支店で苦労した一人である。

私は幸いに人事を取扱っていて秘書課におったから、京都大阪というがごとき、いわゆる上方情緒満喫の本舞台をねらっておったところ、大阪支店から要求のあったのを機会に、支店長高橋箒庵《たかはしそうあん》［義雄］先生にお願いしてその志望を達し、同輩に羨まれながら赴任したのである。

東京を離れる時、秘書課長から注意を受けた。

「大阪へ行った連中は、必ず初めの間の一、二ヵ月は、北浜の御野《おんの》という素人下宿に落着く、その間にわるいことを覚える。どうも評判がよくない。菊本《きくもと》［直次郎《なおじろう》］君だけは確かだ。その菊本君にお頼みしてあるから、すべて同君にお願いし給え」との紹介状を持っておった。

「僕の今の下宿は感心しない。五、六日したらば他へ移るつもりだ。それでよければ」と条件付にて同宿することになった。本町橋《ほんまちばし》東詰南入浜側の上野屋という旅館であった。

菊本君は終戦の当時は、三井銀行の社長にまで栄進した紳士で、伊賀の上野の産、郷里と関係のある商人宿であった。

五、六日という約束であったが、ここにかれこれ一ヵ月も同居しておった。私達両人の部屋は川に面した西向きにあったから、夕日が奥まで射し込み、暑いことおびただしい。その夕日の中を、道頓堀《どうとんぼり》から東横堀《ひがしよこぼり》を下ってくる納涼船が唄や三味線で囃《はや》しながら、数限りなく、あとからあとからと続く。やがて、黄昏《たそがれ》てゆく水の流に明滅する紅灯《こうとう》艪声《ろせい》を闇に包むまで、茫乎《ぼうこ》と眺めておったのである。

銀行に出勤すると、現金を取扱う金庫係を命ぜられた。高橋支店長は、その後三越呉服店の重役になると、ただちに女子店員を採用した新人であったが、銀行においても早くすでにそれを実行して、三井銀行大阪支店の女子店員は日本における最初の試みであり、銀行界の名物であった。彼女達は鮮やかに紙幣を数え算盤《そろばん》を巧妙に弾《はじ》く。私は彼女達に教わりながら働いておったのである。

そのうちに小切手の取付、為替手形引受の証印などで、市内の得意先を廻るようになった。長者番付や多額納税者の一人として有名なる山口玄洞《やまぐちげんどう》氏は、その当時、安土町《あづちまち》五丁目であったが、町名は間違っているかもしれないが、あの付近の裏長屋に住んでおって、神戸居留地の外商に振出した手形には山口清助《せいすけ》とある。いくら探しても見当らない、長屋の入口にある共同井戸端に洗濯をしておったお内儀さんに、

「この辺に山口清助という人はおりませんか」と尋ねると、

「清助って宅《うち》だんね」と山口玄洞と書いてある表札を指示されたことは、忘れ難き思い出の一つである。

裏長屋に住まっておった彼が大商人として出世したごとく、小さい大阪市は大きい大阪市となった。小さい日本は大日本となった。その進歩と発展の序幕は、実に明治二十七、八年の日清戦争である。

二十六年に始めて月給十三円を給与された私は翌年第一回の昇給、それはわずかに一円ずつであったが、二十七、八年戦時中の好景気に町人の大都会として飛躍した大阪の経済界において、洗礼を受けたのである。一年ばかり経つと、私は抵当係になった。

高橋さんの次に来た支店長は岩下清周《いわしたきよちか》氏である。ある日、岩下支店長は「昔の千両函《せんりょうばこ》を知っているか、僕は今度百万両函を作ろうと思う」と突拍子もないことを言うのである。これは日清戦争の最中であった。

戦争の中頃に初めて軍事公債が発行された。三井銀行が引受けた何百万円かの公債の大部分は、大阪支店が保管しておった。それは金融の操作上必要であったからである。その当時大阪における手形交換所の日歩《ひぶ》は、全国金融のバロメーターとして重きを置かれておったから、コールを取った場合に差入れる担保品として必要であるからと言うよりも、軍事公債百万両の函を作ってお蔵に飾って置きたい、という稚気愛すべき計画が実行されて、新しく、厳《いかめ》しい三個の百万両函が出来たのである。この百万両函には後日物語がある。

手形交換所日歩とは、各銀行本支店の係員によって手形交換所に持込む貸借決算がすむと、コールマネーを取引する、金融の緩慢と逼迫《ひっぱく》とによって、すなわち出し手と取り手の懐中勘定から日歩がきまるのである。二十六年の秋頃から二十七年にかけて金融は大緩慢、交換所の日歩は五厘を上下した。無日歩で借り手の無い時もあった。五分利整理公債の市価が百七、八円に騰《あが》った。我々同勤の菊本君は、何千円かの整理公債を買うだけのお金持で羨望の中心であった。三井銀行本店からは「これ以上に預金が殖えては困るから、丁寧に預金をお断りするようにせよ」という、今考えると虚言のような命令が来た。全体三井銀行の預金勘定はどのくらいあったか。一千万円か、二千万円か、確かな数字は記憶しないが、とにかく、日本にも預金は困ると言った時代があったのである。この金融情勢による経済界の好況が、日清戦争開始の決意を断行せしめたのである。それは明治二十四、五年から芽ばえた勤《きん》倹貯蓄《けんちょちく》の国民的運動の効果である。その原因は清国の日本に対する脅威に自覚したからである。清国北洋艦隊のデモンストレーションが日本の近海を横行し、横浜港外に定遠《ていえん》、鎮遠《ちんえん》の鋼鉄艦ほか数隻が威風堂々と碇泊し、提督丁汝昌《ていじよしよう》の新橋芸者に大もての光景が、三面記事として新聞紙を賑わした連日のニュースは、いかに我々をして憤慨せしめたことであろう。鋼鉄艦を持たない我国の貧弱さを眼前に見せつけられて、海軍大拡張は国民の輿論《よろん》となった。海防費献金は全国の富豪をして、よしそれが勲章との取引であったにせよ、津々浦々に行き渡った。政府の官吏は俸給の何分の一を喜んで犠牲にした。かくして我国にも艦隊らしい艦隊なるものが出来上りつつあったのである。

朝鮮事変から日清戦争に展開した経路を語ると、長くなるから省略する。ただ日本は断じて侵略戦争を起したもので無く、やむにやまれず、売られた喧嘩を買わざるを得なかった事情は、すでに世界周知の決定版である。私は若き銀行員として、大阪財界の伸びゆく誰れ彼れの幸運を、日清戦争花やかな時代から見ている。私の眼界は三井銀行大阪支店を中心として局限されているかもしれない。しかしそれだけでも波瀾は大きい。しかも、そのうちには岩下清周氏のごとき栄枯盛衰、一世を驚倒《きようとう》した事件もある。私はその頃の大阪を顧みるであろう。

ある日、金庫係の窓口で紙幣を数えていると、学友のK君が、東京から郷里への帰り途に立寄られて、客溜《きやくだま》りから私の勤務ぶりをジッと黙って見ておられたのには驚いた。

三井銀行員には違いないが、金庫係の小童として働いている私に対して、よほど悲観したと見えて、誘い出してどこぞへ遊びにでも行くつもりで尋ねて来たという彼は、「僕はすぐ近くの親類の家におるから、退出の時間が来たら遊びに来てくれ」と言って、所書きの名刺を渡して帰った。伏見町《ふしみまち》一丁目兵頭《ひょうどう》トミ方へと言うのである。

兵頭トミという女性は、その昔、若い時は彼の父親の愛妾であったというのである。彼の父親は愛媛県大洲《おおず》銀行の頭取で、その一家一門は相当手広く生活していた素封《そほうか》家と見えて、五、六年前死去したあとでも、この妾宅は彼等一門の人達が、大阪へ来ると共同宿舎として利用されていた、というのである。

私はこの友人の紹介によって、兵頭トミ方に止宿することになった。彼女は六十を越した老の白髪を真黒に染めて、鬢付《びんつけ》でかためた頭のテッペンに小さい丸髷《まるまげ》をのせていた。伏見町一丁目東横堀に出るまでの南側の高塀の平屋で、東南は竹屋、南隣は花房という二階造りの旅館である。朝日の射す奥の六畳に、二十六年から三十年に、大阪を去るまで下宿しておったのである。

私の部屋である東向きの六畳の奥の座敷に、四畳半がつづく。南向き六畳の座敷にも四畳半がつづく。その前の玄関は三畳、長四畳の一室が主婦の居間で、ときどき二組三組のお客様があっても差支えない、まことに手軽な出入り便利な、町中として閑静な申分のない住居であった。

隣の四畳半には、ときどき京都から山本輝山という青年画家が来て、半月、一ヵ月、長い時は二ヵ月も止宿して、いろいろの画をかいておった。絵の注文主は高麗橋八百屋町《やおやまち》角の表具屋山中儀助氏である。応挙《おうきよ》、芦雪《ろせつ》、呉春《ごしゆん》など円山派、四条派のコッピーを盛んに製造しているのを傍で見ながら、その凡筆でない技術に感心した。

「面白い絵を一枚あげましょう。お婆さんに見せては困りますよ」と、芦雪の半折《はんせつ》を貰ったことがある。垂柳《すいりゆう》の先に狗児《えのころ》の戯るるところ、この絵はおトミさん秘蔵の一軸で、ときどき私の部屋の床の間にかけてあったものを、いつのまにかコッピーしたものである。

ある年の秋頃であった。輝山画伯は盛んに若冲《じやくちゆう》の双鶏をかいた。大阪毎日新聞は吉例によって酉年の新年付録として、松本重太郎《まつもとじゆうたろう》氏所蔵の若冲双鶏の図を原色版として配布した。これは明治三十年の春であった。

たまたま私は東上して、三越呉服店専務理事高橋箒庵先生を訪問した。日本座敷の広間の床には、折から酉の春にふさわしき若冲双鶏の一幅がかけられてあった。松本氏所蔵大毎付録と同じである。若冲は同一図案を多作したから何の不思議かあらんとは考えながらも、私は輝山画伯の雄筆を思い出さざるを得なかったのであった。彼は私より三つ四つ年長者であった。音信なきこと五十余年、今なお健在なるや否やを知らない。

私はこの六畳にて生活すること、明治三十年まで足かけ五年。一時、名古屋支店に左遷された。その次は三十二年から三十四年まで足かけ三年。それから明治四十年まで東京本店に勤務、四十年一月三井を辞職して大阪に移住した。三度目から大阪町人として現在に至ったのである。

大阪支店在勤中は金庫係、抵当係、貸付係、名古屋支店にて貸付課長、再び大阪支店へ戻って、営業部長（預金貸付統合）から貸付課長と、いつも重用されておったから、ぞんがい大阪経済界の動静についての記憶はたしかであると心強く信じている。

大阪支店の得意先ではないが、桑名《くわな》の諸戸《もろと》清六《せいろく》氏は年に一、二度来店されて、支店長と会談がすむと帰りがけに、貸付課の応接用テーブルの椅子に巨軀を休めて、誰れ彼れと言わず浮世話をした。辞し去る時、私は彼の下駄を揃えて丁寧にお辞儀をすると、彼は私の頭をなでて、「お前さんは感心だ。精を出して勉強しなさいよ」と言いながら、袂《たもと》から桑名名産のしぐれ蛤《はまぐり》の小缶一個を出して「これをあなたに上げましょう」と、笑いながら出て行ったことを記憶している。

それから二、三度来店した時にも、帰りがけに必ずしぐれ蛤の小缶一個をふところから取り出して、誰かに渡すのである。天下の米相場師として東西を睥睨《へいげい》するあの堂々たる巨漢の諸戸翁に、この細心のお愛嬌のあるのを嬉しいと思った。

その頃の大阪の経済界は、まだ東京からの新知識だとか、指導的協力というがごとき新傾向は現れないのである。大阪町人としての伝統的勢力分野の中心は、何といっても鴻池一党であった。日本生命保険会社、大阪倉庫、大阪貯蓄銀行、大阪紡績等、あらゆる新事業の先駆者であった。

昔からの十人両替衆というがごとき長者番付の人々は平瀬《ひらせ》、加島《かじま》両家を残すのみで、平瀬家は三十二銀行に、加島家は加島銀行に、新興事業家としては東京渋沢栄一《しぶさわえいいち》、名古屋奥田正香《おくだまさか》と比較された大阪の松本重太郎氏は百三十銀行に、住友はまだ四国の鉱山師たるのみにて財界の外にあり、岡橋系は三十四銀行に、その他靭《うつぼ》組に田中市兵衛《たなかいちべえ》氏等、それぞれ陣営を固守しておった。もし東京方面の外様格を求むるならば三井家の一勢力のみであった。

外来の侵入者としては長州の藤田伝三郎《ふじたでんざぶろう》、久原庄三郎《くはらしょうざぶろう》、薩州では五代友厚《ごだいともあつ》氏等、いわゆる藩閥政商の一派があったけれど、北海道払下問題以来、五代系統は消滅し、その反対に長州系の家元藤田組は日清戦争によって盛り上った。要するに大阪は天下の台所なり、商工業の中心地なり、などと威張り得るに至ったのは、明治二十七、八年戦役のたまもので、私のごとき書生上りの青二才が大阪財界の一隅に踞《きよ》して、宴会の末席に、早くすでに大阪情緒を批評し得たるがごとき、我が大阪がいかにその規模が狭小であったかを知るに足るべしである。

日清戦争の勝利を確定的に了解するに至った時、広島の大本営に行在《あんざい》ましませし明治天皇の御機嫌伺候《しこう》に、東京を出発した三井八郎右衛門《みついはちろうえもん》氏一行が、途中、大阪支店に立寄り、献上品の選定をする必要から、高橋支店長は私に日曜日出勤を命じた。それは抵当係として保管しておった長田《おさだ》家の書画、骨董、茶器類の虫干を、八月いっぱい、二階、三階の広間に陳列してあったその中から選定するというのである。

　私はその日曜日には、道頓堀弁天座《べんてんざ》の舞台開きに芝居見物の約束があって、劇通同人との芸談を大いに楽しみにしておったのである。私は大阪に転勤して来た当初に、東京からの友人に大阪毎日新聞の高木利太《たかぎとした》、相島虚吼《あいじまきよこう》君等と文学青年としての交遊から、高木君の宿所で放談の夜を徹したことがある。菊池幽芳《きくちゆうほう》君とは初対面であった。文学雑誌「この花双紙」を囲んで、小説家として大いに未練があったから、銀行をやめて何度か大阪毎日に入社しようと迷っていたのである。「この花双紙」は大毎の連中の文学雑誌で、高木君は、いつもカーライルを論じ、ギボンを説き、ヘーゲルを論じた。果して判っておったかどうか、あやしいと思ったけれど、ただ黙って聞いているのみであった。

　私はその頃を思い出して、先年、相島虚吼君から貰った「この花双紙」を引っ張り出して見た。二十六年十一月発行、第七号に私の小説が載っている。題は短篇読切の「平相国《へいしょうこく》」である。ちょっと拾い読みをすると、

「加茂川の水、双六《すごろく》の賽《さい》、山法師、よしや白河の院は何と仰せられたにせよ、そのようなもの、我心に叶《かな》わぬというものが、広い日本《にっぽん》にあろうか？　一天四海、心のままに、起すのも、倒すのも勝手気儘《かってきまま》な道楽といえば先ず道楽、人生五十の上を一つ越して、病のためとはいえ、頭を丸めて立派に浄海《じょうかい》と銘は打てど、さて好きなものはいつまで経っても好きと見えるわ。保元《ほうげん》以来、一昔の今日、思わぬ出世に思わぬ栄華、イヤハヤ、我ながら鼻高平太の昔が忍ばれておかしい。柿色の直垂《ひたたれ》に、縄緒の高下駄、中納言殿《ちゅうなごん》のお馬の口を執った昔が、夢

のように見える」――

というのが書出しである。こんなもので果して小説家になり得たであろうか。

高木君は私より二つか三つの年長者で、二年も前に大阪に来て、大毎社長高木喜一郎《たかぎきいちろう》君の宅の二階に居候をしておった。「新聞より銀行の方がよいと思う、辞めてはいけない」と言いながらも、劇場から招待というがごとき場合にはよく誘ってくれる。そして劇評談に花を咲かせたものである。前年焼けて同年新築の舞台開きの弁天座（二五八ページ「忘れられない人」参照）に芝居見物をするという、その日曜日である。暑い夏の最中であった。銀行の向い側の山中春篁堂《やまなかしゅんこうどう》の主人が、高橋支店長と共に三井八郎右衛門氏を御案内し、二、三点選定してお持帰りになった。

虫干をした長田家の道具の中には、茶道具がたくさんにあった。何十本かある箪笥《たんす》の抽出しには、香盒《こうごう》や、茶入や、蓋置《ふたおき》、徳利、杯など数えきれないほど雑然として詰込まれてあった。目録と引合わして整理せよと命ぜられたが、引合わせると、足らぬものが多くて困った。しかし、私はそれによって茶道に対する知識と興味を養われたことを感謝している。

虫干道具をそこそこに片付けて、私は弁天座に駆けつけた。この芝居見物の帰りに誘われて行ったお茶屋なるものの中二階で、私は初めて大阪美人の一人を発見した。

その頃の大阪の花街《かがい》は、お金を懐中しておっても、お茶屋では遊ばせてくれない。旅の人は、誰か土地の人の紹介がなければ登楼《とうろう》をゆるされない。要するに信用取引が原則であって、現金で遊び得る方面は、各花街に一見茶屋《いちげんぢゃや》と呼ぶ低級な特別区域が存在しておった。そして、上流の階級は南北両廓に、問屋、商店は新町、堀江に、労働階級は松島遊廓《まつしまゆうかく》に、それぞれの特徴が競われて、いわゆる上方情緒の色彩を発揮し、町人の大都会として繁昌したのである。

　もし、大阪から色街《いろまち》を取除けるものとせば、すなわち大阪マイナス花街、イクオール零である、と言い得るほど、花街の勢力は傍若無人であったのである。

　この潜在力がいつの間にか醱酵して、一時市政を左右したタマニー派の首領は、松島遊廓の大親分であったという時代もあったごとくに、政治経済の主流は、花街を離れて存在し得なかったのである。今日から見れば、実に不思議なる時代相を持って生活しておったものである。論より証拠、その余韻というか、今なお大阪だけに見られる、梅田停車場における見送りの紅裙《こうくん》群を見よと言いたい。移り香のまだ消えやらぬ容姿を、白昼堂々乎《どうどうこ》として、三々五々、闊歩するのみならず、送る人、送らるる人、平然として喋々喃々《ちょうちょうなんなん》するを怪しまざる光景を見るならば、何人も、この半世紀の昔における花街の努力を想像し得るであろう。

　三井銀行並《ならび》に三井を代表する店舗の勢力は北の新地であり、その取引茶屋は「滝米」、「滝光」、「滝柳」と代々同一系統であった。私のその頃の時代は「滝光」であったけれど、それは主人筋か、支配人階級の遊ぶところ、私達下級社員は、北浜御野の保証による信用取引で、一段格式の下ったお茶屋通いであったが、私は妙な関係から南地に縁があって、弁天座新築の舞台開き芝居の帰りは、偶然にも、中井洋紙店の御案内（中井洋紙店は三井銀行の取引先であった）で、大阪毎日新聞の友人と共に西櫓町《にしやぐらまち》の得田屋というお茶屋に招かれたのである。

ここで、私は十四、五歳の可愛らしい雛妓《すうぎ》［半玉《はんぎょく》］を見た。それは露香《ろこう》翁が手折った紅梅の蕾である。現在も達者でいると思う。六十年前の吉勇さんである。得田屋は有名なる富豪平瀬《ひらせ》露香という大通人の宿坊として有名であった。

その平瀬家の大番頭甲谷権兵衛氏の令息長三郎君は私の学友で、同君に誘われて安月給取りの私が信用取引をゆるされたのである。学校友達というものは、実に有難いと思った。朝日座の座主浅野某の子息もその一人である。得田屋は朝日座の西隣であった関係から、朝日座の芝居は木戸御免のように見物した。

平瀬露香翁を、私は二、三度襖越しにぬすみ見た。まことに上品な痩形の老人で、取巻きの老妓に囲まれて、しめやかに語る。時に三味線の静かな音色、つづみの音、笑い声、粋な小唄、——もちろんまのあたり見たのではないが、小説的に感興し得る私の想像力は、春信の浮世絵のような夢の世界を描いて、その法悦《ほうえつ》を味い得る嬉しさを禁ずることが出来なかったのである。

二、三ヵ月前の話である。私は夜の宴会にゆくことを、ほとんど全部お断りしているにかかわらず、たまたまやむを得ざる関係から、北浜つるやの客の一人となって広間の酒席に座した。お客様は四十人内外である。酒席なかばに芸妓の余興があった。戦前のままの衣裳着付の芸妓が、地唄の「雪」を舞った。私はジッと見ておって、はからずも若いころの色町を懐《おも》い出さざるを得なかった。この騒々しい客人の群は、舶来煙草《はくらいタバコ》の煙と匂いの中に、酔眼朦朧《すいがんもうろう》として、彼女の舞踊を見たり、見なかったりである。

私の隣に大阪商工会議所会頭杉道助《すぎみちすけ》君がおった。彼は、彼一人でお酒を飲みつくしたごとく顔色を赤く染めて見ていた。

「杉君、わかるかい」

「わかるよ、地うたの『雪』でしょう。彼女は実によく踊りますよ」

「うまいか、まずいか、それは別問題として、君方は不幸にも、この地うたの『雪』そのものを舞う環境、またその舞を見る心持ちというか、静かな待宵《まつよい》の朧月夜《おぼろづきよ》に、恋にひたるというか、そういう風情を味ったことがないだろう」

「踊りを見るのに、そんなにむずかしい条件がいるのですか」

というような雑談をしたことがある。

まことに他愛もない冗談に終ったが、私はしばらく古い記憶をたぐって、ひとりその頃のお茶屋遊びの夢をしのぶであろう。

まだ電灯をともさない時代である。いつも客座敷には、古い蒔絵《まきえ》か黒塗かの蠟燭台《ろうそくだい》に蠟燭がともっている。部屋の中はうす煙が霞のごとく漂う。眠そうな舞妓達は、本役のようにその蠟燭の芯を切る。床柱にもたれて、名妓の舞の一さしを見る遊冶郎《ゆうやろう》、畳半畳の中に、ゆるやかに、立ちつ、坐わりつ、静かに舞い終ると、丁寧にお辞儀をする。鹿の子《かこ》絞《しぼ》りの長襦袢《ながじゆばん》の裾を合わせて坐る。「ほんまに、えいわ」と老妓は彼女をいたわる。この馬鹿馬鹿しい優美さを味いつつ、火桶にかざす手と手を重ねて見たり、つねられて見たり、痴態のかぎりを尽くしてふけゆく夜を知らない世界には、濃艶の絵巻がつづく。ここに誕生し、ここに成長したる上方の舞を、北浜つるやの大座敷に持ち出して、何の興味やあらんと悲観するのも老《おい》の繰言《くりごと》である。

その頃のお茶屋の勘定書には「一金何十銭、ろう」とつけてあるが、この「ろう」が廃止されて、お座敷に電灯を点けたのは、明治何年頃であったか。日清戦争の頃はまだ蠟燭の時代であったと記憶している。

「雪」を舞うにふさわしい優美な芸妓達は、純金の延べの太い指輪を左右に飾って平気でおったのである。いかに大阪が、あらゆる方面に物質的であったかを知るに足るべしである。ダイヤモンドのごとき宝石は、全盛をほこる第一流の彼女達も、夢にも知らなかったのである。

ダイヤモンドが、その繊指に輝いたのは、日清戦争後であって、小奴という美人が、岡崎《おかざき》邦輔《くにすけ》さんの東京土産だといって評判であったことを覚えている。その頃の姉さん株は松本の千代、平辰の小六で、この両人が指導的采配《さいはい》をふるっておった。松本の千代は松本重太郎氏の後援によって、独立して新居を開いた。今日隆々たる大和屋の元祖である。平辰の小六は、これと相競うて桂屋を開く。南地花街の盛運は、この競演的発展につれて、老舗大七、得田屋等を席捲《せっけん》し、富田屋の孤灯に迫るという形勢であった。

　私の遊び友達というよりも、大先輩として尊敬した老人秋山儀《あきやまぎ》四郎《しろう》翁は、忘れることの出来ない存在であった。彼は東京二六新聞の社長秋山定輔《ていすけ》氏の尊父で、堂島米穀仲買店と、道頓堀浪花座の座主であった。一滴の酒も飲まず、座に饅頭の小鉢をひかえて猥談の奥儀を叙述し、処女の神秘性を語る時は、諄々乎《じゅんじゅんこ》として謹厳そのものの威容を失わず、実は聴者をして襟を正しうせしむる魅力を持っていた。彼の処女神聖論は、彼の主張に従うときは、哲学的にも教養的にも博士論文であるというのである。私はその講義録を公表することの、世道人心にいかに偉大なるプラスであるかを信じておったが、その機会を逸して老朽、現在に至れるを痛恨している。藤本清兵《ふじもとせいべ》衛《え》氏も謹聴者の一人として、私と同感であったことを記憶している。彼も惜むらくはすでに白玉楼中《はくぎょくろうちゅう》の人なり、また何をか言わんやである。この秋山翁を囲む岡山県人の一党は、その当時、堂島市場に米の買占をして相当世間を騒がし、岡山銀行支店長で友人の竜野益太君を狼狽せしめたことがあった。その時、私は偶然にも二六新聞の秋山定輔氏が、三井銀行攻撃の計画に着手していた秘密を探知し、東京に通知したけれど馬耳東風、軽視して顧みなかった結果、三井の大をもってしても、とうとう二六新聞に頭を下げるに至った事実を、今でも残念に思っている。

秋山翁は浪花座の座主として、西二階桟敷の最末端の一席を保留しておった。よくその席末に招かれたものである。左右前後に美しい舞妓を伴い、舞台を背にして芝居を見るのが、彼独得の秘芸である。

「興行というものは舞台の上の役者の芸を見ていると失敗する。この芝居が面白いか、当るか当らぬかは、二階の一番奥のお客様の様子をジッと見ていると、間違いのない結論が出て来るものだ。あのお客様たちがほんとうの芝居好きで、彼等が他を顧みている時は、必ず損だよ」

「役者の声色《こわいろ》は、私がこう後向きになって天井を見ていても、隅から隅まで聞えるその口せきのいかんによって、彼等の伎芸を判断し得るものである。これは声が高くても、大きくても、ただそれだけでは駄目だ。細くても、小さくても、低くても、聞える口せきの役者は必ず出世する。こういう役者は芸も必ずウマクなる」

と語られたことがある、私は後年に劇場経営に関係するようになって、この秋山翁の格言の真実なるに驚いているのである。

私の学友には大阪人がたくさんあった。朝日座の浅野君、私と同年配であったが、今どうしているだろう。五百井清三郎という酒乱の若旦那もあった。甲谷長三郎君は特に遊び仲間で、中之島の日銀裏の浜側に新築の立派な家によく遊びに行った。養父の権兵衛氏は永眠されて、大柄な美しい未亡人に、お茶室に通されてお茶を頂戴したことがあった。茶碗は古伊《こい》羅保《らぼ》の名碗であった。天神祭の夜は浜側の二階座敷で、お渡りを見物したものである。

この甲谷君はその後、奥村の実家に帰って、愛人と共に、現在は北米ロスアンゼルスに、老後を令夫人に看護されて病床に横たわっているが、阪急の社員や宝塚の連中が渡米すると、必ず同君のお宅に御厄介になるので、お互いに長い長い、懐かしい交際に感激している。私の友達の中のナンバーワンである。

遊び仲間の一人に、北浜株式店の若主人であった浜崎健吉君がある。三田の益田先生の膝《しっ》下《か》に同宿した関係から、大阪に来ると第一番にお尋ねした、それは着阪後一ヵ月もたたない、まだまだ残暑の堪えがたき時であった。私は築地の「竹式」という料亭に案内されたのである。

今橋《いまはし》西詰を北に、細い曲りくねった路地の奥にゆくとつき当りに、大河に面した立派な料亭であった。風通しのよい二階座敷に通されて御馳走になった。私達二人に対して、たった一人の舞妓と付添の仲居が、いろいろと話す。その大阪言葉が実に嬉しかった。この舞妓が、真白く厚化粧して、笹色紅《ささいろべに》の唇や櫛《くし》かんざし、うすものの長い振袖など、珍しい容姿をまのあたり近く、初めて舞妓さんというものに接したので、こんな嬉しいことはなかった。そののち聞くところによると、浜崎君の愛妓呂之助という、文楽の呂太夫の娘だということを聞いたが、この呂之助はそれから二、三十年後、北陽第一の俠妓として活躍しておった時代、私達友人のグループに飛込んで来た因縁もあり、今なお達者に暮らしているものとせば、おそらく七十近い色も恋もない老婆となって、一人なつかしく昔をしのぶであろうと思う。

浜崎君は花から花にその甘露を吸う胡蝶のごとく、東西を股にかけて遊ぶ、故にその異名を「蝶々」と謳われた斯界練達《しかいれんたつ》の士であった。

「僕など自慢ではないが、この歳になってまだ一文も手切金を取られたことがない。そこに秘訣がある。女という奴は、別嬪《べっぴん》であればあるほど、浮気性にきまっているから、高くとまっている第一流をねらうのが一番安全だ。射落すこともラクであればまたいつにても逃げて見せる。故に僕は義理や人情で悪縁だなどといって、一人の女に苦しんでいる連中を見ると、馬鹿らしさに失笑せざるを得ないのだ。これは誰にでもある自惚《うぬぼ》れの罪であり、費《つか》ったお金に未練のあるシミッタレの証拠だ。逃げようと思えば浮気をし給え」

と、彼は一生この浮気論を実行して他界したのである。

その頃、三井銀行大阪支店長高橋義雄［箒庵］氏は、銀行に出勤する平素の服装は和服で、折鶴三つ紋黒縮緬《くろちりめん》の羽織といった、役者のように美男子であった。出勤すると、毎朝手紙ばかり書いておった。巻紙に麗筆をふるうのである。私達同人は「よくあんなにたくさん手紙を書く用事があるものだ」と、不思議に思って話合ったこともある。それは毎日の出来事を明細に、東京の中上川《なかみがわ》［彦次郎《ひこじろう》］専務理事に報告しているのであった。

高橋支店長の仕事は、銀行のことよりも、大阪経済界の情勢を東京に速報することと、花街の交遊に消閑《しょうかん》されることであった。

元来が経済人としては、俗人ばなれがしておった。後年三越呉服店専務理事として、茶道の指導者であり、美術工芸界の後援者であり、謡《うたい》や、能や、東明《とうめい》ぶしの家元として等々、一生を風流才人で終ったくらいであったから、銀行の支店長として預金増加の運動や得意先との交渉などにはすこぶる無頓着であった。

明治二十七年七月に火ぶたをきった日清戦争から、大阪は軍需基地として繁昌した。三井支店は公金取扱いのため忙殺されることになった。私達は何十万円の通貨を現送するために、代わる代わる広島支店へ毎週一回くらい出張した。

その当時、山陽鉄道はまだ尾道《おのみち》までしか開通しておらなかったが、そのうちに広島まで開通した。私も二度ばかり、大きな柳行李《やなぎごうり》に詰込んだ紙幣を携えて、現送した苦しみを経験している。

大阪経済界の軍事景気は、鴻池系財閥や松本重太郎氏一派のほかにも、今日のいわゆるアプレゲール的新人の活躍により、事業の繁栄に伴い、その機関として幾多の銀行が設立された。藤本銀行、日本貯金銀行、大阪実業銀行、住友銀行、天満銀行、その他の銀行が、にわかに開店された。こういう時代にちょうど、高橋支店長は同氏の理想であった三井呉服店の改革を機会として東京へ移った。次の支店長は積極的行動に大阪を風靡した岩下清周《いわしたきよちか》氏で、明治二十八年の九月であった。

支店長の社宅は高麗橋三丁目の南角で、高橋氏の時代には、銀行から長田家の抵当流れの書画骨董を使用し、その装飾も行届いておったが、岩下氏は「僕は、大阪は仮住いだから、こういう装飾品はいらない。面倒臭いから銀行へ返すよ」と言われた。私は貸付課抵当係であったから、それを引取り台帳とつけ合わすのに苦労した。この抵当流れの在庫品と、台帳となかなかもって合わないからである。

この時代の大阪支店には、学校出の書生上りや、時事新報または田舎新聞の記者上りの新人が、あたかも一時の腰掛のように出入が激しかった。銀行に何等の経験のない新聞記者が私達の上役として課長、係長として転勤してくるので、私達下級の仕事から追使われて来た連中は大いに不平であった。

鈴木《すずき》梅四郎《うめしろう》君（そののち王子製紙会社へ、国民党代議士）は、数年前、時事新報の大阪出張員時代、長町の貧民窟の探検記事で声名を馳せ、大阪商船会社社長河原信可《かわはらのぶよし》氏の令嬢を細君にしており、大阪の事情に通じているという関係から一躍、大阪支店次長として赴任して来た。岩下氏は明治二十四年三井銀行に入社、本店営業部長として、銀行生活も四、五年を経過しているのみならず、青年時代三井物産会社に入社し、米国やフランスの外国支店にも勤務して商売にも経験があるから、鈴木君の書生論を一笑に付すことが多い。鈴木君は「僕は何も岩下に使われるつもりはない。中上川さんは、岩下はやり過ぎて何をするかもしれないから、君はよく注意していてくれ、と言われて来た」というので、なかなかの議論家であったが、半歳を出でずして神戸支店長に栄転した。
鈴木君は在阪中、北区若松《わかまつ》町の三井社宅に仮寓《かぐう》しておったが、新春正月にかるた会（二六〇ページ参照）を開いて、私達未婚の書生連を招集して御馳走したことがある。その席上に奥さんの妹であるという一女性を囲んで「ものや思うと人の問うまで」と大いに騒いだが、それはお婿《むこ》さんの予選会であるという計画を知っておったから、落第しようと申合わせたのではないが、期せずして色消しの悪騒ぎに終って、愛想をつかされたことを記憶している。

岩下氏は大阪支店長として、取引先の拡張に、初めて事業と人という近代的感覚を織込んだ行動を実行した。銀行は預金を取扱う、商業手形を割引する、担保を預かって貸付金をするという千篇一律の取引より、一歩進んで事業と人という取引関係を開始した。また日清戦争の勝いくさに伴う自然の膨張とその充実とは、軍艦建造に関連する商人としての薩派海軍に結ぶ薩州系川崎造船所、軍需品供給事業による長州系藤田組が、岩下氏によってクローズアップされた三井銀行の取引先であった。

川崎造船所の松方幸次郎《まつかたこうじろう》氏は、岩下氏の親友であり、最後まで岩下氏のために、最善を尽した関係にあった。川崎造船所の取引は三井銀行神戸支店に、大阪支店は川崎造船所取引商人の何人かを援助しておった、その一人に、私は鉄商津田勝五郎氏を忘れることが出来ない。先代の津田勝五郎氏が鉄商となる前の経歴は忘れたが、彼は日本銀行の監査役であった某氏の添書を持って岩下氏を訪問し、川崎造船所と取引契約済みであるから、助力してほしいというのであった。西区立売堀《いたちぼり》か、その町名は忘れたが不動産一棟を一万円で買収し、これを三井銀行当座根抵当として登記し、それによって便宜を与えてほしいというのである。

私はその購入やら登記やらにて走り回った。外国商店から鉄材を購入するその買入金は、手形で仕払う、鉄材は川崎へ納め、その代金を川崎から受取って、三井支店に預金する、外商へ渡した手形を決済するという商取引は平々凡々であり、何人《なんぴと》も異とするに足らないのであって、順序よく運べば文句はないが、ややもすれば、巨額の当座貸越を計上する結果になって、どんなにかハラハラしたことであろう。本店の指令を無視した津田氏の当座過振《かぶり》によって譴責《けんせき》されたこともあった。

結果においては、津田商店は今日堂々たる商店として繁栄している。先代津田翁は松方幸次郎氏と共に、最後まで岩下氏に感謝していることを嬉しいと思った。

岩下氏と藤田組との関係は、藤田組を支援する岩下支店長の態度が、中上川専務理事の意志に反して、横浜支店長に左遷されたのであるというふうに解釈されているが、あるいはそれも一つの理由であるには違いないが、私は大阪財界の気風と中上川氏の性格とが、そこに相容れざる大きい溝があるその結果だと思う。

大阪財界の気風という文句は、意味をなさないかもしれないが、中上川氏は陰性が嫌いで、議論は表から堂々と主張するのを好むという性格であると聞いている。大阪人は——というよりも、その頃の大阪町人的財界人は、腹の底と、顔色と、表面の応対や、お世辞や、なかなか心底が判らないから油断をするとやられるというのである。

ここに一例がある。それは山陽鉄道社長としての中上川氏が、大阪系重役の陰謀によって山陽鉄道を追い出されたという事件である。

山陽鉄道は中上川氏を社長として東京、大阪両系の財界人により設立されたのであるが、その実権は三田系を中心にして三菱系の支援を得、東京側六分、大阪側四分の重役陣によって成立し、社長の下に支配人は牛場《うしば》卓蔵《たくぞう》、工務の工学士南《みなみ》清《きよし》氏を除き、その他の課長等は三田出身者によって占められておったのである。仕事は順調に運んだが明治二十三年の不況に当面し、事業計画の過大とその錯誤に基づく資金難から、重役会は設計縮小を評議せざるべからざる難局に遭遇した時、中上川氏は、一時はどう遣り繰りしても、その設計は積極的方針でなければいけないと固執しておった。その内情を知悉《ちしつ》していた大阪側の松本重太郎氏一派は、総会の席上において一株主の名によって堂々と力争し、事業遂行に伴う資金予算計画調査という主張が、重役会によって取上げられたため、中上川氏は社長を辞任して東京に帰る。牛場卓蔵氏が総支配人として残って社務を見ることになったけれど、大阪側代表今西《いまにし》林三郎《りんざぶろう》氏が罷《まか》り通って、一躍支配人として就任したのである。

すなわち今西氏は松本重太郎氏の代弁として株主の仮面をかぶって、今日言うところの会社荒しの元祖として勇名を轟かしたのである。

後日、この径路が明白になって、三菱系重役は山陽鉄道の実権を、再び三田系に依嘱したために、大阪系は後退し今西支配人もまた辞職したという行きがかりから、山陽鉄道社長辞職後、ただちに三井銀行に入社した中上川氏は、どうしても大阪の空気が気にいらない。そのうち鐘紡対大阪オール紡績の対立等、死ぬまでアンチ大阪であったと言う説もあった。

日清戦争は大勝利に終結したけれども、二十九年には好景気の反動が来て金融逼迫《ひっぱく》、小恐慌的波瀾が三井銀行支店にも襲来した。貸金回収に対する本店の指令通りなかなかうまく運ばない、岩下氏自慢の「百万両函」をとうとう日本銀行支店へ持込んだ。

岩下氏が東上した時「日本銀行へ持込むために百万両函を造ったのか」と、中上川氏に冷かされたという話をきいた。それやこれやで岩下氏は横浜支店長に左遷されたが、赴任せずして辞職し、藤田伝三郎氏を中心にしてただちに北浜銀行を設立したのである。その後任支店長は上柳清助氏である。

上柳新支店長によって、私は名古屋支店に追放されたのである。上柳支店長の下に、池田《いけだ》成彬《しげあき》氏が次長として大阪に来た。「アアいう我儘《わがまま》ものはけしからぬ、ゆるすべからざる奴だ」とにらまれたからである。池田さんは黒の山高帽子をかぶって、雨の降らない日でも、大形の洋傘を手にして銀行に通われる。洋服のボタンをきちんとしめて、冗談一つ言わない謹厳そのものの英国型紳士であった。大阪へ来た若い連中で、お茶屋の風習を度外視した人は、おそらく彼一人だろうと、後日、話合ったことがある。その時、フフンと笑って顧みて他を言うたのは菊本君である。菊本君は池田氏の独身時代を一番よく知っているからである。池田氏の大阪支店勤務は半歳に充たず、足利支店新設に伴い、その支店長として赴任した。

その当時、大阪における三井銀行の勢力は、単に政府の御用銀行として、近畿一円の公金取扱機関たるにすぎず、むしろ昔からの信用による預金本位の銀行として重きを置かれておるだけで、経済方面や町人の都会に指導性を持つ商取引は微々たるものであったのである。たまたま、日清戦役による資金の充実と、その活躍を必要とする時代に当面し、二十八年九月岩下氏のごとき積極的支店長を得たことによって、初めて三井銀行の勢力が表面化するに至ったのである。

三井各支店には貸出金極度が限定されておったにかかわらず、大阪支店はしばしば極度の拡張の必要を申請したけれど、そのつど、小きざみに許されるだけで、岩下氏はいつも不平であった。その結果は規定極度を無視するに至ったことが、中上川氏の感情を害して左遷されたのだという説があった。

それよりもその積極的行動は、平素から中上川氏の感情と相容れない方面に、力強く発展していたからである。

その一は、北浜株式市場に対する取引関係である。二十七、八年戦役による経済界の膨張と事業会社の勃興は株式市場を殷盛《いんせい》ならしめたが、二十九年下半期には、早くもその反動による北浜方面の混雑に取引所理事長磯野小右衛門《いそのこえもん》氏、仲買人筆頭浜崎永三郎氏等と共に、岩下氏を中心にその安定策に引張り出されたことなども三井の使用人としては許されなかったかもしれない、しかも黒幕に藤田伝三郎氏の存在せることは、中上川氏をして岩下氏左遷を断行せしめたのかもしれないというのである。

藤田伝三郎氏と三井銀行支店との取引は、とくに岩下氏時代において拡大された、そして本店からはしばしば限度外取引回収を命令された。藤田組は井上《いのうえ》［馨《かおる》］伯の強要によって数十幅の書画を荷為替《にがわせ》にして九州の貝島《かいじま》［太助《たすけ》］氏に送付し、二万円、三万円の現金調達に苦労した時代もあった。私はその事務を取扱っておったから、これは間違いのない話である、藤田組にもこういう苦しい時代があったのである。

この時代、三井物産は中之島二丁目、今の日本銀行裏手の南河岸にあって、支店長は飯田《いいだ》義一《ぎいち》という岩下氏の親友で、その下に山本条太郎《やまもとじょうたろう》、安川雄之助《やすかわゆうのすけ》というがごとき将来の大立物が使われておった。

由来三井物産の使用人は、益田孝《ますだたかし》氏と高等商業学校の矢野《やの》［二郎《じろう》］校長との関係から高商出身の人材が多く集まっていた、同じ高商出身の俊才に守山又三《もりやままたぞう》という快男子が、三池紡績会社大阪支店長として綿花綿糸の投機に失敗して大穴をあけた事件が暴露した。社長の野田《のだ》卯太郎《うたろう》氏は大阪へ飛んで来て、その整理に当る。三井銀行大阪支店は同社の手形を割引しておったので、その関係から、不正手形発行の跡始末が、結局三井物産大阪支店にも波及して大騒ぎをしたことがある。

その責任者として、山本条太郎氏は上海支店へ転出した、そして上海における山本条太郎氏の活躍は、彼をして東亜における偉大なる足跡を残さしめた原因となったことも、私もまた、そののち野田卯太郎氏と共に飯田義一氏（三井物産会社）の代理として阪鶴鉄道《はんかくてつどう》会社の重役に推挙され、その結果現在の京阪神急行電鉄の前身である箕面《みのお》有馬《ありま》電鉄《でんてつ》の創立事務を引受けることになったのも、遠くこの時に胎蔵されておった不思議の奇縁を追憶するのである。

二十九年の夏もすぎた頃、岩下氏は突然、横浜支店長に左遷されたのであるが、実は支店長として在勤中に、三井を辞して、藤田氏と共に北浜方面の機関として銀行を新設する計画があったのであるか、辞職してから計画に参加したのであるか、その真相は私には判らないが、横浜支店長の辞令を受取るとただちに辞職して、藤田氏と共に北浜銀行設立を企画したのである。

私と同勤であった三井銀行堂島出張所主任の小塚正一郎君は、ただちに参加した。小塚氏が支配人、私は貸付課長という陣立であったというのである、私は参加すべきかどうかについて非常に迷った。そして新支店長上柳清助氏から「君は岩下君の新銀行に行くのか、ゆかぬのか、態度をハッキリしてもらいたい、店内が動揺して困るから」と言われて閉口した。

この時、池田成彬氏が支店次長として上柳氏の補強工作に新任して来た。私は貸付係から預金受付に転職された。いつでも仕事から離される軽職に左遷されたので、不平で怏々《おうおう》として不愉快でたまらなかったが、北浜銀行に行くことは、大阪人として永久に大阪に在住すべき決心を必要とする。その決心が私にはどうしても出来なかったのである。

その当時、私は二十四歳でもちろん独身であったが、十六歳の可憐なる愛人があった。依然として大阪にとどまるものとすれば、彼女を振り捨てる勇気はないのみならず、私の生活には沈落する危険性が多分にあったから、これを機会に、その生活を一変したい欲望がさかんであった、この際、むしろ大阪を離れて、私自身の建直しに猛進するのが、正しいゆく道であると決心したのである。私は東京本店に帰って、文学青年的恋愛生活を洗い清めようとしたのである。

幸いに私を大阪支店に導いて下さった高橋義雄氏が、三越呉服店理事として東京に在住せられるので、私は東上して東京本店勤務をお願いしたところ、そういう勝手な我儘は許されないというので、名古屋支店勤務を命ぜられた。

岩下氏の北浜銀行設立当時の事や、その銀行の営業方針や、藤田伝三郎氏との関係や、大阪の事業界におけるその偉蹟や、それ等の古き話はすでに語りつくされている。私は大阪における岩下氏の功労は、何といっても、大阪財界に知識階級の新人を移入し、各方面の陣容を充実して、町人の大都会に新鮮味を横溢《おういつ》せしめたことであると信じている。それは偶然の結果を活用したからである。

すなわち日本銀行幹部級のストライキによる引退辞職の連中全部を残らず大阪に移入し、新職を与えて世話をしようという計画である。今から見ればべつだん不思議とは思われないが、その当時は実に破天荒の壮挙として歓迎されたものである。

日本銀行幹部級のストライキ事件というのは、日本銀行総裁岩崎弥之助《いわさきやのすけ》氏が引退し、営業局長山本達雄《やまもとたつお》氏が総裁栄進となったのである。それに反対して局長、支店長等ほとんど全部が辞職した、これは三田と帝大との衝突である。新総裁山本達雄氏は福沢門下であるから、帝大出身の幹部はその配下たるを潔《いさぎよ》しとせず、新営業局長鶴原定吉《つるはらさだきち》氏、大阪支店長片岡直輝《かたおかなおてる》氏等々、ストライキによって正面衝突となった時、山本新総裁は全部が辞職しても一歩も譲らない決心を表明して、にわかに三田出身者を集めた。営業局長には時事新報から伊藤欽亮《いとうきんすけ》氏、国庫局長には――名を忘れたけれど、いずれも三田出身者が補充された。磯村豊太郎、生田定之《いくたさだゆき》、松永安左ヱ門《まつながやすざえもん》君等々も、日本銀行員に採用されたものである。そのうち、大蔵省官僚陣営の攻勢に敗退して、三田の連中はいつとはなしに蹴落されて、日銀は再び帝大閥に還元したのであるが、このストライキによって大阪の経済界は局面を一変するに至ったのである。

鶴原定吉、片岡直輝、志立鉄次郎《しだちてつじろう》、渡辺千代三郎《わたなべちよさぶろう》、町田忠治《まちだちゅうじ》、植村俊平《うえむらしゅんぺい》氏その他、それぞれ大阪に安住の地位を得たのであるが、住友家に採用された以外の諸氏は、いずれも岩下氏の肝入《きもいり》によって大阪人となったものである。私はここに一笑話を記憶している。

山口銀行に行くべく町田氏が内定した時、

「山口は困る、堪忍してくれ、あの銀行は支配人越野嘉助氏が前垂がけで、ケッカイの中に坐っているんだから」

「それだから君が適任だ。前垂がけの支配人がケッカイに坐っているのを打破るのは、君でなければ出来ない芸だ」

と、片岡氏が言ったという話をきいている。

その小ッポケな山口銀行を堂々たる大銀行に仕上げた町田氏をはじめとして、大阪財界の長老にのし上がった片岡氏、名市長として市政を革新した鶴原氏等々、大阪における知識人の進出は岩下氏の北浜銀行設立、すなわち明治三十一年一月以後の出来事にて、岩下氏の策戦を全面的に後援した藤田伝三郎氏の腹芸であったのであるが、日本銀行ストライキ連中移入事件は、たまたま山本達雄新総裁を支持した三田の巨頭中上川氏に対する岩下氏の反抗的熱援が、成功せしめたものであると言い得るかもしれない。

百三十銀行を中心とする松本重太郎氏は、明治時代におけるいわゆる新興町人として、旧家財閥、すなわち鴻池、千艸屋《ちぐさや》、加島等一派に対立して、大阪の事業界に指導性を持って活躍して来たものであるが、北浜銀行と藤田組一派とは岩下氏の出現により、ことに日本銀行脱退組の裏づけによる勢力によって、三派鼎立《ていりつ》の新しい形勢は、我が大阪の地図を塗替えるべき機運を呈せんとする時、私は明治三十年一月名古屋支店へ転勤したのである。

その頃の大阪の物価と、私の生活と、私達同僚の交遊振りなどを考えて見ると、いかに時勢の変化が激しかったかの追憶を禁じ得ないのである。

私の初任給は月給十三円、半期賞与金四ヵ月、毎月二十円程度の収入であった。下宿料は八円で、普通ならば充分であったと思うが、半期五百円くらいは生家から、なんとかかんとか文句を言われながら仕送りを受けておったのである。

明治二十一年、初めて東京へ遊学、二十五年卒業するまでの五ヵ年間に要した一切の費用は九百八十何円、千円に達しておらなかった。これは詳細に記帳されている。その当時、一ヵ年二百円は学生としては、最高級の生活であったと思う。私は学生時代には文学青年であったにもかかわらず、いまだ花柳社会の雰囲気を知らなかった。忘年会、送別会などで芝浦の大野屋という料理屋に行ったことはあるが、会費は五十銭か六十銭かであった。ここの料亭にて神明の小梅《こうめ》、桝子《ますこ》という姉妹が、私達学級の評判芸妓であった。この程度の経験しか持たなかった私は、大阪へ来て一年もたたぬ間にいろいろの事を覚えた。

銀行の宿直料は一回十銭であった。この宿直料をかせぐために十日間、二十日間を引受けてくれる人があったから、私は一度も宿直をしたことが無い。宿直室には下宿住いの連中が、毎晩つめかけて花札をひく、その勝敗の金高を、あくる日に庶務課長のB氏に報告して置くと、月給日に清算されて渡される。というような乱暴な習慣がゆるされておった。昼飯は天プラ丼が三銭五厘で、うどん屋の仕出しであった。昼の弁当代は一ヵ月一円に満たない。三井支店の角から道頓堀までの人力車賃は、七銭から十銭という時代であった。

書画、骨董に浮身をやつせば、雲州の大名松平不昧《まつだいらふまい》公すらも、お金に詰って借金の話をする。花街に派手を競うてお大尽様と仰がれると、いかな物持の旦那衆でも、廓の金には詰るが道理で、ここに平瀬露香翁のごとき千艸屋の御主人として、明治時代最後の粋様もお店へは内々で、三井銀行に借金を申込んだ話がある。

「実は小林さん、人様には言えない内緒で、主人がお金がいるので」云々と、露香翁の秘書兼番頭格の美男子、いつもお宿坊の得田屋へお伴をする前田与三吉さんが廊下で行きちがいの折、私を呼びとめて、それから一室に導かれ、

「主人の名前を出すわけにはゆかない、借り主は私の名義にして、もちろん担保品は入れますが、この担保品も内々にしてほしいのです」

「担保品は」

「三十二銀行株、主人の名義ですから」と言われて、金二万円御用立てしたことがある。

六十日切替の手形が、半歳以上継続したと思う。前田君はその後大阪朝日の広告部長であったか、庶務部長であったか、相当の要職に重用された古い友人の一人であった。

主人露香翁が御寝《ぎょしん》になると、ただちに車を北街に飛ばして、その頃若き燕として有名であり、姉さん芸者のお金持、名は忘れたが若喜代の養母であったと思う、その老妓の愛人として可愛がられ、羨まれたのである。その青春時代の脱線ぶり、北陽花街の、誰知らぬものな

き有名な逸話がある。

それは逢瀬のままならぬ恋の闇夜のそぞろ歩き、心中するほど真剣ではなかったろうが、どうして飛び出したのか、堀川筋を老松町《おいまつ》へ、芝居ならば出語りの道行ぶり、人目を避けて、もしや追っ手と忍びかくれたのが、とある酒蔵の表に転がしてあった大桶の中へ、しばらく二人のみの秘密世界を巻煙草の火から発見されて、巡査にひかれて警察にゆく。今ならば三面記事ともなるべき艶種《つやだね》も、その場の笑い草として許された時代であったから、私なども暢気《のんき》な生活に大胆であったのである。

道頓堀には浪花座、中座、角座、朝日座、弁天座の五座の櫓《やぐら》がならび、贔屓《ひいき》俳優への幟が無数に飾られている。浜側には芝居茶屋の定紋の暖簾《のれん》と提灯がつるされて、ここばかりは、いつもお祭のように賑かであった。おそらく東京にも京都にも、どこにも見られない花街中心に繁昌している道頓堀から千日前《せんにちまえ》の光景は、まさに日本一というべしである。

町人の都会の生活は、権勢や気位本位の無形の財産が軽視されて来た結果は、物質万能であり、その伸張力は花紅柳《かこうりゅうりょく》緑の巷《ちまた》に発展し、花街の中心は野郎から湯女《ゆな》へ、そして遊女と役者に、順次組織的に発達して、芝居街を包容した南地五花街の繁昌は、大阪町人の自慢するところであった。

私は東京から友達が来ると、まず第一に案内するところは心斎橋《しんさいばし》筋から道頓堀、千日前であった。五座の芝居は大阪独得の絵看板を仰ぎ見るだけでそれから千日前にゆく、千日前はいろいろの見世物や、オデデコ芝居や、そこには有名なる俄《にわか》狂言鶴屋団十郎《つるやだんじゅうろう》一座という喜劇があった。大阪の人達の単に仁輪加《にわか》と軽視していたこの俄狂言なるものは、浄瑠璃芝居から分岐して立派な芸術と言い得る喜劇であった。太閤記十段目尼ケ崎の場に武智光秀が鎧姿《よろい》で左手の竹藪から出て来る、普通の歌舞伎芝居と同じであるが、チョボの文句を光秀自身が語りながら出てくる。

「夕顔棚のこなたより現れ出でたる武智光秀」と舞台に現れて、「どうや立派だっしゃろ」とお客に話しかけて笑わせる。それから型のごとくに、ぬき足、さし足……母の皐月が七転八倒「コハしなしたり」と本格的に運んで「ヤッ、お母はんだっか、どないしまひょう」と現代語に砕けて「ワァー」と泣き出す、と場内の爆笑を尻眼にかけて、また真面目に芝居をする――という、この形式が正統的に分派したものが曾我廼家五郎《そがのやごろう》の喜劇となり、逆転したものが浅草のアチャラカ新劇となって、新時代の感覚を加味して産まれたものがすなわちエノケン［榎本健一《えのもとけんいち》］、ロッパ［古川緑波《ふるかわろっぱ》］の新喜劇と、変遷している間に元祖の団十郎一座は滅亡した。いつ頃からこの一座が消え失せたか、ちょっと思い出せない。

大阪の盛り場は五花街中心の芝居町道頓堀であって、北の方面には芝居はどうしても成立しない。そのうち梅田新道に大劇場歌舞伎座が新築され、東京から市川団十郎《いちかわだんじゅうろう》が乗込み舞台開きをしたという意気込みであったけれども永続しなかった。現在の大阪毎日新聞社のところに、堂島座という劇場が新築されたが、これも維持が出来ない。電車があるではなし、もちろん自動車もない。ただ人力車による交通時代であるから、遠い南まで行かなくて北方面にも民衆本位の盛り場は一つぐらい成立し得るという理由で、すなわち北の新地を中心にした計画、天満の天神を中心にした計画など、しばしば主張されておったが、結局大阪市内の遊び場は南方面に局限されておったのである。

そして南方面の交通機関としては南海電車の前身阪堺《はんかい》鉄道がある。その遊覧地としては住吉神社、ここにはいろいろの年中行事があり、そのつど、南地新町の芸妓が出張する。堺の大浜には一力、望海楼など三層の楼閣が甍《いらか》を連ねて繁昌している。春の汐干狩、夏は夕涼み、海水浴、まだ浜寺《はまでら》は淋しい海岸として放置され、和歌の浦までゆく人は少ない。また奈良の日帰り、大和めぐりなど、春秋の旅人的行楽であって大衆の慰安というがごとき宣伝もなければ希望もない。

私はこの時代に箕面《みのお》の紅葉見物に遠足したことがある。銀行の同人達と、阪鶴鉄道が池田まで開通した時であった。池田駅にて下車、池田の町を通りぬけて、今の雅俗山荘《がぞくさんそう》の前をのぼり行く。その頃のこの付近一帯は蜜柑畑と柿の木と、南面の丘陵つづき、箕面の滝を見ると疲れきって、帰りは再び池田駅まで行く勇気はない。友達にわかれてただ一人、麓に集っている大阪がえりの人力車をひろって、どこをどう通ったのか少しも記憶はない。淀川に橋はなく、暮色蒼然と水の流れも黄昏《たそが》れ、十三《じゅうそう》の渡し船を車と共に渡る。渡し賃五銭と伏見町一丁目まで車賃一円払うたことを覚えている。

神社仏閣よりほかには、市外遊覧というがごとき現代的施設のない時代であったから、大衆はいきおい紅灯の夜景を追うので、こういう馬鹿馬鹿しい挿話を知っている。

松島橋の付近に「げん長」という鳥料理があった。いやしくもお茶屋遊びをする人達の話題に取りのこされては、流行後れと侮られるのも口惜しというほどでもないだろうが、とにかく、一度は「げん長」にゆくべしというのである。鳥料理がうまいというのではない、ただ一つ「鏡の間」と呼ぶ便所の新意匠が大阪中の大評判になったのである。一坪くらいの便所の周囲の壁はもちろん、格天井《ごうてんじょう》、踏板までが鏡張りで、一度この室に入って御用を試みるときに、各方面から我が姿を見るのである。その醜状を語り合う。「あんた見やはったか」「見やへんし」等々、実は私もこの話をきいただけで、実際見にゆかなかったことを残念に思っている。

この種のけれん話は、桃山産湯とかいう料亭にも「あけずの間」、「どんでん返し」、「蒔絵の寝台」などという猟奇的施設によって流行したという噂をきいている。

こういう新しい行き方が生れて来る一方に、また古い昔ながらの廓《くるわ》情緒が私達を驚かしたのみならず、東京の人達を案内して夢のごとき享楽を満喫せしめたこともある。それは「雑《ざ》魚寝《こね》」という大阪名物の一つである。舞妓や芸者や一座の誰れ彼れが、一室二室にお客と一緒に雑然として枕をならべて寝ることである。やむを得ざる場合のほかは、いやだと言うことは出来ない習慣で、酒宴の座に侍《は》べるごとく、お客様がお泊りの場合には、寝床は別として枕をならべて寝衣姿の彼女達と喃々《なんなん》として物語る光栄を有し得るということである。男女七歳にして席を同じうせずという、その教訓に反して青春情熱の異性が室を同じうして寝返りに枕紙の音を聞き、しかもそこに何等の危険もないというのであるが、習慣の力というよりも、女性教養の意志の堅固なる、恋愛と性愛と、それは商売本位を徹底的に厳守するからである。

彼女達の多くは中年から現れたものではない。十三、四歳の頃から、この里に見習うあらゆる遊芸の教養はもちろん、立居振舞、いやしくも指導者の意志に反する行為は許されない。そして花の蕾は開く、美しい輝くばかりの盛装にあこがれ、紅粉を粧《よそお》う朝な夕な、おそらく彼女達は銭勘定を知らないであろう。もてはやさるる高級の女性に進歩すればするほど、恋愛関係に縁遠くなり、これは商売なりという強き観念と絶対的確信とその自尊心は、雑魚寝のごときに対処する場合、我れ関せず焉《えん》として談笑し得るのである。

しかしこういう情態はいつまでもつづいたであろうか。私の知れる範囲において、役者道楽の名妓もあった。借金で首の回らぬ酒癖の悪い不貞のだらしない美人も知っている。例外はどこにでもある。しかし花街育ちの本筋の芸妓は、花街の内規を狂すものでない。もし彼女達に恋愛ありとせば、それは内規圏中の恋愛であって、悪く言えばころんでもただは起きないという程度の恋愛である。もし彼女がその内規を無視して、私達のいわゆる真性の恋愛が成立つものとせば、あれは「淫売」だといって、擯斥《ひんせき》し嘲笑する。すなわち公然たる商取引によるにあらざれば、芸妓の資格なしと罵倒したものである。

旧幕時代には、親子は一世、夫婦は二世、主従は三世と、君臣の別を一番重く教え込んだごとくに、不運の娘達を、女性本来の愛情から引き放して、自由恋愛を否定せしむる別世界を築き上げたものである。何ぞ「雑魚寝」を恐れんやというのである。

「雑魚寝」にはまた「籠《[駕籠]》迎い」という古風の芝居らしい光景が見られたものである。道頓堀付近には人力車の帳場に籠辰、籠平といった名称がいくつも残っている。さらに進歩して、その名称が自動車の帳場に今もなお残っている。これは「籠迎い」の籠屋の名残りである。「雑魚寝」で契約通りの花代を売った彼女は、朝まだき寝衣姿の上に派手な羽織を着て寝乱髪を梳《くしけ》ずるまでもなく、お客様の寝姿を横に見て、籠に乗って帰ってゆく。私はよそながら、しばしばこのていたらくを見ては微笑した。いかにも現代ばなれのした花街の光景が嬉しかったのである。これはいつ頃までつづいたのであろうか。日清戦争後には無かったように思う。その筋から禁じられたのか。それは知らない。

私はこのような花街の情景から離れて大阪を去るべく決心し、東上して三越専務理事の高橋義雄氏に東京本店転勤をお願いして帰阪すると、左のごとく教訓されたお手紙を受取った。

過般御上京の節、御多忙中毎々欠礼に打過ぎ御申訳無之候《これなくそうろう》扨《さ》て御希望の件に就《つい》ては、上柳支配人並《ならび》に本店秘書課へも一応相談致置候処、本店転勤とありては余り本人の言ふが儘《まま》に相成り、後例とも相成候ては如何《いかが》と申す懸念より、名古屋店詰に相成候由、名古屋支店は温順なる平賀《ひらが》氏の主管につき万端好都合と奉存候、併《しか》し上柳其他の評判に貴下は我儘なる人物なりとの評あり、畢竟《ひっきょう》年少気鋭の致す所と存候へ共、今回の挙動の如き決して再びすべからざる事と存候、若《も》し之を再びする時は愈々《いよいよ》右評判を実にする次第につき、貴下の前途の為めに名古屋支店に於ては能《よ》く銀行の僚属たる本分を御尽し被成様《なさるよう》呉々《くれぐれ》も奉祈候、御出発前一応物語の考に候処行違候まゝ一筆如此《かくのごとく》に御座候　草々不宣

一月十九日　　　　　　　　　　　　義　雄

小林老兄　侍史

この手紙は私の守り本尊として秘蔵して来た二つの書状の中の一つである。後年東京弦月庵において、このお手紙を表装した一幅をもって、箒庵先生を正客に一会《いちえ》の茶席を催し、その高恩を謝し得たことは嬉しい思い出である。

第四章　その頃の名古屋

私は明治三十［一八九七］年一月下旬、独り悄然《しょうぜん》として笹島《ささしま》駅に着いた。三井銀行名古屋支店には、一人の知己もない。誰も迎えに来てくれる人もなかった。偶然に同行した三井物産大阪支店の社員で、新設支店の石炭係として赴任する山中善太郎君の定宿、伏見町の「三嘉」という旅館に落着いた。ちょうど、庭園の一隅にあったお茶室の離座敷で床の間つき四畳半と、押入つき長四畳と、便所と台所のある一棟に下宿することができた。昼のお弁当を銀行に運んでくれて、一ヵ月十二円だったと記憶している。

すぐ前の二階から私の部屋を眼下に見下す座敷に、中京新聞に新任して来たばかりの石橋《いしばし》思案《しあん》外史が宿っておった。私は生れて初めて自分の住む家を、もちろん借家であるにしても、一家の主人になるまでの七、八ヵ月間の「三嘉」生活を、石橋思案は、しばしば短編小説の材料にしておられたが、彼がいうところの中京情史を充分に、心ゆくばかり玩味するに至らずして、明治三十二年の夏、再び大阪に舞い戻った。この二ヵ年半の名古屋生活には、一日も早く細君を持たなくてはいけないという忠告を受けていること、実際女房を持ちたいという希望と、そこにいろいろの波瀾があった。

私が来る前に、三井銀行名古屋支店には、探偵小説的の大事件があった。一夜のうちに金庫の中の軍事公債が何万円か紛失して、金庫課長を驚倒《きょうとう》せしめた。警察沙汰になって、全部の行員が取調べられた。しかるに、その犯人が発見せられない間に、またもや一夜のうちに金庫の中に紛失した軍事公債が戻って、在庫中の同額だけの現金が紛失していたというのである。

その犯人は、テッキリ銀行内の人に違いない。金庫を自由に開閉する別の鍵を持っている人に違いないと店内は疑心暗鬼、誰を見ても泥棒に見えるというので、平賀敏《ひらがさとし》氏が新しく支店長に来て、行員の廓清《かくせい》というのであったそうだが、警察にも判らないものを、新支配人が誰れ彼れと区別し得るはずもなく、しばらく形勢を見て……という時に、私は赴任して来たのである。

「こういう事情であるから、君はまず計算課長として帳簿を充分に調査する、筆蹟を見る、行動を監視する。そして犯人は、果して店内のものであるか、ないか。もし果して店内にあるものとせば」

と、慎重警戒的に二、三ヵ月を経過した。ずいぶん無理な注文を受けたものであったが、もちろんわかるわけはない。

そのうちに計算課長をやめて、大阪に転勤するまで、貸付課長に専任された。結局、その犯人はつかまらない。

私が名古屋に行った時は、東京に渋沢栄一あり、大阪に松本重太郎あり、名古屋に奥田正香ありと謳われた、その奥田正香氏の全盛時代であった。

彼は名古屋商業会議所の会頭として、広小路の大通りに堂々たる会議所を新築し、名古屋財界の指導者として采配《さいはい》を振って、株式取引所、米穀取引所、尾張紡績、熱田セメント、名古屋倉庫、名古屋車輌会社、明治銀行等、およそ新興事業の設立並びにその運営は、彼を中心とした新人によって団結されておった。春秋二回、郊外の別荘に盛大なる園遊会を催し、官民数百名が盛栄連、睦連の美形に囲まれて、半日の快遊をほしいままに奨められたものである。これは大阪に見られない光景であった。

奥田氏の出生履歴等は忘れたけれど、その人柄は豪傑肌で長者の風貌、尊敬に値し、評判のよい紳士であった。この人の令息奥田正吉君とはその後、永年の交遊を得ておったが、結局、奥田家は二代とつづかず、惜むべし没落したとの事であるが、あれだけ各方面の事業に関与し、育成したるにもかかわらず、今日名古屋に奥田氏の遺業を見ることあたわざるはどういう理由であるか、私には判らない。

その当時、名古屋の事業界は、奥田系の明治銀行、岡谷《おかや》系の愛知銀行、滝系の名古屋銀行が、三大銀行であり、この金融網を新興産業の機関として活躍しておったのである。三井銀行と伊藤銀行は、老舗の信用による預金本位の銀行であった。

伊藤銀行はむしろ呉服店松坂屋として有名であり、三井は日本銀行支店の設置されるまで、もっぱら公金取扱銀行として、預金重点主義で営業しておったのである。

私が名古屋へ転勤した時、三井物産の新支店ができ、三井家に工業部が新設されて、群馬県に前橋製糸所、四日市に三重製糸所、名古屋にも、城北に製糸所が新築されつつあったのである。三井家が製糸場に乗出したことは、失敗の歴史の一つであるが、中上川氏の理想として実現された計画であるけれども、三井物産系は陰で、あれは「士族の商売」だと嘲笑しておったという話を、そののち聞いたことがある。

中上川氏の理想というのは「生糸は日本独自の製産品である。もちろんイタリアにも支那にも出来る。しかし世界における生糸の生産高は日本が優位である。その生産者が売値をきめずして、買手の米国が買値をきめるということは理屈に合わない、それは売手が弱いからである。すなわち生糸の製造家は資産が充分でないから、持ちこたえられないので、売り急ぐ、その弱点につけこまれて、市価を左右せられるのは馬鹿馬鹿しい、三井家のごとき資本家はよろしく国家的事業の性質に順応するところがあってしかるべしだ。すなわち生糸製造に乗出すのである」と言うのである。

私は中上川氏の卓説に感激した、という理由は、私の生家では明治十五、六年頃から、小なりといえども生糸業であって「金鵄《きんし》」、「銀兎《ぎんと》」の商標によって、横浜の原商店と永年の取引により、ずいぶん苦労した経験があり、学生時代には毎年夏休みに信州へ繭買《まゆがい》にやらされたり、デニールの検査を担当させられたり、生糸に対しては相当な発言権ありと自惚れておったから、名古屋製糸所の新築と、その工場長として赴任して来た新聞記者育ちの津田興二君に対して一日の長を誇っておったのであるから、三井家の製糸乗出を資産家の義務として謳歌しておったのであるが、その結果はぜんぜん失敗に終って、三井工業部なるものは解散した。

生糸を使用する米国の絹織物業者は、世界の市場を相手にする商人であり、その商人を向うにまわし、日本で生産する商品は日本の自由に買わしめ得るものと考えていた知識人の知識の程度も、このくらい幼稚であったのである。三井物産系はさすがに商売人だけに先見の明があったのみならず、解散によって、処分すべき各工場の整理に対しても、それは商売人の出る幕ではないものとして敬遠し、結局、横浜の原商店に一任して片付け得たというのである。

明治、愛知、名古屋は三大銀行には違いないが、実にチッポケなものであった。資本金は愛知百万円、明治七十五万円、名古屋三十二万円、伊藤銀行十万円、その他合計十八銀行にて三百七十万円であり、各種預金合計九百十七万五千円であった。そのうち、定期預金は愛知十四万三千六百二十八円、明治三十八万四千四百三円、名古屋十六万二千九十二円、伊藤三十四万六千七百五十一円、三井四十六万三千四百十六円で第一位であった。十八行各種貸付金合計は千二百四十四万円に過ぎなかったのである。

この統計は明治三十一年十月発行した「名古屋銀行青年会雑誌」第一号による。この雑誌は東京、大阪には堂々たる同盟銀行通信録が発行されておるにかかわらず、名古屋にはこの種の機関誌のないのは残念であるという主張から、名古屋銀行の杉野《すぎの》喜精《きせい》君と私とが話合って発刊したのである。私の手許には明治三十二年八月第九号まである。その第七号には私の「告別の辞」が載っている。私はいま感慨無量である。

「回顧すれば明治三十年九月、吾人《ごじん》が同志数輩と共に名古屋銀行青年会の創立を企画するや、決して今日の隆運を夢みあたわざりしなり、しかるに一たび発会の式を挙ぐるに至るや、上には先輩諸氏の奨励、賛助あり、下には会員諸君の……名古屋青年会は隆々として沖《ちゅう》天《てん》の勢を示し、今は最も有力なる団体となり、百余の会員を網羅し……その機関雑誌を発行するに至るや、吾人は実に杉野喜精君の後を受け、菲才《ひさい》自から揣《はか》らず編集主事の責任を担いしなり……今やまさに名古屋を辞して大阪に行かんとす……」云々と得意であり、また、その八号には「送小林一三君辞」と題し「君の事を雑誌に主《つかさど》るや流暢《りゅうちょう》明快の文をもって縦横無尽に才筆を揮《ふる》い、最も直截《ちょくせつ》に最も真摯《しんし》に忌憚《きたん》なき論評を逞《たくま》しうして、人をして快哉《かいさい》を叫ばしめ、他の言わんと欲していまだ言い得ざる所のものを容易《たやす》く言って気焔万丈《きえんばんじょう》、ほとんど長蛇空に横《よこた》わるの概あり、はなはだ銷沈《しょうちん》せる青年の志気に一大打鞭《だべん》を加え、これを鼓舞激励するにおいて大に力ありしは、最も君に多しとする所にして……」と長文の賛辞があった。

今、私があたかも自画自賛的冗文を書添えるゆえんのものは、私達青年の昂奮に油を注ぐ一派に指導された結果であるを反省したいからである。すなわちこの青年会は、商業会議所に事務所をおき、商業会議所はあらゆる便宜を私達に提供した。会員は各銀行の上級社員百数十名に達し、毎月の例会は五、六十名以上も血気旺盛の口舌の徒が集り、名古屋の事業界を啓蒙すると意気込むのであるから、ずいぶん支配人階級を困らせたものである。

我々を指導した一派というのは、奥田正香氏によって迎えられた商業会議所書記長であった上遠野《かどの》富之助《とみのすけ》氏が株式取引所の理事長として、新興財閥すなわち奥田系の新人であって（おそらく名古屋に帰化土着した初めての人である）、その新興財閥と外来人を軽視する、旧家暖簾閥に対しての反抗的言論の表現であったのである。

奥田事業閥の中心は明治銀行であり、兵頭支配人は旧財閥系の愛知銀行、名古屋銀行、伊藤銀行と対立的競演の時代であったから、公平なる第三者として、三井銀行支店は重きを置かれておったのである。私は虎の威を借る狐のともがらであったのである。私と共に行動した杉野君の名声はその後、名古屋財界に飛躍し得たほどであるから、私はこの時代に名古屋を去ることはすくなからず未練もあったのである。しかも私の大阪転勤には一つの約束された条件があった、「妻を貰って連れてゆくべし」というのである。

その頃の三井銀行名古屋支店の店員は、ほとんど全部が和服姿であった。たまたま洋服を着るといえば、晴れがましく、ちょっとはずかしいように思った。そのくらい旧式の時代であった。

支店は古い木造の土蔵造り黒壁の二階建で、伝馬町、桑名町の角にあった。金城大手御門から本町通りを東西の各街が商業中心地区で、現在の広小路の停車場近い方面の中央は、今の名宝劇場あたり西側一間通りが通行道、夜間は狐が飛び出すという光景であった。

将来は広小路が大通りになるから、今のうちに移転すべき銀行の敷地を買収して置くべしという説と、名古屋駅付近から堀川までにはところどころ田畑が残っており、しかも本筋は伝馬町方面であるから、広小路に移動する必要なしという説と対立しておったが、いつのまにか各銀行会社の大部分が広小路に軒をならべることになって、七間町付近が一番殷盛になったけれど、私達の時代には、上は盛栄連、下は睦連、七間町は一段格下の花街として顧みられなかったのである。

名古屋は淫蕩の都会として、男後生楽《ごしょうらく》寝て御座る（まてる）というくらいに有名であった。銀行の支店から夜遅く帰る時なぞ、眼の先の桑名町あたり、軒先から「ちょいと、三井さん、うち、絹夜具です、お寄りなさい」と遣手《やりて》婆さんが飛出したという話をよく聞いた。

私は名古屋へ行ったらば、品行方正で真面目に勉強しようと、内心に堅く誓って来たのであるが、来て見ると宴会が多いのに驚いた。

その当時、三井系には工業部は名古屋及び三重製糸場、銀行は四日市支店、津支店、桑名出張所、三井物産支店等、名古屋を中心として、各店の支配人はいずれも書生上り、鋭気《えいき》颯《さっ》爽《そう》の連中であったから、何とかいってよく宴会に精出したものである。

銀行の支配人平賀敏氏は東京本店に入社、二、三ヵ月勤務するとただちに名古屋支店支配人に栄転したばかりであるから、実は銀行の仕事は、かいもく素人であったが秀麗高風の才人で、たちまちに盛栄連の名花に恋された粋人であった。その後、藤本銀行から平賀翁の伝記が編輯《へんしゅう》新刊された。私もその依頼を受けて巻中に一文を執筆した。いささか重複するけれど、その当時の名古屋生活を露骨に書いたのであるから、ここにその一部分を転載する。

私が初めてお目にかゝつた時は、三井銀行名古屋支店長時代で、明治三十年一月だと記憶してゐる。その頃の私は大阪支店に置いてはよくないと言ふので、先輩から平賀翁へお頼みして、同氏の監督の下にあるならば大丈夫だらう、といふお心づかひから名古屋支店へ追ひ出されたので、其当時は遠島を仰付《おおせつ》けられたやうに心淋しく、しほしほと赴任した。

所が先輩も平賀翁の生活に就《つ》いては何も知らない。三井へ入社して本店では庶務係長僅かに三ケ月で、初めて名古屋支店長として社交の舞台に飛出したのであるから、この壮年の銀行家が無事であるべき理由はない。況《いわ》んや其土地は危険地帯として有名なる名古屋であり、年は若く男は好い、お金は生まれて初めて沢山に頂戴したのであるから、その全盛は察するに余りありで、恐らく平賀翁一生の中、この名古屋時代ほど、活々《いきいき》と輝いた時代はあるまいと思ふ。

私の驚いたのは、その当時の先輩諸君の生活振りが模範として語るべく、余りに狂言綺語に類して居るからであつた。

日本銀行名古屋支店長は市原盛宏《いちはらもりひろ》氏で、キリスト教信者として我々青年の崇拝の的であつた。その市原氏が盛栄連の何とかいふ名妓の旦那として大ビラのもので、三井の工業部の支店長は粋人であつた津田興二翁であり、三井物産支店長は誰だつたか忘れたが、さういふお仲間の一人として平賀翁の艶名も実に公々然たるものであつたから、ヤレヤレ助かつたと思つて安心したのみならず、強将の下に弱卒なしといふやうな態度で銀行が勤まつたのであるから、今昔の感に堪へない次第である。

今から考へると、よくあれで世間が許してくれたものだと、時勢の変遷に驚くのである。

卅二《さんじゆうに》年大阪支店長に栄進されたが、これは非常な抜擢《ばつてき》で、私も間もなく大阪へ転勤して貸付課長、営業部長といふやうな重職に使はれたが、平賀翁は支店長として大局を見るだけで、仕事の方は殆ど私達に委《まか》せきりであつたから、使はれる方から言へば、このくらゐ好都合の大将はないのである。恐らく最後まで、各種関係の仕事に於いてもさうであつたと信じてゐる。

しかし、私は名古屋では過ちを再びしなかった、といって素行改善、銀行員として俯仰《ふぎよう》天地に愧《は》じずと威張れるものならば、まことに申分のない話であるが、実は一度は絶縁すべく大決心をした彼女に対して、未練にも綿々たる恋文を書く。土曜日、名古屋発午後五時の急行の汽車は夜十時に大阪に着く。月曜日の午前中に名古屋に帰って知らぬ顔をして出勤する。送り狼という諺があるが、私達は狼でも狐でも何んでもよい、送ったり送られたり行きつ戻りつ、ただ逢瀬を楽しんで暮らしておった。それでも銀行には必ず精励して欠勤したことはないが、誰言うとなく店内に知れる、「小林は三嘉に大阪の女を」というような風説が立つと、平賀支配人は心配でたまらないと見えて「小林君早く細君を持ち給え」と、しばしば忠告される。そうだ、どうしても女房を持たなくてはいけない、今度こそ、きっと女房を持とう。このままでいけば破滅すると、実際そう考えておったのである。

ある時、杉野喜精君のお宅に夕飯に招かれたことがある。同席のお客様は電話交換局長和達君の細君とお妹さんであった。和達君の奥様は豊艶の美人として、私達の明星として名古屋の社交界に有名であった。その当時和達君は外国留学中で、確か一年以上も留学をしておったのである。恋愛至上主義であった私は「一ヵ年も旦那様と離れて、よく辛抱出来ますね、私はそういう婦人の心持がわからない」「だって勉強のため外国へ行っているのですから」「勉強などどうでもよいのではないのですか」「どういう意味ですか」「私が女ならば、勉強などどうでもよい、出世しなくとも、えらくならなくてもいいから、半年も一年も離れて暮らすなんて、よう辛抱しない、外国などへゆくのはいや、といって、泣いて止めるような女でなければ、僕は不賛成だ」というような話をした。

その後、杉野君は「小林さんという人はきっと女で失敗する、と和達君の細君は批評しておった。実は、僕はあの妹さんを君に世話をしようと思って、僕の方は見合いのつもりであったが、妹さんは断然いやだというんだ」と語った。

私はこの話をきいた時、軽い失望を感じたが、しかし、何とか機会をつくって、女房を貰えるように心がける必要があると、心の底から反省した。

ある日曜日に昼飯がすんだあと、五月雨《さみだれ》の軒の雫《しずく》、晴れたり曇ったり、庭の若葉青葉の下影を飛石伝い、私は井戸端の横に据えてある腰掛の側に立って、二人の女性に話しかけたことがある。

一人は三嘉のお嬢さんで、お角さんと呼ぶまだ十六の小娘である。も一人は常雇いで手伝いに来ている四十前後のお針さんである。お角さんは、そののち三井物産重役にまで栄進した社員の奥さんとして、外国生活までするに至った才気煥発の美人であった。お針さんは、いつも私の衣服の洗張《あらいは》りや仕立替えなどの世話をしてくれる無口の婦人であった。

「私も今度は借家をして新世帯を持つことにきめました、いつまでも三嘉に下宿しておって、細君が来てくれないと困るから、とにかく、一軒家を持つ、ちょうど銀行の取引先で米穀取引所の仲買人蜂須賀さんが、北鷹匠町《きたたかじょうまち》に新築の別荘を貸してくれるというから、そこに移ろうと思う。そして細君をさがそうと思う」と言いながら、気まぐれに小当りにあたって、ちょっとお角さんを見つめた。お角さんは顔を赤らめたが、黙って立って母屋の方へ逃げるように行った。お針さんは微笑しながら「冗談もいい加減にしないと大阪に叱られますよ」

私が銀行に行っている間は、大阪の女とお角さんは、お友達づき合いをしている仲よし同士であった。

「お針さん、僕が家を持てば、あんた、約束通り私の家に来て、僕の世話をしてくれるだろうね」

とときどき、三人で話しておったのである。

このお針さんは三嘉にも手伝いに来るが、寝泊りは、長者町すみ家という芸者屋に籍があって箱屋を兼務している、まことに調法の婦人であった。

「あなたに一度逢いたいという人があります、きっと一度ぎりですよ」と約束したことがあった。

この日の夜であった。まだときどきバラバラと小雨が降る。私はお針さんと相合傘で三嘉を出たのは九時過ぎであった。「どこへ行くのか」「どこへ行くのでもありません、黙っていていらっしゃい」私達は三嘉を出て伏見町から桑名町をお堀端に出て、それからまた伏見町に一周するまで、この問答を二、三回繰返して、再び三嘉の門壁に見越の松の木が十五、六間先に見える、左手の格子建の家の前に立ち留った。

お針さんは格子戸を開けて独りでずっと入る。電灯がパッと点いて玄関が明るくなる。

「おはいりなさい」「入っていいのかい」私は玄関先に立っていると、奥から光を背にして大柄の婦人の黒い姿が現れた。お針さんは私の手をとって、座敷に押し込むように上がらせたと思うと、自分だけ一人、格子を閉めて表へ出て行った。女は黙って戸締りをして座敷に帰ると、次の間の襖を開ける。そこは彼女の部屋とおぼしく、艶めいた数々の調度品が整然と並べられてある。

私は茫然として立っておった。「あなた怒って」と言いながら、彼女は角火鉢の前に坐った。そして座右のお茶盆からお茶の仕度をしながら「お坐り遊ばせ」と言った（私は名古屋言葉を忘れた）。電灯から顔を反《そむ》けがちに大丸髷のふっくりとした鬢《びん》のおくれ毛、白い退しい首筋に、私は震えながら手をかけた。

格子を叩く音がした、私は驚いて飛びあがった。「お迎いです」というお針さんの声をかすかに聞いた。狐にだまされて小便を飲まされたという話は、実際この世の中にあったことであろうか。

名古屋という都会は、隅から隅まで情熱のほとばしる、その欲と恋の炎はルツボの中に闘っているそうだ、などと言う人もあるが、私達のその頃は、花柳の遊びだけは開放的であった。私達の先輩が洒々落々《しやしやらくらく》として、甲を捨て、乙を選び、相共に顧みて他を言い、名古屋の遊びは後腐りがないから、面倒臭くないと言うのである。私にはそういった経験はないが、私の友達の中には、近藤君のような小説的の生涯に浮沈した大物もあった。この物語は大切に秘めて保留するであろう。私の北鷹匠町の新居は、女中として雇入れたお針さんによって、まことに便利に、悪友善友の倶楽部として、ここに二ヵ年を暮らした。

私は毎朝定刻、お城を仰ぎ見ながらお濠《ほり》に添い、城内を通りぬけて銀行に通った。お濠の堤に西面して建てられた一軒の茅屋《ぼうおく》に有名なる美人が住んでおった。病後静養の彼女は玉江と呼び、金吾と共に新地代表の名妓であった。胸の病に薄命の彼女は当時米街の飛将軍高彦［高橋彦次郎《たかはしひこじろう》。伝説の米相場師］の愛人であった。その高彦氏は伊羅保か魚屋《ととや》か、そのどちらであったかは忘れたが、千円を投じてお茶碗を落札したという話を記憶している。

私の宅に遊びに来る人の中には、遠回りをして、玉江を慰問するのが目的であったというので、花が咲いた。彼氏も、彼氏もと、その頃の友達は——五十五年の昔である。その多くは幽明界《さかい》を異《こと》にしている。その中に、今なお健康で昔よりも交遊を深くしている一人は、竹中藤右衛門《なかとうえもん》君である。

彼は私より三つ四つ若いと思う。その頃はまだ二十歳を越えたばかりの青年であった。彼は尾張藩における宮大工で苗字帯刀の家系に生れ、先代藤右衛門翁に仕込まれ、実地訓練の功を積んで、三井工業部の名古屋製糸工場建設によって、初めて三井との取引関係を結び、その忠実と堅固と信用は、平賀敏翁の大阪支店支配人として進出すると共に、その推挙も与《あずか》って力あり、神戸鐘紡分工場の新築を大成し、漸次《ぜんじ》各方面の三井系建築の責任者として、自他共に許すに至るまで成功している。おそらく彼は日本建築界における第一人者であろう。

北鷹匠町の新世帯は、長者町すみ家の箱屋兼お針さんを雇入れ、台所道具を買入れて朝夕の生活に不自由のない程度に整った。袋町に中林という道具屋があった。ここで買った和全《わぜん》の金襴手《きんらんで》、九谷焼乾山《けんざん》の松竹梅、模木米《ママもくべい》の赤絵百仙人の鉢や、根来《ねごろ》一輪菊の食籠《じきろう》、実に安価で一円二円程度であった。今もなお、雅俗山荘に使われている。

床の間には芳園《ほうえん》の牛の絵がかけられた。明治二十七年頃に国民新聞から贈られた久保田米《くぼたべい》僊《せん》筆梅に鶯の竪幅は、蔵品中の最も古いものである。私は学生時代からこの種の趣味に恵まれておったから、にわか仕込の新世帯風景と異って、別荘住いとして貧弱であるが、ふさわしい飾付が出来上って喜んでいると、友達の誰れ彼れが新居祝を兼ねて毎夜賑かに押掛けてくる。一時は花合せの定宿のように集ったが、それも一巡すれば、郊外の夜色、静閑にして、庭前に飛ぶ蛍の光、縁先に迫る蛙のなき声、お針さんを相手ではいかにも物足らない、十六歳の愛人は新世帯のもの珍しさに大阪から飛んで来る、新しい寝具の出し入れもなまめかしい。しかしそれもしばらくの夢で、私の良心は堅実なる家庭への望みに懊悩《おうのう》していた。

名古屋にいた時代、二十五、二十六、二十七歳と足かけ三年、社交、信用、そして出世、およそ平凡の俗情に妥協しつつ、私の恋愛至上主義は幻のごとく、消えたり浮んだり、まことに頼りない。薄志弱行に一日一日を送ったのである。

一家を持つと、そこに財産という観念が心の底に芽出して、私の財産は全体どのくらいあるだろうと自問自答しはじめた。

明治六年一月三日に生れると、母はその年の八月二十二日、姉と私を遺して病死した。養子であった私の父は、離縁して実家の丹沢家に戻り（丹沢家は甲州で一、二の素封家であった）、さらに田辺家に再縁した。

父は「おれは二人の子供を小林家に残して、その養育をお願いして来たが、養家の財産はビタ一文も貰わない。今日まで二十何年、元利計算すれば戸主である子供達はとてもえらい財産家だ」と言われておるという話を、丹沢家の方面から聞いて、いつとなしに私の耳の底にこびりついておった。

家を持ち、年頃にもなると、永年養育を受けた御恩を忘れて、私は自分の財産を明瞭にするには、どうしたならばよいかと迷った、それには要るだけのお金を、ねだって見ることが一案だと思った。そして叱られながらも必ず送金を得て、無理な借金などに苦しまなくて生活した。

その頃、三井銀行には身元保証金制度なるものがあって、月給に応じて何千円かを預けるというので、一割の利息がついた、特別の理由があれば払戻してくれる。特別の理由とは支配人が認定すればよいのである。私はこの身元保証金を払戻して貰って、それからまた再び預け入れの必要を説明して充実した。約束手形、借入金証書何通かもお渡ししている生家では、私の実印と共にその全財産がどうなったか判明しない間に、小林家の人は国会議員となってから漸次衰運に傾いてゆく。その反対に、私は明治三十三、四年頃から完全に独立し得て、幸運に恵まれて来たから、悪い言葉で言うならば、結局使いどくということになって内心忸怩《じくじ》たりであった。

こういう不純なる生活も、平賀支配人であればこそ、ゆるされたものと感謝している。平賀支配人は宴会が好きで、その宴会にはいつでもいろいろな余興を考案する天才的努力家であった。三井銀行を中心とした三井各商店の聯合《れんごう》懇親会というような計画が、津の聴濤館《ちようとうかん》の潮干狩、桑名の船津屋への遠征というように盛んに挙行された。

ある年の秋であった。聯合園遊会が堀川の金城館という料亭で催された、ここの庭園は広く、また百畳敷以上の大広間もあるので、何か三井を記念すべく、何々踊りといったようなものを新作して、あとあとまで残そうというのである。企画、演出、舞台監督を仰せ付かって銀行を半日ずつ休んで、魚の棚「近直」という料亭で稽古した。

「園遊会《そのあそび》の一曲」が出来た。

「秋のながめは花紅葉、いろは黄金の金城館〽松吹く風の袖軽く丸に三井の比翼紋……〽そもや互の馴れそめは、初手は当座の痴話狂い、口説もうぶな掛引に、手形い主の横意地も、送手見たさの女気に、代手寝た夜は夢なれや、為替枕の重さなれば、かくせど色に初紅葉……〽うれしき首尾の園遊会〽つきせぬ流れ堀川の水も三井の一雫、祝う筵のささの酔、その寿の末長く、一イ二ウ三井の万歳や、万々歳と唄いける」

この稽古には、名古屋製糸場支配人津田興二氏の愛妓、名は忘れたが背の高い三味線の名手で、何んでも出来る勝気の姐さんが采配をふった。姉のかね子は日本銀行支店長首藤諒氏、妹の花子は平賀支配人という工合に、公然の芸妓が助手となって、かんかんやの時子、富子、五、六人が踊る、という大尽遊びにどれだけの経費を要したかというと、幸いに鉛筆書きの予算書を発見したから参考として書添える。

一金百七十五円　　一人二円五十銭、七十人分

内

金　六　十　円　　芸妓二十五人

金　七　十　円　　飲食料百人分、正宗一本ずつ添えて一人前七十銭

金　二　十　円　　土産もの百人分

金　　十　　円　　金城館女中祝儀

金　十　五　円　　お客様帽子手拭代

ほかに予備費三十円と計上されてある。こういう馬鹿馬鹿しい時代もあったのである。

その頃の三井支店は、このくらいのだだら遊びをしてもべつだんに攻撃もされず、心配もなかった、というのはその営業が消極的で、黙って預金を預っておればよかったのである。愛知、明治、名古屋の三銀行が火花を散らして競争するのを横眼で睨んで、第三者としての公平なる批評を露骨にするのであるから、私達は嫌われながら、もてておったのである。

三井支店の明治三十二年五月残高は（青年会雑誌による）貸付金七万三千九百四十七円、当座貸越四万九千三百九十四円、割引手形六十一万二千五百五十五円、合計七十三万五千余円、その割引手形は三井物産支店の紡績手形と石炭代諸口手形であったから、毎日ブラブラ遊んでおればよかったのである、現金所有高は僅かに二万三千三百五十七円、もって一般を知るべしである。

三井銀行は毎年二回、支店長会なるものが東京本店に開かれ、各店支配人は中上川専務の前でその店の営業報告をする。いろいろの質問によってメンタルテストを受けるが、その成績のいかんによって栄転する。平賀支店長は、銀行の経験は浅いけれども社交人としては満点であり、その演説は態度が立派で、諒々乎《りょうりょうこ》として雄弁であった。銀行の営業より、その地方の社会情勢の説明と地方人物の動静等、他の支店長連と比較にならぬほど調査が行届いて好評であったというのである。その原因は上京前に連夜集って充分に検討された結果である。

あるとき、こういう話があった。ちょうどその頃、銀本位と金本位の論争が朝野に盛んであり、政府並びに日本銀行方面は金本位であるが、どういうわけか中上川氏は銀本位を主張したというのである。平賀支配人は首藤日本銀行名古屋支店長から日銀の調査せる秘録を借覧して、それらの統計に基づく利害両面の研究を、名古屋地方の実情に対照し、そのプラスとマイナスを詳細に比較して、これは一地方の結論であるから、全国的にどうなるかはよろしく東京本店にて結論をつけて教えて下さい、と演説したところ、中上川氏は「自分で結論をつけないところが平賀君の長所であり、また短所である」と批評したというのであるが「実は自分は金本位論者であるが、中上川氏が銀本位であったから結論をつけなかったのである」と、これは平賀支配人が帰店しての自慢話であったが、それかあらぬか、三井に入って、僅かに三年を出でずして先輩を飛越え、一躍大阪支店長に栄転したのである。そして私にも再び大阪へ行かないかと勧めてくれた。私の飛立つ嬉しさを見逃さずに「大阪へ行くとすれば、細君を早く貰い給え、それまでは駄目だ」と言うのである。

これより先、首藤日銀名古屋支店長は、日銀における幹部連ストライキの結果、片岡直輝氏の後を受けて日銀大阪支店長に栄転、姉芸者のかね子も大阪へ行ったというのであるから、妹の花子も平賀支配人のあとを追って大阪行きになるのではないかと、ひそかにねらっておったところ、さすがに綺麗に片付けて、颯爽として赴任したのには敬意を表せざるを得ないのである。

私は平賀支配人の大阪行きを茫然と見送った。二、三の友人から送って来た細君候補者の写真を机の前に飾って、思案投首《しあんなげくび》が幾日つづいたことであろう。

ある日、突然大阪の岩下清周さんからお手紙を受取った。「何日その地にゆく、これこれの御連中を招待したいから香雪軒《かせつけん》に約束してくれ」という用件であった。岩下さんが香雪軒を選んで来たのは、香雪軒の娘さんがかつて第三師団長であった桂太郎《かつらたろう》将軍の寵愛を受け、すでに東京へ根引《ねびき》されておる、桂将軍と岩下氏とは、明治十八年頃パリ支店長として在勤中、駐在武官として渡欧した当時から懇親の間柄で、爾来《じらい》深縁の関係であったからであろう。

私は名古屋の紳士連を招待する宴席には出席しなかったが、その前後お伺いした、そしてこの家の娘達が評判の美人ぞろいであるのは知っていた。「小林君は今、細君をさがしているから、お前達誰か行く気はないか」と冗談を言われた時は赤面した。岩下さんは決してこの種の戯言を言う人ではない、これはおそらく大阪において平賀さんと何か話合があって、私を大阪へ呼び戻そう、細君を持たせなければいけないというような内緒話であったのではないかとも思った。果してそうであった。香雪軒を出る時、私に袋入の小形の写真を一枚手渡してくれた。「この写真の婦人、無理にすすめないよ、調べて見てはどうか、気に入ったらば平賀君に頼み給え」と言うのである。私は調べて見た、そして平賀さんにお頼みした、程なく返事が来た。私は綺麗サッパリと断られたのである（名古屋関係の写真を探していると、香雪軒の娘達の写真とこの娘さんの写真を発見した）。

第五章　その頃の大阪（再び）

私は見合いの写真二枚をカバンに入れて東上した。下谷下根岸の小林笛川居は、庭の広い茅屋根《かややね》の庄屋めいた大きい田舎家である。親戚であり、東京在学中の保証人であり、郷里を離れて以来、永年お世話になって、今では自分の家のように考えていた。

その笛川居に着くと、私が小母さんと呼んでいる主人の細君は、喜んで迎えてくれた。大柄な堂々たる体軀で、私よりも五、六寸も高い、肥った、血色のいい上品な小母さんは「文《ふみ》も来て待っているのよ」と言った。

お文さんは、小母さんの妹で、女子大学の初めての卒業生として親類中の模範的才媛であったが、水田という商売人に嫁入して、令夫人というよりは、お内儀という態度の世話女房である。その取引先の娘を私の細君にと、そして今日は見合いをさせるために、朝から来て待っていると言うのである。

水田さんが世話をしてくれるという娘さんの写真を見た時、愛くるしい丸顔の子供子供した無邪気さを捨て難く思って、見合いをすることに決心した。

岩下さんから渡されたもう一枚の写真の娘さんは、私が東京へ来た時、根岸の小林笛川居

へ電話をして、どこで見合いをするか打合せをするという手紙を受取っておったから、

「小母さん、も一つの写真の方の見合いはどうするのですか」と、おたずねした。

どちらを先に見合いをするのか、ちょっと心配であった。

小母さんは「朝から打合せておるのですが、少しも要領を得ない、仲にはいっておる人が○○さんですから」と、不平そうな顔をしておった。結局要領を得ないというのである。

私は今日中に二人の娘さんと見合いをして、それからどちらかを選んで、そして約束をして大阪へ帰る。すぐに結納を取り交わして貰う。引き返して東上し式をあげ、大阪へ帰るのが新婚旅行という腹積りであったが、も一つの写真のお嬢さんと見合いをするまでに至らず、お文さんにせきたてられて水田商店に行って見合いをした。想像しておった通り初々しい丸々肥った小娘で、さして別嬪というのではないが、感じのいい下町の娘であった。

小母さんもお文さんも、「あんたどうするの、あのお嬢さんにきめる？」「今夜大阪に帰るのでしょう」と攻め立てられるけれど、もう一枚の写真にも未練がある。大阪へ帰ってゆっくり考えて返事を致します、といって見たり、また愚痴っぽく、見合いをするというから東上したのに、来て見れば要領を得ない、けしからぬ、馬鹿にされているようだと、不平を言ってみたり、何だか軽蔑されているようにも思い、軽蔑されているとせば、いかにも馬鹿馬鹿しい、とむかついて見たり、しばらくは思案にあまって、黙りこくって返事もしない。

「無理にすすめないのよ、だって可愛い娘でしょう」と言われると、またその気にもなる。

私はとうとう貰うことにきめて大阪に帰った。

名古屋を引払って再び大阪へ帰った。第一銀行副支配人の社宅に貸していた高麗橋一丁目、伏見町角の三井銀行の持家が、二ヵ月後にはあくからそれまで、という約束で、大手町の友人の持家に居宅をかまえた。そしていよいよ新妻を迎えるべく再び東上した。

笹川居の大広間にて結婚式をあげた。その夜はお茶席の広間に泊った。翌日の正午頃の汽車にて、大勢に見送られ、新妻をつれて、新橋駅を出発した。二人で差向いになって、新妻の顔をつくづくと見詰めた、彼女の眉毛が墨黒々と一文字にかかれてあるのに驚いた。

「その眉毛どうしたの」

「剃りつけているうちに、妙な格好になったから全部剃ってしまいましたの」

と、すこぶる平気に笑っている。暑い夏の真昼間であるから、いつのまにか、額の汗が流れたと見えて、その引き眉毛の墨がにじんで見苦しくなって来た。

「鏡を御覧よ、おかしいよ」

「そう」

といって鏡を出し、ちょっと見詰めて「どうしたらいいでしょう」と私にきくのである。

実に無邪気な子供のように平然としている。

「手洗場でお顔を洗っていらっしゃい」と、私は手洗場につれてゆく。

新妻は化粧函を持っておったけれど、べつだんお化粧しようともしない。綺麗に眉毛を洗いおとした剃り立ての眉のあとが、淡く青味を帯びている。「これでいい」と微笑しながら言うのである。まことに他愛もない、物事にこだわらない性質と見えるので、私は彼女に好感を持って、これならば愛してゆけると思って満足した。

汽車中に一夜を明かし、翌朝大阪に着いた。留守居のお針さんは、けげんな顔付をして、新妻を迎えた。

大阪へ着いて二日目の夜、私達は今橋西詰の橋下から、納涼船に乗って大河に遊んだ。北からも、南からも、東横堀、西横堀、あらゆる橋のたもとから、何百艘の涼み船が中之島剣先の浅瀬に集まってくる。花火は絶間なく上がる。千万点の提灯の火が水に揺影して、まさに壮観である。

いろいろの物売りの船頭は声高に船と船との間を巧みに漕ぎ行く。浄瑠璃や長唄や、お客のもとめに応ずるものもあれば、船中に酒をくんで絃歌に浮かれて踊る男や女や、百鬼夜行の光景はこの時代に大阪の名物であった。

私は彼女が、もの珍しいこの船遊びに、舷《ふなばた》を叩き水を弄び、嬉々として大満足であるのを見て嬉しかった。これならば永く愛し合うことの出来る生活は可能であると思った。十一時すぎ、宅に帰るとお針さんは私にささやいた。私達の不在中に、私の愛人が尋ねて来たが、悄然として帰ったというのである。

三井銀行では、一年中に一週間の公休がとれる。まだ二、三日休み得る権利があるので、土曜から三、四日暑中休暇を得て、有馬温泉にゆくことに決心した。かねてから銀行の友人達と約束があるという口実をまことしやかに細君に話して、私は愛人と共に「兵衛《ひょうえ》」に避暑の客となった。

彼女は平素から無口であるが、有馬におった二日間、何もしゃべらなかった、よくこんなに黙ってばかりおられるものと思った。対話は形式の単語にすぎない、枕をならべて眠る。

「少しは笑ったらばどう」

「おかしくないのに笑えませんわ」

というのである。

私もまけぬ気になって黙っておった。突然、唇をもってゆく。横を向くかと思いのほか、ジッとして静かに受ける。眼と眼が合うと鋭く何かに射られたように私の良心は鼓動するのである。そして彼女の眼底から、玉のように涙が溢れてくる、頰に伝う幾筋かの流れを拭きもせず、ジッと私を見守るのである。恨むとか、訴えるとかいう、そういう人間的情熱の表現ではない、神秘の世界に閃《ひら》めく霊感的の尊厳に威圧せらるるがごとくに、「私がわるかった、わるかった」と、私の声はかすかにふるうのである。

彼女は冷然として、いとも静かに私の手から離れ、そして黙々として知らざるもののごとくに寝入るのである。私は夏の夜の明けやらない暁近くまで輾転反側《てんてんはんそく》した。

三日目の夜、私は彼女の家の門口まで送りとどけて、きびすを返して帰ろうとした時、彼女は私の手をとって放さない。依然として黙々と唖者のように冷静である。私は誘わるるままに二階に上った。そして有馬の湯の宿にあったごとくに、ひからびきった彼女の態度に、不安と恐怖とにおののきつつ、一時二時ふけゆくままに、うたたねのごとくに一夜をあかして、朝早く宅に帰ると、お針さんは「大変ですよ。大変ですよ」と、私の帰宅を待ち兼ねておったというのである。

「一昨夜の汽車で、奥さんは東京にお帰りになりました、この手紙を、旦那さまに渡して下さいといって」と、私はその手紙を受取った。手紙の意味はこうである。

「わたしは何にも知りませんでした、わたしはあなたをおうらみいたしません、お針さんから十五の年から交際しておられる御婦人の話をききました、わたしはただただわたしの軽率であったことを後悔するだけです。私が東京へ帰ることをお許し下さい、黙って帰ることは、まことに申訳がないと思いますけれど、私にはほかにどうすることも出来ませんから、神さま、私の罪を許し給え」

私は幾度か、幾度か読み返した。あわただしい中に、水ぐきのあとも鮮やかに、実に立派に書いた手紙であった。

「神さま、私の罪を許し給え」というのは、彼女はメソジストの信者であり、私達の仲人であったお文さんと、同教会の信者であったからであろう。私は「十五の年から交際しておられる」と書いてある、その十五の年からの彼女を振り捨てるつもりであったのか、それはそれ、これはこれと、成行次第《なりゆきしだい》、でたとこまかせの臆面もなく、私の良心は麻痺しておったのであるか、そういう理智的の意志を質問されたとせば、私は何と返事をしたであろう。

私はただ、私の先輩達から、「早く細君を持ち給え」と忠告されるたびごとに、どうしても女房を持たなくてはならないものだと肯定しつつ、三井銀行にいる以上は、一日も早く身を堅めなくてはならぬと自問自答していた。これはいかにも自己本位の軽薄な考えであったとしても、その当時の社会通念ぐらいに——我々の先輩の安価な行動を怪しまずに、家庭は家庭、外は外、何とかなるだろうと、何という厚かましい、卑しい考えであったのであろう。私は東京へ逃げて帰られた彼女に対し、実に申訳がなかったと思っている。

細君が出来ると銀行に公式に届け出る規則である。私はその届け出をして有馬に行った。有馬から帰って来ると、細君は東京へ逃げて行ったが、しかししばらく経過を待つことにして、銀行や友達へは「妻はちょっとお里帰りしている、そのうちに帰って来たらば披露するつもりだ」といっている。

そのうちに帰ってきたらば……そうだ、帰ってくるかもしれない。淡白な無邪気な江戸子肌の下町娘であるから、お里へ帰ると何とか言われて、また帰ってくるかもしれない、「黙って帰ったのは私が悪う御座いました。お容《ゆる》し下さい」といって、謝まって来たらばどうしよう。帰って来るかもしれない、と自惚れて見たり、その時はどうしたものか、私の考えはそのときどきに猫の眼のように変わる。もしこのまま帰って来ないならば、そうだ、も一つの写真のお嬢さんと見合いをするようにお願いして見ようかしら、東京へ頼もうかしら、とカバンに収めてあった写真を取出して見た（その写真は今日なお私の手許にある。彼女はどこにどうしているだろうか）。私は細君というものは、家のお道具のように考えていた、その形式の殻を抜けきらない、偽善家のような出世主義の生活の夢に、私はいまだ醒めきらないからである。

一週間経た頃、東京の笛川居から長文の手紙を受取った。細君は再び大阪へ行かないというので、仲人の水田夫婦は困っている、とりわけ水田夫人は、仲人でいいかげん私のことを礼讃した責任から、私を東京へ呼寄せて意見をしたいという。

若い花嫁さんはだんぜん、再び大阪へゆく気はないと堅く決心しているが、もしお前があやまって来るならば、まだ話は戻し得る希望がある、というのであるが、私がどんなに不行儀であったとしても、逃げてゆくというがごときは男の顔に泥を塗ったもので、意地からにも帰って貰わなくてもよろしい、と言いがかりのような強がりを言い、それよりも、見合いの出来なかった写真のお嬢さんと見合いをしたいからお願いする、と東京へ手紙を書いた。

何というずうずうしい厚顔《あつかま》しさであったろう。常識から考えてもこの場合、そういう身勝手の話を臆面もなく持出すべきでないにもかかわらず、私は細君を貰ったという美名を維持したかったのである。それは三井銀行員としての体面にこだわっていたからである。

新妻を追い出したひどい奴だという評判が、銀行内の噂になる。朝日新聞は名前を変えて艶種記事を作る。平賀支配人はにがい顔をする。私はやけになって、追い出されぬ先に銀行を辞めようかとも考えた。が私はジッと辛抱をして――こういう場合には、私はいつも愛人の顔をぬすむように見る。「わたしを妻にする旦那様は、必ず出世する」という堅い堅い信念に活きている彼女は、私が初めて遇ってから一ヵ月とたたぬうちに、何かの機会で静かに語ったことがある。

五つ六つの歳であった。天満《てんま》の実家の表で遊んでいると、大峰山《おおみねさん》の行者風の男が、可愛いお児《こ》さんだこと、と頭の髪をなでてから、お嬢さんの人相は、百万人に一人しかない幸運の男さんのお嫁さんになれる、その旦那さんは、お嬢さんを奥さんに持てば、必ず出世すると、あたかも神のお告げのように宣言して、お菓子を渡して行く。そういうことが二、三度繰り返されたという迷信話を、彼女は子供の時から、しばしば母親からきかされておったので、心の奥にこびりついていたにちがいない。

私にはあくまで従順で、その運命を確信して少しもウロウロしないのである。ある時は予言者のごとき態度で、膝も崩さず毅然として、ただ睨視《げいし》するだけで一言もいわない。私はその潤いのある輝くような大きい彼女の眼に威圧されると、他を顧みるか、立って離れるか、私までが、彼女の信念に共通的の幻想に追い込まれるように戦慄することがある。かくして私は、彼女のとりこにならざるを得ないのである。

十五、十六、十七、明治三十二〔一八九九〕年の夏、彼女は早や妙齢十八、花ならば満開、麗艶の期を失わず、私は彼女の養父を説服した。彼は俳諧の宗匠で十徳《じっとく》姿の老人であった。

「牡丹散つて打重りぬ二三片」の短冊幅と、「春の夜や宵曙のその中に」の扇面幅は、一水庵荷村の伝来で、その当時、蕪村を集めておった私への記念として、ささやかな彼女の荷物の中に贈られたものである。

私達は一水庵の二階の広間に、頭付の鯛の焼ものを中央にして、一家《いっか》団欒《だんらん》的のお祝いを開いて式をあげた。そして私達は高麗橋一丁目三井の社宅に新家庭を持った。それから五十三年の長い長い私の思い出は――。

明眸皓歯《めいぼうこうし》、鼻は高く、色は白く、丈はすらりとして品位高雅、初々しき丸髷を紫縮緬のお高祖頭巾《こそずきん》に包んで、外出する時は昔風の浮世絵を見るように愛らしかった。

私は彼女のすべてに満足しておったけれど、銀行内における私の素行は、極端に非難されて、その不安の念を拭い得ないのに、長らく苦しんだ。これは結果において屈服せしむるよりほかに途はない。それには恪勤精励《かっきんせいれい》、日常の生活において信頼を得るよりほかに途はないと決心した。

大阪支店は、大阪支店特有の業務週報を発行して本店並びに各支店に配布した。業務週報は大阪における経済界並《ならび》にその人事行動等に対して、新聞雑誌に現れない記事を選択して掲載するから、東京本店重役の参考になるというので喜ばれた。

私は貸付課長として外出する機会も多く、また交遊の範囲も広く、普通の銀行員としてよりも特種通信記者といったような態度で執筆したのであるから、その当時は、珍しい形式として大いに歓迎された。各支店もよろしく大阪支店に真似て、週報でも月報でもよいから実行してほしいという内示があったけれど、各地方にはそういう材料がないので、どこからも発行されなかった。この業務週報は大阪支店の名物として重きを置かれたものである。私はいつもその材料の蒐集《しゅうしゅう》についてそれからそれと、新しい取材に走り回っていると、あるとき、偶然のことから、村井吉兵衛《むらいきちべえ》という京都の巻煙草製造家が、米国から葉煙草密輸入の嫌疑事件について取調べられているというニュースを耳にした。

京都円山《まるやま》の景勝の地に、サンライスやヒーローというごとき巻煙草の大広告をして、市民の非難を買った当時であるから、何か事あれかしと問題の起るのを心待ちする人情からでもあろう、と思ったが、村井吉兵衛氏の支配人松原某氏は、平賀支店長とは三田時代の同窓関係を知ったから、村井氏の事件を平賀支店長に報告したところ、松原氏に面会し真偽を確かめてほしいと紹介状を渡された。京都に行き松原氏に会うと、実に意外なる事件を聞いた。

村井商会は、政府が煙草専売を実行する方針にて、その計画を内密に進行していることを探知し、米国から葉煙草の輸入を世間に知れぬように実行しているというのである。

「実は自分は三菱銀行大阪支店にお願いして、輸入煙草を担保に借入金をしているけれど、限度があって困る。三井銀行も何とかして助けて頂けるならば、その計画を拡大したいと思っている」云々と言うのである。

三菱支店は中之島に店舗を新築し積極的に大阪に進出しようという時代で、同時に三菱倉庫を落成し、支店長として江口定条《えぐちさだえ》氏が赴任して来た時であった。三井銀行大阪支店は先年土佐堀《とさぼり》倉庫を住友に譲渡してから倉庫がない、担保として受入れることが出来ない。そこで神戸の森本六兵衛《もりもとろくべえ》氏の倉庫を活用し、倉庫証券を発行せしむる手続きを遂行せしめて、村井商会の輸入貨物貸付金契約を、東京本店の許可をもって進行することになると、三菱銀行は内々独占的取引契約によって村井氏を支援して来た行きがかりから、商業道徳違反という問題が起って、三井三菱対立という事件は、事件そのものよりも、政府の煙草専売方針の裏を回って不当利得を計画する人を幇助《ほうじょ》することは、大銀行としては穏やかでないという非難もあったが、商人の思惑をとがめるのは無理だということになって、結局、三井、三菱が協定して、輸入品に対し半額ずつ貸付することに解決した。

村井商会はこれによって一挙何千万円の利益を獲得し、一時は村井財閥と言わるるまでに成功したのである。この時の貸金は今から見れば僅かなもので、両行ともに百五、六十万円くらいであったが、その当時は破格な貸付金であったのである。

平賀支店長の拙き謡に、住友銀行支配人田辺貞吉《たなべさだきち》氏は下手な仕舞《しまい》を舞う。この両人は、東京で隠れ遊びを楽しむ親しき間柄であったが、住友銀行（二六四ページ「住友家と私」参照）が増資し、その機会に営業拡張を計画して、副支配人は三井銀行から誰かもらいたいという話があった。田辺氏は小林をという希望であったそうだが、問題にならず落第した。滝《たき》沢《ざわ》吉三郎《きちさぶろう》君が副支配人として赴任した。

その頃の北浜銀行は、一年ごとに発展して営業の範囲も、預り金貸付金というがごとき、大阪市内普通銀行の旧慣を破って大阪築港公債、大阪市債、大阪市外債保管というがごとき、証券の取引売買を実行し、北浜二丁目には堂々たる石造の洋館を新築しつつあった（三十四年十一月竣成した。本館二階には立派な食堂があり、筆者は忘れたが周囲には油絵の風景画と、天井一面は葡萄棚に鳩の乱れ飛ぶ実に立派なもので大評判であった。井上［馨］侯爵を招待して藤田伝三郎氏ほか数名の午餐会の席上、岩下氏は「外国の大きな会社銀行等は事務室のほかに来客を饗応する食堂等が完備しているから、日本のように待合料理屋に招待することはほとんど見られない。我国もそうあるべきだと思って、北浜銀行は率先してこれを実行した、幸いに閣下の御来臨を得て……」云々と挨拶したところ、井上侯爵は「外国のことは知らないが、我日本では三井、三菱というがごとき大会社においても、かくのごとき贅沢極まる設備のあるのを知らない」と、えらい剣幕で叱りつけたので、さすがの岩下氏も顔を青くして閉口したというエピソードもあった）。

副支配人小塚正一郎君は支配人に昇進したので、「今度は小林君が副支配人にゆくだろう」という噂があった時、住友ゆきの話を承知しておられた岩下氏から、

「君はようやく三井でも認められるようになって来たと思う。いま動いては損だ。三井にい

ることだ」

と注意を受けた。

三十二年の夏、名古屋から再び大阪に帰って、雨降って地固まる。それから私の新しい生活はようやく順調になって、銀行員として無色透明、平凡なる朝夕はただ平和なる家庭の楽しみのみであった。

第六章　その頃の三井銀行

明治三十三［一九〇〇］年十二月、三井銀行は神戸支店所属倉庫等を分離して小野浜倉庫を、東京深川支店所属倉庫を分離して箱崎倉庫を、おのおの独立支店として改組、新設することに確立された。

私は箱崎倉庫主任と内定されたから、来春早々に上京すべしという通告を、平賀支店長から申渡された、小野浜倉庫主任は松下丈吉《まつしたじようきち》君だという話であった。松下君は「日本及《および》日本人」の記者で、三宅雪嶺《みやけせつれい》門下の健筆家である。

いよいよ東京転勤と発表されたけれど、辞令が来ない、中上川専務理事が御病気だからというのである。一店の主任になると社宅または社宅料が貰える、特別月手当が貰える。箱崎倉庫は、その町内に社宅を新築中であった、社宅料五十円と月手当が五十円、毎月百円の収入増加で、その上に一月には月給も定例昇給するとの事であった。私にもいよいよ運が向いて来たと嬉しかった。

私はとりあえず日本橋箱崎町付近に借家探しを、親類の人達に頼んだ。友人達の送別会が忘年会や新年会を兼ねて盛んに催された。私は家族を大阪に残して三十四年一月、単身東上した。

三井銀行本店に出勤、秘書課長村上定君の事務室に挨拶に行くと、村上君はすでに用意されてあった私の辞令を見せて「おめでとう」と祝ってくれた。三井高保《たかやす》社長と波多野《はたの》「承五郎《しょうごろう》」理事に挨拶をして秘書室に戻ると、村上君は「明日辞令をお渡しするから」と言うのである。先輩や友人の方々にも挨拶して、その夜は下根岸の笛川居に一泊した。

その翌朝、新聞を見て驚いた。新聞の記事によれば、三井銀行倉庫部の独立新設と、支店長五、六人の更迭記事があり、小野浜倉庫には松下丈吉君、箱崎倉庫には高津次盛という、私の知らない人名が載っている、そして私の名は見えないのである。笛川居の人達は、私の失望落胆せる風姿に同情して「何かの間違いではないだろうか、電話で銀行に問合せて見てはどう」などと慰めてくれる。私は狐にでもだまされたように、生気なく銀行に行った。

村上秘書課長は「どういうわけか、昨日のうちにスッカリ変って君は次席だ、高津君が主任だ」と、いかにも言いにくそうにいうのである。箱崎倉庫は三井銀行深川支店からこのたび、分離独立されたので、その深川支店次席は同郷の先輩市川高策君であるから、市川君をお尋ねして、ことの顚末《てんまつ》と成行を話し、一夜のうちにかく急転して、自分としては大阪の友達に合わす顔がないと苦痛を訴えた。何事も、とらぬ狸の皮算用であった。どうして一夜のうちにかくも急転したのかは、そののち誰にきいても判らない。結局、この問題は判らないじまいに葬られたのである。

この十月、中上川専務理事は病死、早川千吉郎《はやかわせんきちろう》氏が専務理事に新任されたが、私は高津氏の下に、次席として働くことのいかに味気ない運命であるかを悲観して、その日その日を暮らした。

一年半もたたない間に、私は高津氏から追い出されて本社調査課に左遷された。調査課は早川専務理事の隣室にあり、課長は林健君であった。早川氏は井上侯爵の秘書で、三井銀行の最高理事として就任したのであるが、その隣室に在って、林調査課長の下に、仕事の全貌を熟視していた私から見れば、三井家全体に関することは知らないが、事いやしくも銀行の仕事に関するかぎりぜんぜん無方針、無定見であって、営業部長池田成彬君の一挙手一投足に左右されたものである。

林課長は高論健筆の才人であるけれど、執着力がない。実行する熱意と力争する勇気がないから、早川専務を輔《たす》けて営業部長を指導するとか命令するとか、そういう積極性がなかったから、私達下役はいつも歯がゆく営業部長の専横を口惜しくささやきおったのである。そのうちに私は検査主任という気楽な役が与えられて、全国の支店を一年に二回検査する慣例から二ヵ月くらいに三、四ヵ所の支店に旅行する。随行を二人つれてゆく。北海道は小樽《おたる》、函館。九州は長崎、門司《もじ》。京都、大阪、神戸、名古屋等々、暢気な旅行ではあったが、食うに困らないと言うだけで、何等希望も野心も持てない不愉快の時代を辛抱せざるを得なかったのである。

早川専務が旅行される時には、秘書と調査課から一人随行する。私は京都、大阪へ二度お伴を仰せつかった。新橋の寵妓《ちょうぎ》を先行せしむることもあるそうだが、私の時はまことに公明正大の旅行で、旅先にも浮いた挙動は見られなかった。京都は竹島に泊った。

林新助氏が朝夕伺候して、お道具を持参する。まだその頃は書画、骨董も買初めの幼稚生で、岸駒《がんく》の三幅対《さんぷくつい》を床に掛けてあれこれと批評する。詰らない幅で失望した。林君がこんな幅を御覧に入れるとせば、早川さんの趣味の程度がいかんというよりも、林君の指導性を軽視せざるを得ないと思った。午後は守景《もりかげ》の名幅を持って来た。「早川さんは金沢ですから、何でも岸駒と守景という御注文で」と言われたので、それもごもっともだと思った。

茶道具よりも、器物はなかなか立派なものを御覧に入れるので、二回とも四、五日の滞在中は、眼福《がんぷく》に恵まれて嬉しかった。早川さんの弟御の湯浅七右衛門君御夫婦が、絶えず御同席である。

ある一日、湯浅さんから嵐山の舟遊びにお招きを受けての帰り路、林さんの別荘にてお茶の末席を汚《けが》したことがある。この席上にお給仕の若い美人が、大和屋の浜勇であったのに驚いた。早川さんが誰にでも愛想よくつとめるのには敬服する。随行の私から見れば、こんな野郎、どうでもよいのにと思う人達に対しても、丁重に扱う。であるからいつもお客様が多く殺到する。お客様が多いので実に閉口だ、と愚痴を言いながら、お客様が誰も来ないと不平そうな顔をする。実に善良そのものの紳士で、お金の使い方も綺麗だと評判であった。頼まれると「ウムよろしい」と無暗《むやみ》に引受けるが、すぐ忘れて仕舞う、頼み甲斐のない男だと言われてもおった。銀行の仕事でも、決断力がないので林調査課長をイライラせしむることはたびたびあった。

その林課長もまた理想家で、筋の通った理屈は言うけれども、実行力の行使と、その表現の無策であったために、三井銀行の参謀本部であるべき機能を充分に活躍せしむることも出来ず、いつも池田営業部長に押しまくられる、私達部下はまことにたよりない課長さんだと、軽蔑しておったのである。

要するに池田君の部下やお声がかりの人は、ずいぶんいかがわしい男でも出世し、重要視されているのに対し、林課長の部下からは抜擢《ばってき》されもせず、重要視されて恵まれた人は一人もない。いずれも淡々として路傍人のごとき交渉であったから、調査課は紙屑の捨て場所のように一般から軽視されておったのである。この紙屑の中に私は明治四十年一月まで在勤したのである。

私は林課長の随行を二度仰せつかった。一度は北海道ゆきで、函館から汽船に乗って室蘭《むろらん》に出《い》で、建造中であった製鋼会社を見、さらに夕張《ゆうばり》炭鉱を視察して旭川にゆく。その頃の旭川は汽車の終点で、宿屋の風呂も屋外の軒下であった。神居古潭《カムイコタン》の風景を賞しながら札幌に帰り、それから小樽、函館両支店の検査。もう一度は門司から筑豊《ちくほう》炭鉱視察である。三井は麻生《あそう》、貝島《かいじま》の債権者として、最も羽振りの強い時代で、日露戦争前の炭鉱不況のドン底であった。

貝島家は、財政緊縮を井上侯から申付かって、表の大門が閉鎖されておったのを、私達一行の宿舎として開門したほど歓迎したものである。この旅行において、九州地方の幾つかの炭鉱の坑内を充分に実見して嬉しかったことを忘れない。

明治二十四年頃の三井銀行は、衰運のどんづまりであったが、同年中上川彦次郎氏の入社により、整理改革の断行と共に、日清戦役の大勝利に伴い、形勢一変してようやく三井財閥の基礎を確立し得たのであるが、明治三十四年中上川氏の病死によって、中上川内閣は僅かに十ヵ年の寿命に終り、そのあとを引受けた早川氏は井上侯爵の勢力ロボットたるにすぎず、三井家の内部はもちろん、世間一般からも重視されず、三井銀行の支配権は重役よりも、堂々たる幹部社員級の三田系の圧力によって維持されたのである。

この期間は日露戦争と、その勝利による財界の隆興に恵まれてますます盛運の偉観を呈し、まさに来《きた》らんとする大戦後の新時代に善処すべき社内の情勢は、いつまでも早川氏の虚位をゆるさず、明治四十年池田、米山《よねやま》［梅吉《うめきち》］、その他高級社員の重役昇級と異動によって、早川氏はその名前を列するにすぎず、実質において池田内閣が組織せられたのである。

この七、八年間は、一生のうち、私の一番不遇時代であった。

東京における三井銀行時代は、私にとっては耐えがたき憂鬱の時代であった。しかしそれがために、我が家庭生活は安全にして堅実であり、明治三十四年六月長男が生れ、つづいて長女と次男と、三人の子供が恵まれて、妻はとても忙しい。彼女自身の修業は、オルガンからミシンまで、そして子供を背中におんぶして廊下の雑巾がけまで働くのであるから、親類中の評判はすこぶるよろしい。

評判のよいのは嬉しいけれど、嫁入前のしつけに娘を預ってくれと話しこまれ、否応なしに引受けざるを得ないことになり、郷里の田舎娘を引き取る。いやな顔色もしない。快く世話をしているのを見ると、いかな私でも可哀そうになって、ときどきお世辞を言う。逃げだされては困るからである。

銀行の仕事は少しも面白くない。ぜんたい、調査課などという仕事は、積極的に活動して参謀本部的に計画性を持って働けばいくらでも仕事はあり、また面白いに違いないが、大将の早川専務理事が新参者の遠慮がちと言うよりも、実際は無能なる円満居士であり、課長林君には覇気もなければ、歯がゆいほど腰が弱い。三井銀行では池田成彬君一人の天下であったから、私には大阪以来の関係で、とても上進の見込はない。何とかして好機会をつかんで、飛び出すよりほかに途はないものと覚悟しておったのである。

ただこの不遇時代において、検査主任として、全国の支店検査に旅行するのは嬉しかった。旅行に出かけると、半ヵ月以上は名所古跡の巡覧や行く先々の道具屋に下手物《げてもの》の掘出しを楽しみ、暢気にくらせるので、この五、六年間は、不平であっても辞職する勇気はなかったのである。

支店の検査にゆくと、支店長の多くは、実に好人物ではあるが、頭の下がる有為の人物は見当たらない。それは、銀行の仕事のみならず、経済界における訓練も経験もない新聞記者上りが多いからであった。彼等の多くは、やがて私達のように下級の仕事から叩きあげて進級した若い連中に追い抜かれるにきまっていると信じており、また私達同輩は常に彼等の無能に憤慨し、待ちくたびれておったのである。すなわちこの時代の三井銀行は、支店長級の人達は、中上川専務理事によって十把一束に雇入れられた当座しのぎの埋草《うめくさ》であり、私達より少し年上の学校出がようやく進級して小さい支店の主任か、支店長になった過渡期であったのである。

もし中上川専務理事が、健康にして在世したならば、私達の同輩はいずれも、銀行勤務十年を経過し、雄心勃々《ゆうしんぼつぼつ》としておったのであるから、本格的に人物整理も断行されたであろうが、不幸にも突如として早川専務理事が出現し、この人物整理に着手することも出来ず、すべて事なかれかしに見送られて、いわゆる沈滞時代を形づくったのである。

大阪支店長平賀氏は動かざること十年、林調査課長も十年近く動かない。大きい支店長達も、その多くは欠伸《あくび》をして退屈であったと思う。たまたま日露戦争による経済界の変動に善処すべく、各店の陣容を整理する必要を強調した林調査課長の意見も、惜むらくは実現に至らずして葬られたが、それでも天下の大勢は徒《いたずら》に安閑たるを許さず、ことに三井物産は戦時における外国支店の活躍から、人材払底《ふってい》を叫んで、銀行、物産、その他傍系会社間の交流

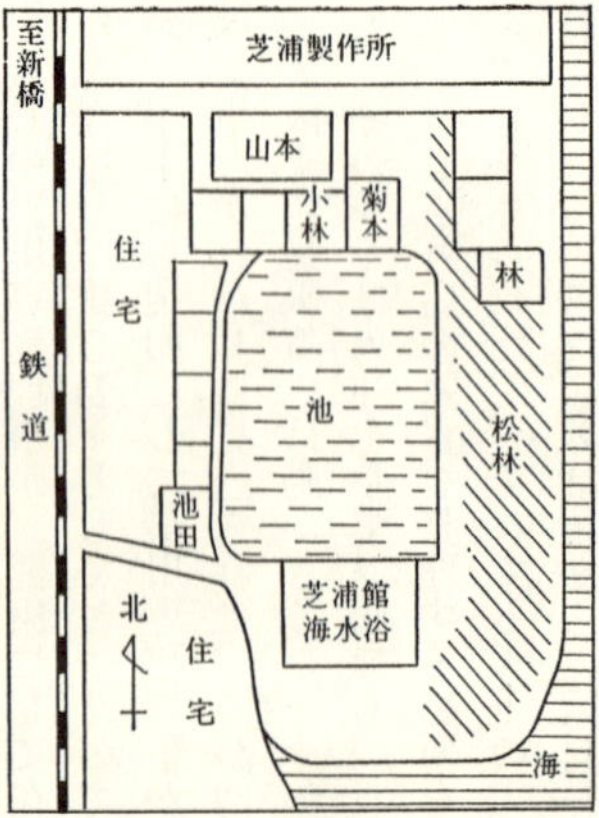

その頃の芝浦住宅地図

を行い、人物の入替によって大いに人材登用を断行しようとしたのである。

私達の同輩からも、三井物産、三越等に転出した人もあったが、日露戦争がいよいよ我国の勝利を予言され、ことに日本海戦の大勝利によってそれが確定的になると、朝野の主だった連中は、戦時中はもちろん、戦後の経《けい》綸《りん》についても、各方面にいろいろと論議されてくると、三井銀行内においては無力であっても、世間から相当高く買われている早川専務は、野心満々、三井を背景にして、社会的公人として乗出すべき機会を逸せじと専念するに至って、銀行の仕事は、ただ空位を守るにすぎざる状態になって、外交的交際を本職として酒色旺盛、その好人物を朝野に礼讃されるに至った。

その頃、私の住居は芝浦の三井の借家であった。芝浦の一廓には、三井の各方面の若い店員の住居が棟をならべてあった。私の家は朝夕潮汐の満干による大きい堀の入江の傍にあった。この堀の周囲に、十数軒の新築が出来たのは明治三十四年の夏であった。

私は出来上るのを待ちかねて、借家したのである。私の東隣は菊本君、池の南端の二階造りは池田成彬君、池の東丘の松林を越えての海岸近くに林調査課長の家があった。私の家は裏通りであったが、その小路の向う側の二階造りには、大田《おおた》黒重五郎《ぐろじゅうごろう》君が芝浦製作所の支配人として、在勤中に住んでおられた。その次に山本条太郎君、そのあとには福井《ふくい》菊三郎《きくさぶろう》君と順々に変ったが、最後は村上定君であった。

この芝浦は夏は涼しく冬は暖かい。一歩、門を出ずれば波打つ遠浅《とおあさ》の海岸であり、鉄道線路から海岸一帯は三井の所有地で、ここに建ち並んだ五、六十棟もあったと思う借家は銀行地所部の経営であった。池あり、松林あり、南の一方には芝浦館という海水浴の料亭があって、至極便利に配達してくれた。

この住宅地に、私は明治四十年一月、大阪に移るまで住んでおったが、今日、汽車や電車に乗って通る時、この付近を見渡すがほとんど跡形もない。いつまでつづいて在ったか、またいつ取払われたか思い出せないが、田健治郎《でんけんじろう》、田中文造というような人達の門標は覚えている。

私の家の前方は、堀を越えて、小高き丘の松林が見える。そのすぐ先が海岸である。

秋の夕暮方、私は子供をだっこしてこの海岸に立ち、ハゼを釣る人達の中に交って、散歩するのが楽しみであった。明月の空を仰いでひとり歩き、冬の夜には波の音をききながらの俳句会、池の蜆をとって味噌汁は自慢の手料理、この簡素な親子五人の生活は、銀行の不平を忘れて、まことに潔白な純情そのものであった。

東京へ来た当初は、新画に親んでおったが、東京を去る一年前頃から、新画を片付けて古いものの趣味に転向し、いわゆる書画骨董に親しむようになった。

お隣の菊本君は伊賀上野の出身で、芭蕉翁の短冊や俳諧ものをいろいろに持っておったが、まだその頃はそういう古いものに興味がないから、私の新画と喜んで交換した事もある。彼は後年芭蕉の真筆、その他俳幅の蒐集家となり、「蕉翁余影」の著者として大成した。

故人となった池田成彬君は、最近の著書において盛んに美術骨董談を試みておられたが、芝浦住いの頃、私が訪問すると、二階の床の間には、筆者は忘れたが美人画の幅がかかって、朱塗の軸の一方がない。この一幅は、おそらく一年中ブラブラ汐風に吹かれて在ったことと思う。

思えばこの芝浦は土地の様子も変り、人間も変ったが、その変りようがいかにも大きい。私としては芝浦六ヵ年の生活は、とうてい忘れることの出来ない思い出である。

日露戦争の大勝利が、ほぼ確定的になると、自然に各方面に好景気が出現した。その中でも、三井物産会社は海外に支店があり、商取引の拡大するに伴い、社員増加の必要から、三井家各事業部から有志者を歓迎する方針によって、銀行からも採用されるのであるが、私もその一人として三井物産へ行かないかという話もあったが、同時に三越呉服店へどうかという問題もあった。

三越呉服店の方は、課長級以上に採用するというのである。しかし私を推薦している友人達は、もちろん副支配人さ、と景気づけてくれた。私は今度こそ永年憂鬱の三井銀行を飛び出すことが出来る。いよいよ三越呉服店に行く以上は、墳墓の地と覚悟して、と出来るだけその株式を持つ決心を固めたが、金がない、生家からも融通し得たけれど、やる以上はと度胸をきめて、借金策を考えた。

ちょうどこの時、私が大阪支店に在勤中、米国葉煙草輸入で京都の村井商会に対する貸付金が、政府の煙草専売によって巨利を獲得した結果、村井商会は隆々として富豪の列に入り、東京に進出して村井銀行を設立した。その支配人は三井銀行に同勤した酒井静雄君であって、「小林君には村井家はいろいろお世話になった関係もあったから、三越に栄転し、株式を持つというならば、出来るだけ便利を与えよう」という好意を得て、生れて初めて借金をした。

ところがこのたびもまた落第した。住友銀行も、北浜銀行も、三越も、よくよく副支配人という位置は、私にとってはいやな思い出の名称で、取らぬ狸の皮算用に終ったのである。三越に行かないものとすれば株式を処分して、借金を返し給えと酒井支配人から注意を受けて、整理すると運よく株式暴騰の時代であったから、私はにわかにお金が出来て、三井におらなくても食ってゆける、何かうまい仕事が見つかったら独立しようと考えておったのである。

三越に入社、四十何年勤務、常務取締役に累進した浜田四郎君は、昭和二十三〔一九四八〕年十二月に「百貨店一夕話」という自叙伝を刊行した。それによると、彼は明治三十八年六月、月給六十円で入社した。私が三越副支配人に落第した頃であったと思う。
私は三井銀行において、すでに相当の高給者であったから、私から見ればずっと若造であったに違いない。その浜田君から「百貨店一夕話」発刊に当って、「逸翁は三越とは、いろいろの関係があると聞いておりますから、本書に序文を書いてほしい」と依頼された。私はまことに好機なりと思って、左の一文を書いた。多少重複する点があるかもしれないが、デパートメント創業時代の三越は、我国におけるその元祖であるだけに、将来の参考となるべきを信じて喜んで書いたのである。

日露戦争時代だと記憶する。三越が株式会社として一般に開放され、日比《ひび》〔翁助《おうすけ》〕君主宰のもとに各方面から新人が採用された時、その一人として浜田君も入社したのだ。その当時、銀行から三越へ転勤を薦められた私達同僚の友人も沢山あつた。私も候補者の一人として殆んど確定的な内話を受けたけれど、結局私は落第した。そのお蔭で、私は独立的立場に行動すべき運命になつた。何といふ不思議な人生の行路であらう。三越の株式が開放せられた時、三井関係の使用人には普《あま》ねく広く而して公平に分配された。私は三越へ入社するならば、その利害責任を共にする決心を以《もつ》て、出来るだけ三越の株式を保有しようと考へて、周囲の同僚から買ひ集めた。同時に村井銀行に頼んで出来るだけの借金をした。この時まで、私は株式などに余り興味を持たず、単に銀行の使用人として平凡な生活に終始して来たのである。

然《しか》るに三越入社は不可能となつたから、今更ら巨額の借金してまで三越の株式を所有する意義が消滅したので、せめて借金などは返済したいものと考へるまでもなく、村井銀行からも、私が三越に勤務するならば兎《と》も角《かく》、さうでない場合に、際限なくいつまでも貸すのも困るから、出来るだけ返済してくれと催促されて居つたが、この時は戦捷《せんしょう》の大相場株式暴騰の絶頂であつて、私は借金返済のために、三越株を全部片付けた。そして生れて初めて多少の財産が出来た。日露戦争後の好景気は新事業の勃興に伴つて、私にもまた新しく行く途が開かれ、其《その》波瀾の中に飛び込んで四十年一月三井銀行を辞し、一月十九日に大阪に移動した其日に急転直下、株式大暴落の旋風が全国を吹捲《ふきまく》つた、成金没落、新事業倒壊、いばらの途に私の運命は直面したのである。

デパートメントストアーとしての三越の大成は、実に日比君の時代であり、その壮挙は既に語り尽されて居る。この本においても、その全貌をうかがふに足ると思ふが、日比君の時代の前にその草分けに高橋義雄先生の開拓時代がある。この時代のことは昔話として興味満点だと思ふから、五十年前の三越改革の序幕を語るであらう。

高橋老は銀行に女子を採用した元祖で、三井銀行大阪支店長時代に、現金出納係小口預金の受付帳簿方等に十人余りも十七八歳の女子を採用した。高橋老はさういふ新時代のトップに敏感であつたが、明治二十九年頃かと思ふ、三井呉服店の専務理事に栄転しての改革の手初めは陳列場の新設と立売《たちうり》とであつた。然し「呉服屋が品物を店《たな》ざらしにして、お客様の選択に委せると言ふが如きは、素人の寝言である。呉服のお客様は御婦人であるから、これが似合ふ、これが今の流行です、これがおためになるといふ工合に、親切に相談にのつて、おすすめをするから商売になるので、これでなければあれ、あれがいけなければこれ、といふ工合に顔色を見ながら、その都度《つど》商品を取りかへ引きかへ御覧に入れるので御満足する。そのコツが店員の秘術である」と言ふ工合に、古い重役や白鼠《しろねずみ》達の反対があつたのみならず、三井家の主人筋までが異議を言ふので、高橋老の理想も行はれず、さりとて此の名案を破棄するに忍びずとあつて、彼らは試みに大阪支店をして実行せしめ度《た》いといふ妥協説によつて、この陳列立売を大阪で試みる事になると大阪支店の中にも東京と連絡してゐる反対論者があつて、現実が困難となる。

ここにまた妥協が成立し、然らば店の半分、それも片隅の半分を陳列売場に改造して実行することになつたが「マアやつて御覧なさい」と軽視された。その立売場の主任は、ズブの素人の新人を使ふところに高橋老の先見の明があつたので、勿論その当時は下駄ばき禁物、陳列は場内を砂ほこりにして、品物の色は褪《あ》せ、徒《いたず》らに見切ものをこしらへるだけだと攻撃してゐた反対論者を一蹴して、御覧の通り現在の盛況を呈したものであるが、これは単に一例に過ぎない。呉服店といふ商売は書生上りの理屈や理想でやつてゆけるものではない、そもそも商売といふものは——と頑迷の徒《と》の風当り、三井の如き大店であればあるほど白鼠の鼻息が荒いが、日比君はこの点において彼等を能《よ》く操縦し、円満に引つぱつて行く。その辛抱強い手腕には、敬服せざるを得なかつたのであるが、それでも、その晩年には強度の神経衰弱にとりつかれた。実際一身を捨てゝ三越のために病気になつたほど、働きづめに働いたことを私は能く知つて居る。

私を最初三越に推挙してくれたのは、日比君の親友、間島《まじま》（弟彦《つぎひこ》）君、梅田（芳松）君等であつたが、その後、その友人達は「小林はやはり三越に入れておくべきだつたと、日比はいつも残念がつて居つた」と言はれた。私自身も直接に日比君から聞いたこともある。そして私が阪急百貨店を開業した時にも、いろいろ御指導を受けたので、私としては三越も日比君も、終生忘れることの出来ない尊重すべき存在であることを感謝して居る。

明治二十六年、十等手代として三井銀行に採用され、四十年辞職。私の在職中に、三井はどれだけ大きくなったかを、最近、帝国銀行佐藤《さとう》［喜一郎《きいちろう》］社長に調べていただいた。

明治二十六年	三十九年	増加率
十二月末	十二月末	

	（千円）	（千円）	（倍）
資本金	二、〇〇〇	五、〇〇〇	一・五
諸積立金	六九八	七、七〇〇	一〇・〇
諸預り金	一六、七七五	六八、三三七	三・〇
諸貸出金	一〇、九三八	五八、五七四	四・三
（参考）			
日本政府兌《だ》換《かん》券	一四八、六六三	三四一、七六六	
日本政府歳入	一一三、七六九	五三〇、四四八	
同　歳出	八四、五八二	四六四、二七五	

大きくなったとは言うものの、日清、日露の両戦役により、戦勝国としての結果がこの程度であるから、障子の桟に一銭を倍加してゆく蓄積の力を忘れてはいけないと思う。それがほんとの国力である。

私が入社した時は、資本金二百万円であったが、この二百万円の金は、三井主人家のものばかりではない。その中には、若干の使用人の分もあった。内容は忘れたが、使用人の分のうち、大阪在住の人の二口、三口、何百株の分が、どうしても引渡すことを承諾しないので、困っておったことを知っている。

その当時は、毎年五、六十人くらい、慶応の卒業生が入社したが、その同僚の多くは地方の支店、出張所へ転勤してゆく。青森の八戸出張所に何年かの田舎住いで、辛抱が出来なく辞職した友人もあった。地方の支店長などには、学校出を引きたてて育ててやるというほど、度胸のある人物は少ないから、小樽や、函館や、九州方面の小支店に、永年くすぶって奉公しておった人は、ずいぶん損をしている。運不運、廻りあわせ一つで、気の毒な人もあった。

この点になると、私ほどに幸運であった人は少ない。私は入社すると、ただちに本店の秘書課勤務であった。ただし秘書課勤務とは言うものの、その仕事は給仕の役柄で、お茶を持っていく、書類の使い歩き等、重役室の隣室の片隅におったのである。

その頃の三井銀行は三階建の小さい洋館で、一階は営業場、二階は重役室と応接室、三階は会議室であった。一階の営業室は、どういう図取りであったか記憶はない。二階の図取りは左記［次ページ］のごとくで、秘書室の同僚は課長のほかに三、四人しかなかった。

辞令書きの大倉藤太郎、書状係の阿部君、この人は、浜町の質屋のお金持だというので評判であった。給仕に、中安寛というまだ十五、六の子供がおった。彼は子供ではあったが、奇人肌の常識のない少年で、廊下を歩く時に大声で唱歌を唄う。中上川専務理事のことをウミミウミと呼捨てにする。ウミとは中上川氏の電信暗号で、課長に叱られると「ウミが何がこわいか」と、よく反抗する愉快な少年であった。

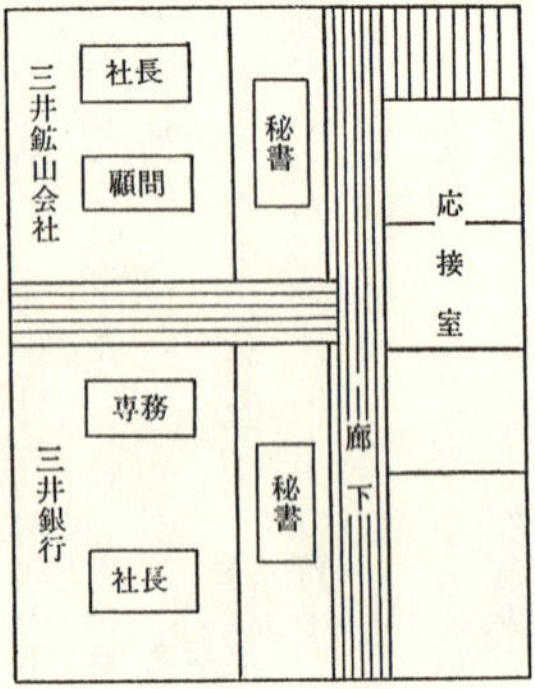

当時の三井銀行二階見取図

私は四月一日から九月中旬頃まで下根岸の笛川居から通勤した。上野の森をぬけて、それから鉄道馬車で通った。下宿料も小遣銭もいらないので、大阪へ転勤する時は百円近い貯金を持っておった。課長小野友次郎、西松喬、森常太の三君につかえた。

小野氏は京都支店長に、西松氏は青森支店長に転出した。阿部君の話によると、小野課長に、

「君はお金を持っているそうだ。僕はまだ貧乏で、身元保証金を入れる金がない。僕の身元保証金を立替えて入れてくれ、預け金の利息と身元保証金の利息と、その差金は僕が貰う。君は一文も損をしなくて、僕が喜ぶのであるから」

と口説かれ、阿部君はそれを実行した。京都支店長の身元保証金は私のお金ですと言うのである。

秘書課勤務五ヵ月半の間に、私の与えられた仕事は、毎週一回、銀行にあった仕事のうちで、重役に御覧に入れる要目の記録帳で、半紙一枚くらいに筆書する。たとえば、鐘紡配当金何万円入金、王子製紙何月総会無事終了というがごとき種類のものであったが、中上川専務は鐘紡株配当金云々と書くと、朱書で鐘淵《かねがふち》紡績株式会社配当金と丁寧に加筆訂正するのであった。私が中上川専務理事から、直接教わったことは、ただこれだけである。

二階西の一室は三井鉱山会社で、社長三井三郎助氏と、重役であったかどうか忘れたが益田孝氏と、机が二つ向い合ってあるだけであった。お二人ともめったに出勤しないが、毎週一回の仮評議会のある日だけは出勤しておられた。

隣室の秘書室は岡本貫一さんと給仕一人だけであった。益田孝氏は、三井物産の社長を木《き》村正幹《むらまさもと》という人に譲って浪々の身の上、井上侯爵に叱られて引退せざるを得なかったという話であった［正しくは益田の後任は三井高明（養之助）。木村は専務理事首座］。

ついこの頃「益田孝氏は終始一貫、三井物産の大将で、いまだかつて一度も三井物産を離れたことはない」と、石田礼助《いしだれいすけ》君からきいたが、私が入社した時は確かにこういう風説を耳にした。しかしその頃、給仕としての私など、真相を知り得るわけがないから、あるいは誤解であるかもしれない。しかしまたそれと同時に、中上川氏や朝吹《あさぶき》氏の推挙により、再び三井物産に戻り得たのであるという話もきいている。私としては、どちらでもかまわない話である。

東の一室は銀行の重役で、社長三井高保氏と中上川専務理事の机があるだけだ。壁側に小さい机があって、お食事の時だけ使う。社長はたいがい昼食後出勤せられるけれど、中上川専務は午前十時頃には必ず出勤する。昼飯は近所の八洲亭（？）からパン一皿、洋食一皿だけであった。

その頃の三井家には、三井仮評議会という最高機関があって、毎週一回、三階の広間で開会した。三井家から本家三井八郎右衛門［高棟《たかみね》］、銀行は三井高保社長と中上川専務、鉱山会社から三井三郎助社長と益田氏、外部から渋沢栄一、三野村利助《みのむらりすけ》、駿河台の西村虎四郎氏であった。

仮評議会の決議録は、秘書として銀行の秘書課長が取扱っておった。欠席評議員に対しては、その翌日書類を持って行って調印を受ける。そのお使い役が私であった。

私はこの仕事を無上の光栄として、直接渋沢、三野村というがごときえらい人達にお眼にかかって、その書類に印判をいただいて帰る。ときどき、御意見付の返書があった。その状袋を記念として今日まで保存している。

その頃の三井は、まだ整理時代であって、どういう人達が大幹部として運営すべきか、その責任者の権限というがごとき問題は、読んで字のごとく、この仮評議会で討議されたものである。だいたい秘密会であるために、秘書課長が書記として同席するだけで、その他はお茶をくばる事、ときたまお弁当を出すことなど、給仕として私達の仕事であった。あるとき、大議論があった。それはよく覚えている。

資本金二百万円を明治二十六年に五百万円に増資した。それまでは単に三井銀行資本金二百万円というのであったが、商法が発布されて「合名会社三井資本金五百万円」と改正すべき時であった。

資本金五百万円を払込済とするには、資金が不足であった。不動産を値増《ねまし》して充実したのである。不動産をどれだけ値増すべきかについてよほど議論があったようだが、どれだけ値増したか、その内容は知らない。その後、こういう話をきいたことがある。

三井家一統の中に、大阪の加島屋《かじまや》広岡久右衛門《ひろおかきゅうえもん》方へ嫁入した浅子《あさこ》という夫人があった。この夫人は男まさりの女丈夫《じょじょうふ》として有名であった。その頃の加島屋は旧家として、資産的には鴻池には及ばないが、同じ結婚先の縁つづきの資格においては、三井家から見れば鴻池より一枚上であった。

その浅子夫人が、中上川氏に対して「三井銀行の整理で、いろいろと御苦労を聞いておりますが、加島屋も時勢に順応して、銀行の充実革新を断行したいと思いますが、整理方針はどういう順序で」とか、なんとか質問をしたところ、中上川氏は「旧家の改革だとか、整理だとか、そういう問題は、世間では鵜の目鷹の目で見ているから、これを大きな池と仮定すれば、この池には鯉が何尾、鰻が何本と判然と見せる方が利益な時には、清水をたたえて底の底まで見せ、無数に泳ぎ遊ぶ鯉の元気のよい姿を見せるべきであり、鯉を見せては面白くない場合には、底の方には藻草を浮かべ水を濁して、その池の神秘さを、無限のお宝が沈んでいるように説教するのもまた方便であるから……」「三井銀行は」と再問すると、中上川氏は「ハハハ……」と大笑いしただけであったというのである。

中上川氏によって、資本金五百万円の銀行案が、仮評議会の議案に提出された時、私は渋沢栄一氏の堂々たる議論を拝聴して驚いた。中上川氏の原案は「合資会社三井銀行」であったのである。

これより先、商法の発布に伴い、三井銀行は、その商法の起草者である梅謙次郎《うめけんじろう》博士を招き、一週一回夕方から三階の大広間において、商法の講義を聞かしたものである。多数の有志者が謹聴した。私の苦手である法律の講義は、秘書課が世話役であるから欠席することは出来ず、先生が帰るまでは辛抱せざるを得ないので閉口した経験から、仮評議会の席上において「合資会社三井銀行案」の書類を開きながら、渋沢氏が「そもそも我国の商法は」と説き出されたとき、またしても無味乾燥の法律論をきかざるを得ないかと、不安の思いで給仕の腰掛に控えておると、滔々《とうとう》として三十分余り演説をしたのである。議論明快、実に素人にわかりやすく、おそらくこれは三井家の主人一同に理解せしむるのを目的としたからであろう。私はなるほど、さもあらんかと敬服した。

「日本の商法は三井、三菱というがごとき資本家の財産保護と、その運営による富国強兵を主眼として起草されたものである。もし三井銀行が合資会社組織によるものとせば、この商法には合名会社という条項を必要としないのである。三井家のごとき十数家の資本とその保留蓄積から、ここに合名会社を必要としたのである。率直に言えば三菱を標的として合資会社、三井を標的として合名会社の条文が生れたのである」云々。

外国の例をひいて、英国ではこれこれと原稿もなく、雄弁に説き去り、説き来る渋沢氏の名調子に驚いたのである。

その頃演説というがごときものは、政治家か、新聞記者でなければ出来るものではない。実業家などは、口先でモグモグしているくらいに考えておったのであるから、実に驚いたのである。

中上川氏は「ただいま、渋沢さんの御話を承って、原案を訂正したいと思いますが、皆さんに御異議がなければ」と、丁寧に感謝したのである。席に一言の質問もなく、その夜のうちに原案全部が改刷されて、翌日には「合名会社三井銀行」資本金五百万円として発表されたのである。

明治三十四年十月から早川専務の時代に代った。毎春入社員の詮考《せんこう》がはじまる。従来、主として三田系統であった三井銀行にも、今年度は帝大からも採用するというので、慶応、帝大の優劣論が討議された。

この問題が公然と取上げられるに至った理由は、一般の銀行会社は、帝大、高商、慶大の卒業生を採用する場合には、仮に帝大が五十円とすれば高商は四十五円、慶大は四十円というがごとき差額で、何人《なんぴと》も怪しまないのであった。

三井物産は、もっぱら高商の出身者によって独占されておったから、もし何等か特別の理由によって、帝大出身者が入社するとしても高商卒業生と同一に採用する。三井銀行は三田の出身者によって独占されておるのであるから、帝大卒業者が採用されるとせば、三井物産と同様に取扱うべしと言うのである。

早川専務理事は帝大の出身者であり、とくにまた日銀、正銀、興銀等、政府関係会社の初任給の標準があるので、何とか帝大に色をつけなければ自己の立場がまずいというのであろう。この時に起った議論が面白かったから、よく記憶している。

「一般学生の理想は、一高、帝大であるが、試験がむずかしい、一度すべっても再三努力して入学する人と、馬鹿馬鹿しい試験勉強の愚さを捨てて私学に入学する人と、二種類ある。試験勉強で入学した学生が卒業すると、その優秀生は高等文官試験を及第して官吏になるか、日銀、興銀、勧銀、その他政府関係筋に採用される、それ等に落第した優秀生でない連中が、三井銀行に志願するのであるから、素質が甚だ劣等であることは言うまでもない。この人達と、優秀生のみ選抜して入社せしめた三田出身者との間に差別をつけるものとせば、むしろ帝大生を下位に置くべし」という説まで現れた。

結局、同等ということになったが、帝大出身者は、真面目に試験勉強をして来た学生であり、慶大出身者は、試験勉強をするほど馬鹿でない、賢明の素質によって卒業した学生である、どちらに甲乙なしというのであった。

今日に至って顧みると、早川専務理事時代に採用した帝大出身者は、官辺筋に採用せられなかった平凡人のみであり、その後池田、米山新内閣時代には、各校公平に詮考選抜して入社せしめ、優秀生のみを包容し得て今日に至ったのである。

社員採用の仕事は、秘書課の所属であって、私達調査課にはもちろん何の関係もなかったが、支店検査に出張旅行するたびに、社員の採用と人事問題に対する各店の意見というより、批評をよく聞いて来てくれと、早川専務が小声で注文する小心翼々《しょうしんよくよく》たる態度を思い出さざるを得ないのである。

ことほどさように、早川専務は人事については優柔不断で、したがって約十年という沈滞時代が、いかに私をイライラせしめたことであろう。ところで私としては地方検査に旅行するに当って、まず何とかかとか理由をつけては、大阪に泊る。大阪では高麗橋三丁目の平賀支店長の社宅に、お厄介になるのであった。

大阪に行くと、私は北浜銀行に遊びに行く。岩下氏のお宅にも行く、そしていろいろの話をきく。北浜銀行は隆々として栄えゆくのである、私は岩下さんから事業に対する抱負とか、理想とか、そういうしかつめらしい話を一度もきいたことはない、まためったにこれこれと具体的に差し図をしたり、意見を言うようなことはない、ただ雑談の間に推察し、質問し、その意見、その目的を忖度《そんたく》して、独り合点するのみであった。そして私が想像している以上に、北浜銀行の発展し行く状勢について、ただただ驚くのみであった。

北浜銀行は、商業方面よりも株式取引所、米穀取引所、三品《さんぴん》取引所等を、ほとんど機関銀行として独占的関係を結び、各種の事業を育成し、その方面に人材を集めて、大阪の財界に寄与しつつあった時代であるから、私としては「大阪へ来ないか」とか「大阪へ来てはどうか」とか、何とか誘われる機会あるとせば、喜んで三井を飛び出したに違いないが、一度もそういう話はなかった。ただその配下の一人として待遇しておられたのである。

この時代の岩下氏は大阪における指導的事業家として、群を抜いて花々しく活躍した。大阪新報には原敬《はらたかし》氏の配下である山田《やまだ》敬徳《けいとく》君をして主宰せしむるのみならず、かつて大阪毎日新聞社長に原敬氏を推挙したのも岩下氏であった。原敬氏を大毎社長に推挙するに当り、原氏からの来状は十通以上もあった。その内容は年俸五千円ではいやだ、月給五百円にしてくれ、大臣と同額でなければいやだ、と言うがごとき、その他私事に渉る事柄が、露骨に文通されておった。フランス在留以来の友人関係であったからであろう。

私はこれらの手紙を、いわゆる岩下疑獄事件の後、富士山麓に引退されておった時に精読した。最近に「原敬日記」が公刊せられたというから、これ等の手紙を再読して、原氏と岩下氏との関係を再検討したいと思って、岩下家にこの手紙の借覧方を申込んだところ、そういうものは一通もないと聞いて失望した。実は私の読んだ十数通の手紙の中には、選挙運動中に郷里盛岡から出状した選挙費送金のことや、裁判制度の改革、陪席人の立会演説、政敵方面の批評等、参考とすべき資料がたくさんにあったからである。

大毎の原、岩下、大阪新報という関係は、大阪におけるアンチ岩下の一派に浸潤して、絶えず大阪朝日の反感を受けた。また財界方面において、大阪に植付けた日本銀行出身者の成長と、その事業の完成に伴う勢力の伸張が、自然に旧財閥町人系を圧してゆく状勢であった。

その反抗者の一人として、文部次官から飛離れて事業界に来た三十四銀行頭取小山健三《こやまけんぞう》氏との睨み合い、大阪市の財政、市債等、市政方面の有力者であり、ボスであった七里清助氏との握手等、出る杭はうたれる、北浜銀行への反抗的空気はそうとう広く漂っておったけれど、そういう方面には無頓着であり、剛直であり、強気一点張りの岩下氏は、さらに代議士として選挙にも勝ち、東京、大阪両都市を往来し、政界に進出し、実業家としては型破りの人気ものであったのである。

北浜銀行関係において、大阪瓦斯《ガス》会社における片岡直輝氏の成功、第五回内国博覧会に飛躍した大林芳五郎《おおばやしよしごろう》君の大林組の出現、幾多の紡績会社を買収したる谷口房蔵《たにぐちふさぞう》君の大阪合同紡績会社の設立、日露戦争によって新たに出来たカーキー色軍服成金の稲畑勝太郎《いなはたかつたろう》氏、製革業新田《にった》長次郎《ちょうじろう》氏、名古屋における豊田織機の豊田佐吉氏、関東には森永製菓「の森永太《もりながた》一《いち》郎《ろう》」、星製薬「の星一《ほしはじめ》」、鬼怒川水電の利光鶴松《としみつつるまつ》氏等々、常に強調し来った工業立国論の理想を着々と実行し得たのであった。

かくのごとく北浜銀行は順調であったけれど、大阪財界には大きい波瀾が突発した。それは日露戦争中に松本重太郎氏の破綻と、百三十銀行の閉店である。

松本氏は元来、洋反物輸入商人であったが、明治十五年頃からいわゆる新進の事業家として百三十銀行を本城とし、鉄道、紡績、セメント、その他各方面に活躍し、大阪財界の第一人者として尊重されたものであったが、年は忘れたが、松本氏が大毎の記者高木利太君等を引率して欧米視察旅行を遂げ、帰朝祝賀の大園遊会が大阪城中、偕行社《かいこうしゃ》庭園内に行われた時、私はその一行がシルクハットを冠って場内に快談し、南北の芸妓に囲まれて放論哄笑《ほうろんこうしょう》している光景を覚えている。

その松本氏の没落によって、彼の配下の多くの人々が、北浜銀行系に転向し、いよいよもって岩下氏の勢力下に集まる。それは日露戦争後、すなわち明治三十九年頃か、おそらくは岩下氏の全盛期であったと思う。すなわち桂内閣全盛時代であり、それと歩調を共にし来った因縁は、後日、桂太郎打倒の政敵、大隈内閣の司法大臣尾崎行雄《おざきゆきお》氏の毒矢によって倒されたるがごとき、何人かその運命を予期するあらんやである。

松本重太郎氏は明治維新後、大阪に生れたるアプレゲール事業家の第一人者であった。明治十一年に設立の百三十銀行に関係し、十三年には早くも頭取に昇進し、明治三十七年六月に臨時休業せざるべからざる苦境に陥るまで、実に二十四ヵ年間の長きにわたるワンマン的支配者であった。

日露戦役中に突発した百三十銀行の閉店に、財界攪乱的悪影響の拡大を恐れて、政府の救済を受くべく猛運動もあったけれど、その頃の大阪財界には、同業自治の実力もなく、結局、政治問題にまでなって、帝国議会の協賛を得て、政府救済金六百万円の支出と、百三十銀行改革の責任を安田銀行、すなわち銀行整理一手引受業の安田善次郎翁《やすだぜんじろう》によって、再び開店することになったのである。ここにおいて安田家の大阪進出は、百三十銀行を中心に、いろいろの方面に発展した。一時苦境に沈んだ阪神電鉄会社のごときも安田系の手によって救われ、開業し得たのである。

百三十銀行の新頭取は安田善次郎翁であったけれど、その実勢力は副頭取小川為二郎《おがわためじろう》氏であった。大阪側の旧勢力の代表者は松本重太郎氏と親戚関係の井上保次郎《いのうえやすじろう》氏（その弟が松本家に入籍した松本松造氏である）の番頭内藤為三郎氏で、爾来、合同して三十四銀行に至るまで、安田系の大阪鎮台として小川翁の活躍は素晴らしいものであった。

どうして、百三十銀行は閉店せざるを得なかったか。それは松本氏関係の日本紡織会社（日清紡績会社の前身）の支払停止の影響を受け、預金取付を受けた結果であった。

私は九州方面支店検査の帰途、大阪に立寄って北浜銀行に岩下氏を訪問した。その時の話である。

「桂さんは外債募集の計画をしている。戦勝後の日本の財政は、外債による低金利の新時代を出現せしめ、戦後の経営すなわち満州鉄道と大陸進出等、なかなか忙しくなると思うが、この外債と同時に外国との証券取引、こういう新しい商取引が生れてくる。ところが日本にはいわゆる相場師としての株屋はあるが、外国にあるような外債や公債、社債等、その引受募集、売出しというがごとき、商店またはそういう会社は一つも存在しておらない。これから日本の銀行も外国銀行や信託会社のごとくに、その方面に手をのばすべきである」

「北浜銀行が、それを実行するのですか」と、私はお尋ねした。

岩下氏はそれから先は何も言われなかった。一場の座談ではあったけれど、さすがに岩下さんは先のことを考えておられる、と感服して東京へ帰った。

東京へ帰って、相変らず面白くなく、調査課に出勤していると三、四日後であったと思う、三井物産の重役飯田義一さんから「お手がすいたならば、ちょっと来てほしい」という伝言を、秘書課長から受取った。三井物産から何の用だろう。いよいよ三井物産のどこぞへ交流されるかもしれないと考えながら、重役室に通ると、そこに岩下さんとそのほか二、三人おったと思う。そのうちにみんな出てゆく、やがて飯田氏は事務机を離れて、応接椅子に差向うと「何か岩下君から話をききましたか」と言うのである。

「イヤ何にも」

「手紙も」

「何も受取りません」

飯田氏は「実は島徳《しまとく》の店を譲りたいというので、岩下も賛成だ。あの店を株式会社にする。そして株屋よりも公債、社債の引受募集、有価証券の売買、そういう会社をつくる。資本金は差当り百万円、支配人には君が一番適任だという評判だから」と言うのである。

今日になって見ると、その後に生れた山一証券会社だとか、野村証券会社だとか、あれと同一事業の計画であったのである。

私は島徳蔵《しまとくぞう》君とは、単に一面識ありという程度であったが、令弟の定治郎《ていじろう》君とは同窓の関係から、在阪中、遊び友達の一人として親しく交際しておったので、いろいろと話をきく。要するに島徳蔵君は相場で大成金、何百万円かをもうけたから徳島県の持部《もちべ》銅山を二百万円で買収し、藤田組のような堅気の実業家に転向し、株式仲買店島徳の店は、この際北浜銀行側が百万円で買収する。そして岩下氏の理想である公債、社債、有価証券専門の株式会社を設立しようというのである。

なぜ私が必要であるか、果して私は適任者であるかと、自問自答する、自分にも判らない。結局、小林は永年の銀行の経験者である、有価証券そのものに対する知識も満点だ、それよりも、彼は投機に手を染めない、相場はきらいだ、理想的の適任者だ、と言われておるらしい。

「それだけ信用されているのだから、決心し給え」と、定治郎君からも勧められたから、私の心は動き出した。私は土曜の夜汽車で大阪へ行った。北銀の小塚支配人にも遇い、島君にも会って、いよいよ三井銀行を辞職する決心になった。

東京へ帰って、細君に話すと、

「大阪へ行くのは気がすすまない。イヤですなア」と、言葉少なに反対である。

しかし私は三井銀行におっても、現状のごとき状態である以上は——明治三十四年一月、勇んで東京へ来て、支配人になりそこねて、それから足かけ七年、紙屑籠の中に長く長くすぶって暮らして来たのであるから、これ以上の辛抱は――と、私はだんぜん三井をやめることに決心したのである。

私が奉公しておった三井銀行は、中上川氏と早川氏の時代であった。中上川氏は、明治三十四年に四十九歳〔正しくは数えの四十八歳〕で逝去せられたから、三井の整理に入社した明治二十四年から、わずか十ヵ年の間に、壮年血気、油の乗りきった年齢であったとしても、あれだけの大事業を完遂した英傑に比較すれば、同一年齢時代の早川氏は、いかにも星と月のように落莫《らくばく》たるものであった。

両氏を比較すること自体が、無意義であるかもしれないが、中上川氏の時には、日清戦役があり、早川氏の時には、日露戦役があり、いずれも戦勝に恵まれ財界には未曾有の一大飛躍を出現せしめ、またその反動として混迷的波瀾を起さしめたるがごとき、歴史は繰返すものなりという事実を、ほとんど同一形式において経験したのであるが、早川氏の時代は、いわゆる三井銀行の空白時代として右顧左眄《うこさべん》、手腕があったかもしれないが、なんら手腕をふるい得ずして退却したのである。もし日露戦役に中上川氏を生存せしめておったとせば、三井はどこまで発展活躍したか、私達はしばしば語り合ったことを記憶している。

日露開戦の前夜であった。日銀総裁山本達雄氏は本人の意志に反して辞職を強要され、大蔵省から一理財局長であった松尾臣善《まつおしげよし》という、毒にもならず薬にもならぬ官僚が、新総裁として登場した。

山本総裁が平素から銀行本来の使命を固執して、自主的財界の方針に対して一見識を持っておったことは、官僚陣営から煙たがられておったもので、これは明治三十二年、日銀ストライキ以来、日銀内における三田派進出後の趨勢に、アンチ山本の煙幕が、一日一日と吹き拡がりつつ、ようやくあからさまに画き出されて来た結果であった。

山本総裁が追い出されたその当座であった。波多野承五郎氏は、公々然と議論したのである。彼は早川専務理事の下に理事として勤務しているものの相談相手にもならず、我は我たり、彼は彼たりとして、絶えず弁論の雄を同人の間に謳われているに過ぎなかったのである。

彼は言う「もし中上川が生きておったならば、おそらく山本は敢然として辞職を承諾しないのみならず、中上川氏の懐に飛込んで、時事新報を背景とした硬論によって一矢を酬《むく》いるであろう――という形勢を、無視することは出来ないにきまっているから、こういう馬鹿馬鹿しい強引辞職というがごときことは、有り得なかったであろう」

実際その通りであろうと、私達も同感した。

元来、波多野氏は中上川氏の引率して来た使用人中、第一等級の人物であった。それ以外の同僚においては、世間に飛び出しても役に立つ人達は、中上川氏の推挙によって、早くすでに第一線に頭角を現しておった。藤山雷太《ふじやまらいた》、和田豊治《わだとよじ》、武藤山治《むとうさんじ》、鈴木梅四郎の諸氏のごときである。その他の連中は、木から落ちた猿のごとく、早川氏の下で陰口だけは達者であり、徒食これ努めておったのである。

大阪支店長平賀敏、名古屋支店長矢田績《やだせき》、神戸支店長小野友次郎、その他の支店長、金塚《かなつか》仙四郎《せんしろう》、岩本述太郎《いわもとじゅつたろう》、川上熊吉、安富衆輔《やすとみしゅうすけ》、伊沢良立《いざわりょうりつ》、高山長幸《たかやまながゆき》、村上定の諸君（平賀氏を除き）は、いずれも新聞記者上りの連中であったから、早川氏としても、そう簡単に片付けるわけにもいかない。とかく遠慮がちでお世辞を言って、むしろ御機嫌をとって暮らしておったのであるから、私達下級店員、十数年来進級していない連中から見れば、彼等の有能でない、意気地のない、ヘイコラしているのが癪にさわってたまらない。私など支店検査に行って、こういう連中の仕事を遠慮なく罵倒したのであるから「小林って、あんな生意気な、いやな奴はない」と、弾劾《だんがい》されたものである。

かくのごとく、早川氏の無策時代が、いかに三井銀行にマイナスであったか、そしてこの無策時代に辛抱し得なかった先輩達は、それぞれに自己の方向転換を実行した。伊沢良立君は住友銀行に、のち、日本製糖会社に、高山長幸君は代議士として政界に、のち、日本製糖会社へ、平賀敏氏は大阪の事業界に、それぞれに独立して行く。残れる連中を善処し、沈滞《ちんたい》汚濁《おだく》の空気を革新する勇気のない早川専務も、銀行以外からの非難は知らぬ顔をして頬被りしておるわけにはいかない。とうとう三井銀行改革の波は、はるかに遠い沖の方から押寄せて来たのである。

私が辞職を決心した時、早川氏をお尋ねして、大阪にゆくことを申上げた。

「しばらくだ、もう少し辛抱し給え。今に君等の時代が来るよ、君等が待ちくたびれておったのもよく判っている、必ず大改革をする。平賀君もやめると言うのだが、平賀君などは、立派な理事の候補者だ、実に惜しいと思う」云々と言われたが、私もその時、平賀氏が辞職するのは実に惜しいと思っておった。私のことについては、ぜんぜん早川さんのお世辞で、少しも惜しまれておらないことを、私自身が五、六年間、隣室で仕事をして来た経験から、相変らずの八方美人、これが早川氏の本質である、と心得ておったのである。

しかし、結局早川氏には改革が出来なかった。改革せざるを得なくなって、その後、明治四十二年に改革した時は、重役室には早川氏の机の傍に池田、米山両氏が乗込み、早川氏は筆頭重役として空位に坐し、その実権は池田氏によって占有され、中上川氏の配下であった新聞記者出身の人達はいずれも雲散霧消、その影も、その声も、私は記憶しないのである。

ただ早川氏の顔を立てるために、重役に昇進した林調査課長も、重役昇進という虚名に満足し得ずして、銀行を出て側線に走ってわずかに余命をつないでおり、小野友次郎氏は一時監査役として重役陣に顔をならべておったが、私にはその最後の行動を筆にする勇気はないのである。

この改革によって、私達同人の下級社員から上った連中が、営業部長、大阪支店長、それから重役昇進という順序になって、三井銀行の新時代は出現したのである。

菊本直次郎、市川高策、間島弟彦、亀島広吉、門野錬八郎君等、やがて私と同格級の人達の天下になる機運が迫りつつあるその前奏曲を耳にしながら、早川さんから「しばらくだ、もう少し辛抱し給え」と言われても自惚もせず、私は東京生活を片付けつつあったのである。

大阪からの通信は、とても愉快な全盛ぶりを報告してくる。北浜銀行は資本金三百万円を千万円に増資する。島徳商店を買収する証券会社設立案は、早くも市場に漏れて、株式申込が多すぎるから、資本金百万円を二百万円に増額したいというがごとく、景気のよい話ばかりであった。

平賀君の計画している新事業は、二つも三つも、いずれも評判がよい。プレミアムがついている。大阪築港や、その埋立地会社の計画や、そこに鐘紡の別会社の新設や、威勢のいい話のみであった。

私は証券会社設立の夢を抱いて、同時に島君の鉱山買収による和田維四郎《わだつなしろう》氏の抱負、それは三菱、住友、藤田何かあらんという計画を紀尾井町の岩下邸で拝聴した時、岩下氏からも島商店を買収することが急務であるから、一日も早く大阪に行くがよいとの注意を受けたので、にわかに新画を処分したり、椅子も卓子も本箱も、世帯道具全部を売払い、荷物は愛惜の書画骨董だけで、住心地のよい芝浦の家を片付けて、私達夫婦二男一女、一家五人、いよいよ大阪へ転住するのである。

明治四十年一月十九日か二十日であった。夜行寝台車にて朝梅田駅に着いた時、淡路屋のお琴さん一人だけが出迎えてくれた。そのお世話で、しばらく逗留し得る旅館として、たしか瓦町《かわらまち》か、安土町か、藤井旅館という商人宿に荷物をおろしたのである。

第七章　大阪町人として

1　株式惨落にて浪人する

長男は数え年の七歳、長女は五歳、次男は四歳、女中もつれず、三人の子供をつれての私達五人の一家族は、いとも心細く大阪に着いたその日が、日露戦後熱狂的に連日連月暴騰した株式市場に、襲来した反動暴落の序幕の日であったのである。

私の甘い夢は、商人宿の一室に、三児をかかえた世話女房疲れの細君から、借家検分の報告を受けて、一日も早くと安住のねぐらをさがしつつあったけれど、実は証券会社設立どころの話ではない。買収すべく計画しておった島徳株式店は、買方客筋の有力店であっただけに、連日の暴落に追いつめられて、その整理に死物狂いの情勢であったから、またその大波瀾の中心地点にある北浜銀行は、私などの話に取合う余裕のあろうはずもなく、岩下氏、小塚氏をはじめ、島君兄弟などに面会する機会も与えられず、一日、二日、三日、四日と、茫然自失するのみであった。

日露戦後熱狂の大相場に油を注いだ一例は、明治三十九［一九〇六］年六月、政府は資本金二億円の南満州鉄道株式会社を創立し、その年の冬、株式九万九千株の公募に対して応募総額一億六百七十三万余株に上り、公募数の約千七十倍に達して、その結果、一株五円の払込領収書が四十円から九十円の取引が行われた。新しく創立された大阪付近の郊外電車は京阪電鉄のプレミアム九十何円、京阪神急行の前身であった箕面有馬電鉄のごときも二十円近くまで買進まれたのである。代表株大阪取引所株は三十九年五月高値百五十一円から漸次上騰し、十二月には四百二十一円になった。この最高値は翌四十年一月十九日七百七十四円を呼んだのである。

しかしこれを絶頂として、

一月二十一日	六百六十円十銭
二十二日	六百二十円
二十四日	六百十九円九十銭
二十五日	五百四十七円
二十七日	四百八十円十銭
三十一日	四百十九円九十銭

しこうして二月初旬には九十二円に惨落したのである。

成金が歩《ふ》に返り、にわか大名がもとの木阿弥《もくあみ》に没落しつつある時、私の夢にえがいて勇んで乗り出した証券会社は、設立も不可能になって、島徳株式店は、整理とその善後策によって、越ヶ谷商店と改名し、依然として株式仲買業を継続することになったのである。

岩下氏はその当時の内閣総理大臣たる桂公との関係から、戦争直後、満州進出を勧められ、満州における日本の経済的特殊の地位を確立するには、日支の共存共栄を目的とし、合弁事業を行うも一案なりとして営口水道株式会社を設立し、自らその社長となりたるを手初めに、漸次満州経営に主力を注がんと計画中であった。米人ハリマン氏の勧誘に応じて、桂首相は東清《とうしん》鉄道を売渡さんとし、すでに廟議《びょうぎ》決定した際は、幸いに小村《こむら》［寿太郎《じゅたろう》］外相が反対説を主張したが、もし桂首相が小村外相の主張を無視するがごときことあらば、まさに国家の一大事と、多年の情誼を断絶し、大阪において大演説会を開き、南満鉄道保全と、その経営会社設立を世論に訴え、同時に政府弾劾の烽火《のろし》を揚げんと計画したるがごとき、岩下氏の面目躍如たりと言うべしである。これは必ずしも岩下氏の気焔にあらず、天下の機運はここに南満鉄道株式会社の設立となって、岩下氏はその監事に推挙せられ、東京にあっては万歳生命保険会社を発起創設し、名古屋には豊田佐吉氏を援助して豊田織機会社、豊田自動車会社等の前身会社を設立せしめたるがごとき、いずれも三十九年頃からの好景気に恵まれた成績で、まさに順風に帆を上げて猛進したのである。

この時において、私の先輩である平賀敏氏も、三井銀行大阪支店長を勇退すべく、そして各種事業の計画に参与しておったのである。大阪築港も、いよいよ実行せられんとするのであった。

築港工事に必要なるセメント会社の設立、築港埋立地の計画と土地会社の設立、その埋立地に鐘淵紡績分工場の新設（これは鐘紡株主が増資を要請せるに対し、増資代りに新会社を設立せんとしたる武藤山治氏の計画であった）等、財界方面にては我国において初めて試みんとするビルブローカーの営業（これは藤本清兵衛氏によって実現した）等、同氏は各方面から引張凧《ひっぱりだこ》の人気ものであったのである。

私の夢であった証券会社が、もし出来たとせば、私はおそらく平賀氏の力を借りたであろうと思う、また借りるべく内々交渉を遂げ得たのである。そして私達は、天王寺《てんのうじ》烏ケ辻《からすがつじ》町の藤井別荘の邸内に、同一庭園内に住居するに至ったのである。

藤井旅館に二週間ばかり滞在している間に、私はその藤井旅館の主人であったか、特別の関係先であったか、忘れたが、どちらにしても私はこの別荘を借りることにした。二千坪もある広い庭園で、中央に池がある、東の一隅にある平家建の一棟が私の借家である。中央の広大なる庄屋めいた総二階の本屋に、平賀さんが大勢の御家族をつれて引越して来た。平賀さんの入口は西の大門から、私の家は路地からである。

この付近にはまだ電灯がない。ランプを買って灯すほど、不便な町はずれであった。しかし交通は、一町ばかり東に行けば城東線桃谷《ももだに》駅があり、梅田にも、天王寺、湊町方面にもゆける、三十分に一回発車の程度であったが便利であった。

桃谷駅にももちろん電灯はない。そのうちに、半歳もたたない間に電灯会社に談判して、電柱代、架線代等、あの付近の住民と相談して寄付金を募集し、それによって点灯し得たのであった。

毎朝、定刻の列車に顔を合わせる人達に、大阪商船の加福君、住友銀行の八代《やつしろ》君などがあったことを記憶している。

私は借家に落着くことは出来たが仕事がない。外国貿易商であった島定治郎君は、自分の店に来て遊びながら手伝ってはいかがというので、島商店にテーブルを置いてもらったが、仕事は何にもない。「兄の鉱山に遊びに行かないか」と誘われて、徳島に一度遊びに行ったこともあるが、結局きまった仕事がない浪人である。

平賀さんもまた、三井を辞職するまではすこぶる好調であったが、辞職した当時からいわゆる戦後熱狂時代の反動期に当面して、計画中であったいろいろの事業が一頓挫し、一番面倒臭い築港関係のセメント製造という会社を、引受けざるを得ないことになったのである。そして殿様のように尊敬された三井銀行の支店長は、桜セメント株式会社社長として、築港への工場へ通い、奮闘せざるを得ない立場にあったのである。

岩下氏もまた、北浜銀行の増資、すなわち三百万円の資本金を千万円に増資することがなかなか進まない。景気は面白くないようである。

私の周囲の光景は、明治四十年一月、二月、ほとんど悲観材料に包囲されておったのである。この時において突如、私は再び三井物産会社常務重役飯田義一さんから吉報を受けたのである。

2　阪鶴鉄道に拾われて

その頃天王寺烏ケ辻町付近は、高丘の一面は小松原、低地は水田、人家がまばらに点散する閑静な別荘地であって、桃山停車場［桃谷駅の旧称］前の大通りには、天下の米相場師阿部彦［阿部彦太郎《あべひこたろう》］と中外綿会社中野太右衛門氏の広大なる邸宅があるばかり、私達借家の東の日露戦役に使用した軍用敷地跡の五、六千坪は、一坪五円ならば買えるという時代であった。私は大きい希望と、野心と、夢のような空想を抱いて大阪へ帰って来たものの、北浜証券会社設立の計画などは、北浜銀行も島徳株式店も、てんやわんやの騒ぎで、とうてい見込がない。当分は浪人と覚悟はしたものの、生れて初めて無職に落ぶれる心細さに、食うには困らぬというだけで、毎朝働きに出かける永年の習慣から、サテ、出掛けなくてはならぬ義務の無い身分になると、二日、三日と宅に引籠って遊んでいるのも退屈で仕方がない。あても無く飛び歩くのも気がひけて、我ながら意気地なく、しばらく子供相手に無聊《ぶりょう》を慰めている若隠居で、くさくさしている折柄、友人の宗像半之輔《むなかたはんのすけ》君が誘いに来てくれた。宗像君は、日露戦役前後から家業の石炭が大成功、天下茶屋《てんがちゃや》に新築の邸宅が出来てなかなか威勢がよい。「僕は今、この付近一帯の土地を三万坪ばかり持っている、はじめ、ここに家を新築して高麗芝《こうらいしば》の庭をつくったところ、その芝が一坪七、八十銭だ。その芝をつくっている土地が一坪一円五十銭から二円だ。こんな馬鹿げた理屈はないと思って、出来るだけ土地を買いあつめた。僕が買ってからこの付近は多少値上りしていたそうだが、ほしければ二、三円も出せば、いくらでも買える。君も大阪人になる決心をしている以上は、この天下茶屋に邸宅を新築してはどうか」という話であった。

私は二、三度宗像君の宅に遊びに行った。そして、あちら、こちら、土地を見にゆく、高台の方に三、四百坪の土地に二階建の家屋付き、一万円出せば相当の屋敷が買えるという話もあったが、平賀さんの宅には子供衆が六、七人もあり、宅の子供達と賑かに遊んでいるのであるから、烏ケ辻を離れるのは心淋しい、なかなか決心がつかない。そのうちに寒い二月もすぎ、三月もやや春めいて来た時に、北浜銀行から、岩下さんと島徳蔵君と、話があるから私に出て来いというのである。

阪鶴鉄道会社の大株主たる三井物産会社を代表している取締役飯田義一、監査役野田卯太郎の両氏は、来る三月末日の決算後に、飯田氏は辞職し、その後任には監査役の野田氏、野田氏のあとには小林をときまったから、当分阪鶴鉄道の仕事を手伝ってやってくれ、と言うのである。どうして三井物産会社が大株主になったかというと、香野庫治という砂糖商人が砂糖の輸入に失敗し、所有の阪鶴株を三井物産に渡したからである。これより先、明治三十九年三月、阪鶴鉄道会社は国有法によって政府に買収されることになったので、同社の重役は、大阪梅田から箕面、宝塚、宝塚から西宮間に、箕面有馬電気軌道株式会社（資本金五百五十万円）という電車会社設立を計画して、三月十日認可申請、十二月二十二日出願許可、十二月二十三日発起人会を開いたのである。

あたかもこの時は日露戦役における熱狂時代であったから、この会社の株式のごときも、株式割当未定であるにかかわらず、権利株の高値は二十円に達したので、その割当が手間取って、ようやく四十年一月十九日一般公募を見合せて阪鶴鉄道株主その他に対し、割当株を確定し、その株式引受証拠金一株二円五十銭の払込を一月二十二日限りとし、創立事務所を市内東区大川町魚喜楼に移したのである。

この四十年一月十九日という日は、北浜市場に反動開幕の拍子木《ひょうしぎ》が鳴響いた第一日であって、株式暴落の荒波が、まさに押寄せ来たらんとする時であった。ちょうどこの日に、私は大阪町人となるべく移り来ったのである。まさに奇縁というべしである。

阪鶴鉄道会社の重役達は、自分達の発起した電車会社の権利株高値の夢に低迷し、割当株の問題でとかく評議が長引くのみ、このままではいけないと言うので、大株主三井物産会社は、この電車会社設立促進の意味から阪鶴鉄道に入社せしめ、無職浪人の私がせっかく大阪へ引張り出され、仕事のないのは可哀そうだという御同情によって監査役に新任されたのである。初めは単に監査役として就任したのであったが、やがて阪鶴鉄道は国有になって解散決議、それから後は監査役清算人として、常勤のごとく出社することになったのである。

阪鶴鉄道清算事務は社長田艇吉《でんていきち》氏であったけれど、仕事はほとんど取締役支配人の速水太郎《はやみたろう》、技師長上田寧の両君が国有買上交渉に忙殺され、電車創立事務はテキパキと進まない。その間に株式市場の景気は凋落《ちょうらく》したけれど、四十年三月二十五日一株につき十二円五十銭（引受証拠金二円五十銭）払込の通知を発送し、いよいよ事業の進行を図ったのである。私はこの時代には単に阪鶴鉄道の清算事務に関与しつつあったのである。その清算事務において、私は初めて土居通夫《どいみちお》氏を知ったのである。

土居通夫氏は鴻池家の後光によって、大阪財界の長老として第一人者だった。彼は有名なる人格者として有徳の紳士であり、一人だに敵のないという温厚の紳士であった。大阪商業会議所会頭、大阪電灯会社社長が本職で、兼務重役、相談役、顧問などの肩書をたくさん持っていた。阪鶴鉄道に私が関係して以来、昵懇《じっこん》を得て重役会で顔を合せることになって驚いたことは、重役会はもちろん、ちょっとした会合でも必ず出席する、回り持ちがたくさんあるものと見え定刻に出席しなくとも、ちょっとでも顔を出す、実にその精勤ぶりには頭が下がる。そして会議中はウツラウツラと居眠りをして一言も発言しない。原案賛成一本槍、議案や議事録には丁寧に署名捺印してお帰りになる、毒にも薬にもならないから、重宝な看板として各方面からかつがれているのである。

土居翁については有名な逸話があった。彼は大阪在勤の裁判官上りで、どういう関係から鴻池家の仕事に転向して来たのか、その事情は知らないが、裁判長として厳しく、原告の陳述を聞き、被告の陳述を聞く、そしておもむろに「原告の主張は、もっともだ、被告の主張も、もっともだ、双方の議論に間違いはないと思う。追って判決を下すであろう」と宣告して悠然として退席する。それが毎回ことごとく同一の態度であるから、弁護士であるその頃の代言人は互に顧みて哄笑し「土居裁判長閣下、結局原被告はどうなるのですか」「早くきめようと思えば示談に限る」と大真面目に見得《みえ》をきるというので、それが評判になって爾来不得要領居士として有名であったのである。

がんらい大阪における重役の立場は、高級使用人とその間に厳重なる一線があって、現在のように社員から重役に昇進するというがごときことは、ほとんど絶無と言ってよい。使用人は支配人どまり、重役は他の方面から採用するという習慣があったから、速水太郎君のごときも全責任を持って仕事をしておりながら、いよいよ解散という時代になって、初めて重役に昇進したように聞いている。そこで問題が起ったのである、会社清算とその慰労金である。永年勤務の社員として慰労金を取るべきか、重役として慰労金の分配にあずかるべきか、社員の慰労金には一般に限度がある、重役として短い年月に割当てると雀の涙ほどだ、いろいろと議論をしているのを、私は黙って聞いていておかしくなったが、笑ってはおられない、私は初めて堂々と議論した。「およそ会社の経営とその責任を考え、看板の重役よりも、社員一同に厚く酬いるのが本筋だ、当会社のごときでは田社長は会社の代表者であるから第一等、その他重役諸君は名誉職というので無いかもしれないが、この会社によって生活をしていたのではないから、少額でよいと思う。速水、上田両君はこの会社の仕事に一生を捧げておった、解散慰労金は十分に奮発すべきである」と強調した。ちょっと座がしらけた様子であったが、田社長は「この会社は解散するけれど、引つづき現に創立中の電鉄会社に働くのであるから、解散と共に消えてゆく重役諸君には、その年限に応じて分配するのが正当だ」と主張する。結局、その日の会合は決議するに至らずして閉会した。が私は、速水君から田社長の原案を聞いているから、重役連の分取方針には株主に訴えても、あくまで反対してやると決心しておったのである。

ところが意外にもある日の重役会に土居翁が立って、演説口調ですこぶる簡単に要領を得た発言をしたには驚いた。「私は御承知のごとく、今日まで当会社の重役会には必ず出席したが、すべて諸君を信頼して一言も意見を述べたことがない、無条件に御一任して来たのである。そこで、たった一度、私は初めて私の意見を申上げる。これは私の顔をたてて貰わなければ困る、私は田社長の原案はまだ見ないが、解散によって消えてゆく重役はたくさんに分配にあずかるべきである。その中でも私には特別に、私の看板料を請求する権利があると信じている」云々と、おめずおくせず、平然としておられる態度に、私はジッと見詰めて、なるほど、どこぞにえらいところがあると敬服した。そして威圧された私は、お金分配の浅野家老大野九郎兵衛《おおのくろべえ》の面影を、そぞろに偲ぶ心持ちで、黙然として何も言えなかった。満場土居翁に反対するものは一人もない。さすがに看板の値打があると思った。

私が明治二十六年初めて大阪に来た頃は、土居翁は中之島二丁目、現在日本銀行支店のあるところに大きい邸宅に住まっておられた。ここが土居さんのお屋敷だと長壁に添うて歩いたことを記憶する。この邸宅を日銀に売却して、中之島二丁目川添いの南側に移転した。土居さんという人はさほどお金もうけに狂奔した様子もなく、何等悪声の噂もなしに、最高の生活を維持して来た原因は、どこぞにあったに違いない。平生はいやな文句に触れないが、いざという場合には、解散手当お手盛りの芸を打つ度胸のあるのに驚いたのである。大阪人としては、珍しい無欲恬淡《むよくてんたん》のその裏芸に苦笑せざるを得ないのである。

解散お手当の小田原評議《おだわらひょうぎ》の間に、財界は急転直下、各方面において支離滅裂の醜状を露出し、我が箕面有馬電軌株式会社の創立事務もここに大頓挫を来たし、資本金五百五十万円十一万株のうち、証拠金二円五十銭を捨て、第一回払込金をなさざる株式五万四千百四株の棄権者を見た。すなわち株式の過半数は払込を遂行せざる結果になって、設立か、解散か、という問題に追込まれたのである。発起人諸君は連日その善後策に謀議をこらしておったのを、私はジッとその成行を注視しつつあったのである。

3　大胆なる契約書

鉄道国有が実行せられんとした時、近畿付近にはいくつもの電鉄が発起された。たまたま阪神電鉄の好成績に刺激されて京阪電車、神戸電車、兵庫電車並びに南海鉄道の電化計画等、いわゆる日露戦後における新事業の代表的企業として歓迎され、いずれもプレミアム付証拠金取引が行われておった時、箕面有馬電車も、雑魚《ざこ》のととまじり、花々しく出発したものであった。

しかし反動時代が来ると京都大阪間、神戸市内電車、神戸明石間、大阪奈良間というがごとき営業区間の計画線と異り、有馬温泉や箕面公園のごとき、貧弱なる沿線に電車を敷いたところが、とうてい見込なしという世論が強く、結局十一万株の中で、五万四千余株の引受未了株を持つことになって、会社設立の不可能に当面し、発起人諸君は、その善後策について、いろいろ協議しているけれど、すでに使用した創立費二万何千円の金額をどうすればよいか、頭割で負担すべきか、それはいやだ、何かうまい工夫はないかというので、創立委員長田艇吉君は、住友系の先輩に交渉した。一時はうまく話も纏《まとま》りそうな形勢もあったが、日一日と経費がかかるし、解散するものとせば早い方がよい、と匙《さじ》を投げる委員が多くなって、いよいよ解散の運命に沈落したものである。

阪鶴鉄道会社の本社は、現在の省線池田駅の山手の丘上にあった。そこでいつも発起人会や、会社の重役会が開かれていたので、私は、そこに出席する機会に、大阪から池田まで、計画の線路敷を、二度ばかり歩いて往復した。その間に、沿道における住宅経営新案を考えて、こうやればきっとうまくゆくという企業計画を空想した。

一夕、岩下氏を訪問した。

「この電鉄敷設《ふせつ》に要する諸機械及び重なる材料を、三井物産から買うことが出来れば、第一回払込株金百三十七万五千円あれば開業することが出来る見込である。私はこの仕事をやって見たいと思います。現在未引受株五万余株を何とかして引受人をこしらえて頂き、そして私にこの仕事をやらして頂けませんか」

と、お願いしたところ、岩下氏は、

「機械など飯田君に話せば出来る、幸い米国から岩原謙三《いわはらけんぞう》君が帰って来て、何かうまい仕事はないかと言われているから、機械や材料は心配するに及ばないと思う、開業してから払えばよい、がただ問題は、君が私に仕事をやらせて頂きたいというような申条《もうしじょう》では駄目だ。君も三井を飛び出して独立したのであるから、自分一生の仕事として責任を持ってやって見せるという決心が必要だ。その決心があるならば面白い事業だと思うが、全体仕事自体が大丈夫かい」

という質問であった。

私は今日まで月給取の経験よりないので、事業そのものに対しての責任とか、その計画遂行の手腕などについて少しも自信がない。岩下氏が株主をこしらえた上に会社の設立が出来、その会社の重役として給料を頂戴すればまことに有難い、再び浪人をしなくてすむから、という虫のよい考えからお願いしたのである。

一生の仕事として、責任を持ってやるならば――と言われて見ると、初めて自分の立場を顧みて、これは容易ならぬ仕事だ、果して自分に出来るだろうか、とちょっと返事に躊躇《ちゅうちょ》したが、しかし「仕事自体は大丈夫か」という質問があったのを幸いに「仕事のことは私に判りませんが、建設費のこと、損益計算等の予算は、すでに阪鶴鉄道が実際に調査し尽したものので、これは信用してよいと思います。乗客の数、経費等は、大体これこれの計算になっておりますが、私には、かいもく判りません、ただきっとうまくゆくだろうと思う事は、この会社は設立難で信用はゼロである。早晩解散される事と見られている。仮に何とか工夫して会社を設立し得るとしても、結局は駄目だという風に、沿道一般の人達から馬鹿にされている。それを幸いに沿線で住宅地として最も適当な土地――沿線には住宅地として理想的なところがたくさんあります――仮に一坪一円で買う、五十万坪買うとすれば開業後一坪について二円五十銭利益があるとして、毎半期五万坪売って十二万五千円もうかる。五万坪が果して売れるかどうか、これはもちろん判らないけれど、電車が開通せば一坪五円くらいの値打はあると思う。そういう副業を当初から考えて、電車がもうからなくとも、この点で株主を安心せしむることも一案だと思います。ただ問題は果して何十万坪というような土地が、計画通りに買収が出来るかどうかという点であるが、沿線の有志者は、こんな会社は出来るものでないから、土地を買っても、きっと投げ出すにきまっているという風に馬鹿にしているから、あるいはうまくゆくかも知れない」と、私の夢のような空想的の住宅経営の大要をお話したところ、土地経営の話など軽く聞き放して、

「未引受株の引受人を新たにつくるとして、君の手でどのくらい出来る見込か」

「一万か二万か、やって見なければ判りませんが、結局は、その不足はおれが引受けるという人が有ると無いとで、非常に違うと思いますが」

「よし判った、君は自分でも出来るだけこしらえて見給え、東京へ行って、甲州派の人達にお頼みして、株主をこしらえ給え。僕は島君にも相談する、結局、不足分は引受けることにするから」

と言われたのである。

私は、勇気づいたものの、なかなか心配である。どこぞに割りきれないところがあって、そこが判然としない。その当時阪神電車の重役になった島君は、その援護者として片岡直輝氏、岩下清周氏の両人をも重役に割込ました間柄で、阪神電車の専務今西林三郎氏は、百三十銀行から離れて北浜銀行岩下氏一党の剛の者であるという関係から、阪神電車は島君との因縁を通じて、安田銀行系から北浜銀行系統の勢力範囲になりつつあった時であるから、結

局、この連中が引受けて、機会を見て、阪神電車との合併でもやる腹ではないだろうか、と言うような想像もえがいて見たので、あるとき、島君に対して未引受株について岩下氏からお話があったかどうかをお尋ねしたところ、

「僕にはまだ話はないよ、しかし不足分は全部北浜銀行に引受けて貰って置けばいいじゃないか」というような大雑把《おおざっぱ》の話であったが、私は結局、不足分は岩下氏が何とかしてくれるものと勝手に判断をして、それからいよいよ箕面有馬電車を引受ける決心をして、発起人諸君と交渉した。

田委員長は、私が追加発起人として仕事をすることになるとしても、自分は、依然として委員長の立場を捨てない。その理由は設立が実現するまで株主に対する責任上、離れることは出来ないと言うのである。私は、それではいやだ、私が全責任を持って処理する以上は、皆さんの御同意を受けて、相談ずくでゆく、というような今日までの状勢では、事ごとに機会を失し、今日の苦境に追込まれて来た実情を、ここに再び繰返すのは困る、全部を私にお委せ下さい、と断乎として主張した。

同委員長は「それでは私達はどうなるのですか」「発起人には定員が必要でありますから、皆さんはこのままお名前だけを拝借して、これから先の仕事は、田委員長の委任状を私が頂戴して仕事をすることにお願いしたい」

「金銭上の責任は」

「もちろん全部、私が負担いたします」

「万一解散する場合には」

「株主に対しては、一文も御損はかけません。もちろんあなた方に対しても、一文も御損をかけませんから」と、ずいぶん気まずい押問答があった。

私は岩下さんから、自分が独立人として責任をもって仕事をする決意について注意を受けてから、それから度胸が据ったと見えて、もし自分が下手をやって会社の設立が出来ない場合には、全体どのくらいの損失を負担すればよいかと胸算用をした。

創立費三万円弱と、毎月四千円くらいの雑費がいる。失敗すれば、四、五万円くらいは自腹をきらねばなるまい、と覚悟をしていたから、すべて押の手一つで誰にも相談しない。もちろん岩下氏にも相談しない、もし相談したとせば出来るものでない。何となれば、あまりにも傍若無人の契約であって、先方を馬鹿にしたことになるからである。私はその契約書に調印せしめたのである。今になって考えて見ると、ずいぶん厚かましい条件を強要したものと赤面するのである。

契　約　書

今般箕面有馬電気軌道株式会社株式引受並ニ創立事務ニ関シ小林一三（以下甲トス）ト同会社発起人及ヒ創立委員（以下乙トス）ト契約スル条件左ノ如シ

第一条　現在引受未定ノ株式総数五万四千百〇四株ヲ甲ニ於テ引受ケ（甲ハ之ヲ甲以外ノ他人ニ分割スルヲ得ルモノトス）来ル七月十日迄ニ証拠金一株ニ付金二円五十銭宛ヲ払込ムヘシ但シ本文株式ハ新ニ引受ケタルモノ故是迄ノ利子ハ支払ハサルヘシ

第二条　甲ヲ発起人及創立委員ニ加ヘ創立事務執行者トナスヘシ

第三条　来ル七月十日ヨリ会社創立ニ関スル一切ノ事務（合併解散等ヲ包含ス）ハ甲之ヲ専行ス乙ハ何事ヲモ関渉ヲナサス又ハ異議ヲ唱ヘサルモノトス

第四条　前各項ノ権利ヲ甲ニ附与スルニ付テハ万一不幸ニシテ本会社成立セサルカ又ハ解散セサルヲ得サル場合ニハ創業費其他発起人並ニ創立委員ニ於テ負担スヘキ金銭上ハ勿論其外一切ノ責任ハ甲ニ於テ之ヲ負担シ乙ニ何等ノ煩累ヲ及ホササルモノトス　以上

本契約書二通ヲ作成シ甲乙之ヲ所有スルモノ也

明治四十年六月三十日

箕面有馬電気軌道株式会社

発起人並ニ創立委員長

田　艇　吉

発起人並ニ創立委員

発起人
速水太郎
土居通夫
野田卯太郎
弘道輔
池田貫兵衛
米沢吉次郎

株式引受人
大阪市南区天王寺烏ケ辻町
五千七百五十一番地
小林一三

土居通夫、野田卯太郎氏等、お歴々の御連中に対し、かくのごとき契約書に調印せしめたその裏面には、その反対に、私は私の人格を無視された証文を田委員長にとられている。

すなわち、発起人側の主張は契約書に明記してあるけれど「仮に、お前が株式の不足分を全部引受けるとしても成立の出来ないというような場合に、我々に一文も迷惑をかけない、同時に株主にも証拠金は全部返すというだけでは困るから、お前からただちに支出するという金額を明記した証書を出せ」というので、至極御もっともな注文であるから、まかり間違った場合には五万円のバクチだと度胸をきめ、証文を書いてお渡したが、おそらくその証文は、田君が持っておるだろうと思うのである。

4　箕面電車の設立

箕有《きゆう》電鉄創立事務を、阪鶴鉄道重役すなわち発起人諸氏の手許から、私が全部引受けるという契約書の調印が、四十年六月三十日実行されると、まず第一に考えたことは、創立事務費を大節約するには、どうすればよいかという事である。会社の設立がうまくゆけば文句はないが、万一設立不可能、解散というがごとき場合にならないとも限らない。当時の情勢は、経済界混迷の幕明きでその前途は悲観あるのみであったから、土居通夫氏のごとき、大阪における第一人者の顔触《かおぶ》れをもってしても、傍若無人のあの契約書に調印せざるを得ないのを見ても判る。設立不可能の場合の責任は、すでに覚悟はしておるものの、出来るだけ軽くすましたいというケチな考えもあったから、私は阪鶴鉄道側の事務員全部を解雇した。そして事務所を高麗橋一丁目の桜セメント会社の二階一室を賃借してそこに移転した。

桜セメント会社は、平賀氏が三井銀行をやめて初めての事業であり、ようやく本格的に仕事を始めつつあったので、幸いに空いておった二階の一室を家賃二拾円で借りた。給仕も小使も電話も電灯代も、桜セメント会社におんぶして助けて貰ったのである。当時の事務員は現在京阪神急行電鉄の会長佐藤博夫《さとうひろお》君ほか二名のみであった。

二階借りの事務所でただぼんやりと懐ろ手をしていたわけではない。電鉄敷設の仕事は着々として進行せしめておったのである。それは鉄道工務所という工事の設計監督を営業としている専門事務所に全部委託したのである。鉄道工務所はおそらく関西におけるあるいは日本における最初の計画であったと思う。この仕事は日露戦後における電鉄事業勃興に処する必要機関として、村上享一《むらかみきょういち》という工学士を中心とした専門家達によって設立されたもので、京阪電鉄、兵庫電鉄、神戸市電、箕有電鉄、その他地方の各電鉄の計画、設計、出願等の事務を引受けて来た信用のある事務所であり、同時に工事監督まで引受けていたものである。この鉄道工務所の有力なるメンバーとして阪鶴鉄道専務速水太郎君が参加していたから「私は必ず設立して見せる、敷設計画は全部君に一任するから、会社が設立される前に実際の仕事に着手できるように段取りを立ててほしい、そしてその費用は他所《よそ》の倍額を仕払うてもよいから」とお願いした。

速水太郎君は実に立派な人で、頭脳明晰、稀《まれ》に見る人格者であった。惜しむらくは若い時から酒豪であったために、早く幽明［境］を異にしたけれど、私は彼の手腕と実行力には敬服している。彼は技師以上の技師であった。学士でもなければ博士でもない、しかし誰もが彼をエンヂニヤとして尊重しておったが、実は普通の事務員の成育したものである。彼の英書を読む力、英米人と話す力は素晴らしいものであった。どこで英語を学んだかという質問に対しては、勉強なぞしたことは無いと放言していた。生地は伊賀の上野で、先代は明治維新の当時、開国正義派の頭領として活躍、自刃した志士であり、立派なる記念碑が上野市に建立《こんりゅう》されているそうである。私は彼の青年時代のことをよく知らない、彼が初めて山陽鉄道で中上川社長に見出された時は、神戸の何とかいう外国商社の番頭であった。山陽鉄道に建設材料を売込の外人の通訳として同行したのである。中上川社長は、速水君の要領を得たる才能に惚込み「商社におるよりも山陽鉄道に入社しないか、山陽鉄道には、大学出の工学士はたくさんにおるけれど、君のように英文を書き英語も話すエンヂニヤがなくて困っている、大学出のエンヂニヤは外国語になるとテンデ役に立たない。君はどこで勉強したのか、それによって給料と資格が違うのであるから」と懇望された。鉄道建設に対する専門的討議に、その当時の技師長であった工学博士南清氏を囲んで、社中のエンヂニヤと相対して、堂々と力争したる速水君は「私はエンヂニヤでも何でもありません」という告白がかえって技師以上の資格ありという南技師長の推挙を受け、山陽鉄道に入社したのである。そして爾来、彼は日本における鉄道界の専門家として名を馳せたものである。

中上川氏は山陽社長を辞任して東上した。日清戦後における鉄道勃興時代に、南清氏を社長とする阪鶴鉄道の設立せられるに当って、彼は支配人として（そして唯一人のエンヂニヤとして）南清氏の股肱《ここう》として、山陽鉄道を辞職し阪鶴鉄道に従事して来たのであるが、そういう経歴であるから、鉄道工務所という新しい仕事の柱石であった関係から、私は箕有電鉄の建設工事に対する全責任を、彼にお願いしたのである。

この鉄道工務所の名義人工学士村上亨一氏は、斯界新進の秀才であったが、病弱というよりも、あまりに早く出世したため、連宵《れんしょう》の不養生から病床を離れることが出来ず、箕有電車の開業前に永眠して、夢のような私達の事業の花実を見て、喜んで貰うことが出来なかった。その後、この工務所は北浜の河岸通りに三階建洋館を新築し、速水君個人の経営として二、三十年続いたように記憶する。

大阪奈良間、大阪軌道（二七二ページ「奈良のはたごや」参照）の設計出願も、この工務所にて速水君の手により指導された。生駒《いこま》トンネルは広軌《こうき》複線《ふくせん》であって、その当時、鉄道省のすべての隧道《ずいどう》規準は狭軌単線《きょうきたんせん》であった。民間会社のしかもその設計者が学位もない、エンヂニヤでもない速水君の手によって、四フィート八インチの広軌複線であるのは、どこでもまだ試験済でないから、果して出来るか出来ぬか判らないから認可しないというのである。速水君は外国の実例を示して、日本に出来ない理由はないと抗弁した。鉄道省は、万一工事中に事故が突発した場合に、単線トンネルであるならば、危険を局限することが出来るが、複線では全部が影響を受けて、その損害は大きいと力争したものである。速水君は理屈で勝って認可を得て、あの有名なる生駒トンネルに着手したのである。しかるに不幸にも鉄道省の予言が当り、一、二度事故が起って、一時は隧道放棄論までも飛出した。しかし事故は事故、善後策、彼はすべてを事務的に解決して成功した。この試験によって、爾来広軌複線隧道は常識となって、あらゆる方面に採用されて来ている。

　岩下氏は大軌の社長として、非難攻撃の間に泰然自若たる速水君のごとき学究的才人を愛し、これを大成せしむることが自慢であり、好きでもあった。その頃私達は鉄道工務所に講演会や研究会や、速水君を中心として京大の先生方や各方面の新人と共に、しばしば集まって談論風発を楽しんだ。ある時速水君は関門間に高架鉄橋による山陽線九州線の連絡鉄道敷設計画を発表した。岩下氏はただちに賛成した。そして箕有電鉄同人の発起として出願した。資本金は千万円と記憶する。長州長府《ちょうふ》あたりから分岐して、馬関《ばかん》の春帆楼《しゅんぱんろう》の裏山から鉄橋で、門司の何とか言う砲台の前に出るのである。鉄橋の下を軍艦も汽船も自由に通航する現在のサンフランシスコの入口の鉄橋に比較すれば、何十分の一に過ぎないチッポケな工事であるけれど、砲台を移すことは不可能だといって、一笑に付せられたが、却下された覚えはない。おそらく鉄道省の片隅に眠っていることであろう。

　私はこの天才的エンヂニヤを信頼して、建設工事に関する方面のことは、全部速水君に一任した。私はまずもって会社設立の順序と、未引受株五万四千余株の引受人をこしらえるために東奔西走した。

　東京へ行って郷里の先輩や友人達にお願いした。佐竹作太郎《さたけさくたろう》、根津嘉一郎《ねづかいちろう》、小野金六《おのきんろく》、その他数十人の諸君によって壱万株近くの株式引受人を得た。結局不足株は、一時北浜銀行に引受けてもらって、いよいよ会社設立の段取に着手したのである。

株式引受人が出来たから、第一回払込金一株十二円五十銭、全株十一万株、この払込金の百三十七万五千円によって果して開業が出来るかどうか。諸材料諸機械一式を三井物産から延払い《のべばらい》、開業後二年以内に支払えばよい、という飯田義一氏の御厚意によって契約出来る見込がつく。そこで用地買収、工事着手、開業日の決定等、具体的に運んでゆく。その当時、この会社よりも半歳も一年も前にすでに会社が成立して、工事に着手している京阪電鉄、神戸市電、兵庫電鉄等よりも一足先に開業したい、それにはどうすればよいか、それを遂行し得る工事日程を作成し、四十年十月一日までに払込を完了せしむること、十月十九日創立総会を開くこと、それまでに、用地買収を完了すること等を密議しているけれど、どこまでも世間からは、ことに沿道の人達には、この電鉄は設立が覚束《おぼつか》ないと思われるように仕向けて、沿道住宅地買収の大方針を進行しつつあったのである。

好事魔多し、なかなか思うようにゆかない。私は未引受株五万何株の新しい引受人に対し会社の収入としてある失権証拠金一株二円五十銭を交付する、新引受人は十円払込めば十二円五十銭の株式領収書をお渡しするという約束に対し、その実行を不可能ならしむる訴訟が提出された。すなわち失権株主のうち、数十人連名にて証拠金取戻しの訴訟を受けたのである。法律上の問題になると、我々に少しの間違いはない、正々堂々と争えば簡単に片付くけれど、工事進行日程が狂うのは困る。やむを得ず示談金を出して片付けたが、その示談金は会社が支払うべきか、私個人の責任とすべきかについて、論議するいとまがないので私個人がすべて引受ける。ただし開業の上に善処してほしい、という条件付であったのもおかしな話である。

明治四十年十月十九日、大阪商業会議所に創立総会を開いた。取締役は井上保次郎、松方幸次郎、志方勢七《しかたせいしち》、藤本清兵衛、小林一三、監査役は野田卯太郎、平賀敏、速水太郎の諸氏であり、私は専務取締役に互選された。そして当然社長たるべき岩下氏が表面に名前を出さないのは、実は会社は設立されたとは言うものの、海のものとも山のものとも、まだ判然としない。北浜銀行の振替によって、五万株近い引受株の存在している事実に対し、証拠金取戻訴訟が示談によってひとまず解決したと言うものの、彼等の一派の中にはさらに進んで、会社の設立無効を提訴しようという計画があるという話も聞いている。これは阪神電車が島君一派の勢力によって占められ、岩下氏や片岡直輝氏がバックしている情勢に対して、不満を抱いている人達の示唆によって、どういう問題が起らないとも限らない。彼等の主張は箕有電車のごとき田舎の電車などとうてい成立つものではない、それを無理からに成立せしめて、やがて適当の機会に、工事に着手せざる間に阪神電車に売込むのが目的であると宣伝している。この悪宣伝も耳に入れず、私達はただ実際に驚くべき真剣さと迅速さによって建設を了《お》え、彼等を驚かしてやれ、と決心しているけれど、それは私達の理想というだけで、世間はもちろん信用していない。そういう情勢であったからして、岩下氏をしばらく門外漢として、北浜銀行関係者の顔触《かおぶれ》のみをならべたという事情であったのである。

会社が設立され、登記されると同時に、桜セメント会社の二階借の住居から、北浜銀行堂島支店の三階に移った、そして陣容を整理した。かねてから阪鶴鉄道社員中の一粒選《ひとつぶよ》りを抜いて採用したが、速水君は監査役という名義だけで、実際は鉄道工務所から離れて工事の総監督をお願いした、そして技師長には、鉄道院技師として福知山《ふくちやま》建設所長として勤務していた上田寧君に入社をおすすめした。上田君は喜んで無条件で承諾すると思いのほか「自分は官を辞して入社するのであるから、もし会社の事業が中途で解散するとか、中止するとか、阪神へ売渡すとか、そういう場合には違約金として年俸二ヵ年分を渡すという契約をしてくれ」との請求であった。私はまた証文をとられたのである。創立当時、世間からいかに不安に思われておったかは、この一事によっても判るであろう。

5　箕面電車の開業

会社の設立と共に、工事の進行を具体化するために非常に恵まれたことは、大林組の大林芳五郎君が全力を挙げて乗り出したからである。大林君は天王寺の内国博覧会の工事請負の頃から成功して、初めて岩下氏に見込まれてその庇護を受け、日露戦争時代において飛躍を遂げた北浜銀行系の有力な事業家であった。

この人は西郷隆盛のような堂々たる体軀のみならず、その容貌もよく似ている。市井仁俠《しせいにんきょう》の親分肌で「よし俺が引き受けた」と言えば、損得を度外視して引受けるという度胸もあるが、いつの間にか立派に資産家の列に入っているところを見ると、なかなかもって損益を度外視しない、算盤は確かな人であったに違いない。

私達は工事促進の方法について、速水、上田両君の立案に基づき、無条件に大林組に一任するから、何か文句が起ったならばあとで話合う、まず仕事が第一だ、そして一番むずかしい仕事から始めるという工合に着々として進行した。もちろん予算はつくる、しかし予算にこだわらない、仕事が先だ、あとで精算する。ずいぶん論争があって、「もうこの電車の仕事は御免だ」と、投出しかけたこともあったが、速水、上田両君の強引と誠実とに勝つものはなかった。結局我々は四十三年四月一日開業という目途をもって進行した。

京阪電車も、神戸市電も、兵庫電車も、南海の電化も、先の雁があとになり一番先に開業したのは箕有電車である。四月一日と予定して、すでに世間に発表しておった計画案よりも、二十一日早く三月十日に開業した。

私は「最も有望なる電車」（二八八ページ参照）というパンフレットを、確か一万冊だと思うが、四十一年十月に発行、紙数三十七頁、建設費予算からその工事説明、収支予算、住宅地の経営、遊覧電鉄の真価等を詳述したものを市内に配布した。

今日から見れば何でもない広告であるけれど、その当時、自己の会社の計画、設計、内容等を宣伝するがごときは、一種の山師の仕事だという風に解釈した時代であったから、これを発行するについても、もしこの通りに出来なかったならば、重役の責任はどうなるか、という反対的態度で、同僚重役から質問を受けたものである。

同僚重役というけれど、設立の時から、私が専務取締役というわけで、その他の諸君が重役に選任されたことは、すなわち井上保次郎、松方幸次郎、志方勢七、藤本清兵衛氏の四人は寝耳に水であったと思う。「僕が話しておくから」と軽く岩下さんが言われておったので、選挙の後、何分宜しくと書類を持って回ってお眼にかかると、松方、藤本両氏は快く引受けて下さったけれど、井上、志方両氏はすこぶる不機嫌で、その書類を置いてゆき給え、と言われて、私はスゴスゴ引返したのである。

桜の宮の井上邸にお伺いした時「これが婿の周《しゅう》です」と、初めてお目にかかった青年は紅顔豊麗、実に瀟洒《しょうしゃ》たる貴公子、年はまだ二十七、八か、江戸前の男振り、ついに近頃まで東西花柳界の寵児として色男の標本であった。今日では、あの頭の禿げた周君、彼はこの時の関係からその後大正四［一九一五］年にこの会社の取締役に選任されたのであるが、その養父の井上保次郎氏は「致し方がない、今辞めるというのも困るだろうから、この次の総会まで」と、念を押されて引受けられたが、その翌年四月に辞職した、志方氏もその次の総会、四十一年十月に辞職した。

この会社の生命ともいうべき住宅経営について、土地選定の標準は、一坪一円と見積ったけれど、それは線路用地を買収した後でなければ困る、住宅経営のため万一土地代が高くなっては予算が狂うからというので、多少延々《のびのび》になり、自然価格も上ったけれど、だいたい予算通り進行した。電車開通後、ただちに売出すものとすれば、山林原野よりも町村につづく新しい市街地を建設することにして池田《いけだ》、豊中《とよなか》、桜井《さくらい》という順序をたて、まず第一に、池田室町《むろまち》二百屋敷を実現することにした。そして「最も有望なる電車」に引きつづき、明治四十二年秋、箕面公園の紅葉の頃を見計って「住宅地御案内」＝如何なる土地を選ぶべきか・如何なる家屋に住むべきか（二九四ページ参照）というパンフレットを発行した。この冊子は、やや文学的に美辞麗句をならべて、住宅地の説明や郊外生活の理想的環境など、興味本位に記述して、最後には「もしそれ、その明細なる内規を詳《つまびら》かにせんとする諸君に対しては、梅田停留所の新事務室において、改めてその温容に接せんことを望む。大阪市民諸君！往け、北摂風光絶佳の地、往きて而して卿《きみ》等が天与の寿と家庭の和楽を全うせん哉《や》」という風に気取って書いたものである。

池田室町は一番町より十番町、碁盤の目のごとく百坪一構にして、だいたい二階建、五、六室、二、三十坪として土地家屋、庭園施設一式にて二千五百円ないし三千円、頭金を売価の二割とって残金を十ヵ年賦、一ヵ月二十四円仕払えば所有移転するというのである。売出すとほとんど全部売れたので、順次豊中、桜井その他停留所付近に小規模の住宅経営を続行して、ここに阪急沿線は理想の住宅地として現在に至ったのであるが、成功ばかりではない、失敗したこともたくさんあった。

その一つは購買組合と倶楽部の設置である。購買組合や倶楽部は、新市街の人達には、一致団結とその親睦交遊の上からも、当然うまくゆくはずのものであるべきに、会社からそれ等の施設には相当に高い犠牲を払って維持しておったけれど、なかなかうまくゆかない。その当時に理想的施設として、池田室町の中心地点に倶楽部をつくり、同時にそこに購買組合を設け、住民諸君の互選によってそれぞれ役員をお願いした。購買組合の主要消費物品は、米穀薪炭《べいこくしんたん》等日用品が主なるものであるから、十日間ないし半ヵ月所用または一ヵ月所用量のお米を仕入れる、相当多量の石数であるから、ずいぶん安く仕入れて買える、伝票一枚の注文で配給されるから、初めは薪炭、酒、醬油、味噌等々、まことに重宝がられて、好評であったが、これ等の物品には市場相場の高低がある、この市場相場が高い時はよいが下落してくると、市中の商人がドシドシ売込みに来る。組合員には、安いものを買ってはいけないという拘束はないから、そうなると組合は、高値仕入れの物品の手持を抱えて結局赤字になる。市価の高低にかかわらず長い眼で見るときには、その方がお互いの利益になるからという理窟は判っておっても、それが厳守されない以上は苦労の仕甲斐《しがい》がない上に、その管理者が悪く言われる、これは池田室町の購買組合に限らない、適当な人さえあればうまくゆくからと希望されて、その後も二、三ヵ所で試みたが、結局失敗に終った。

倶楽部のごときも一、二年はつづくけれど、どういう理由か衰微して閉鎖する。これは郊外住宅という一種の家庭生活は、朝夕市内に往来する主人としては、家庭を飛出して倶楽部に遊ぶというのはよほど熱心の碁敵《ごがたき》でもあらざる限りは、やはり家庭本位の自宅中心になるので、まことに結構な話だが、要するに倶楽部など必要はないという事になるのである。

住宅地設計計画についても、第一番初めに売出した池田室町のごときは、三万坪を地ならしするために、どんなにか無駄な費用を払ったことであろう。あとから出来た東隣の地つづき満寿美《ますみ》住宅のごときは、実にうまく出来上っている。下水のはけ口の落差を計算して、五、六町ないしは十町も先までの勾配を算出して現形のまま道路だけを切下げて設計する。能勢《のせ》口鶴《ぐちつる》の荘《そう》のごとくに屋敷が高地になって、室町のような地ならしの費用を省くことが出来る。新道路の土木工事は最終点の下水のはけ口を起点にして遡ればよいという、この簡易なことすらも知らなかったのである。

失敗のその二は、西洋館の新築である。今日まで何千何百軒の建売をしたけれど、阪神間高級住宅においてすらも、純洋式の売家には買手がない、いつも売れ残って結局貸家にする。四、五年貸家にして置くと、安く叩かれて損をして売るというのが落である。近頃はだいぶ生活様式が進歩したからというが、寝台的設計よりも畳敷が愛されて、純洋式は不評である。私は今でも洋式礼賛論者で、宅の女中部屋のごときも、押入れにすべき所を二段棚の寝台に造りつけて、その利用を勧めるけれど使わない。畳に対する執着力は寝室、客間、居間といろいろ便利だからというばかりではない。座って暮らすのが国民的習慣だからというばかりでもない。この二重生活がいつまでつづくか私には判らないが、寝台によって毛布が採用され、寝具を廃止する時代の一日も早く来ることを希望する。

この新宅物語は実際あった話である。

「美しいお宅ですことね、羨ましいわ」と十八、九の初々しい丸髷の妻君は二階の欄にもたれ、箕面の翠山を渡り来る涼風に髪の乱るるを厭《いと》わぬのである。「昼日中もそれはそれは涼しいのよ、水がよくって蚊も少ないし」とこの家の主婦は冷した水蜜桃を進めながら「この桃も宅の庭で出来たのよ、召上って頂戴な」と言いながら青簾《あおすだれ》を捲《ま》き上げる。「間取もいいし何もかも便利に、よくこんなに建ったものですわ」と感心しながら、丸髷の妻君「はなはだ失礼ですが、家賃はいかほどですか」「家賃ではないのよ、大阪にいて借りる家賃よりも安い月賦で買いましたの」「アラ、そう、月賦ッてどういう風にするの」「土地、家屋、台所のかまどまでついてタッタ千二百円なの、それを月賦で買うと月に十二円ずつ払えば自分の物になるの、それにこの桜井にはもう百軒も新築が出来て日用品なぞ少しも不自由がないの、貴女もこちらへ入らっしゃいましな」「そう、わたし、旦那様にお願いしてこちらへ移りましょう、大阪で家賃を出すなぞ馬鹿らしいわ」と新宅の二階座敷で仲好し同士の物語。

と写真入りの記事が、東京の婦人雑誌に載ったところ、ある会社の連中から七軒そろえて建ててくれという注文が来た。土地は五、六十坪、半ばの残地を利用して、下が二間、二階一間の小さい二階建であるが、さて五十坪くらいの残地がないので困ったのである。やむを得ず数百坪の新地を五十坪くらいに区画して建築すると、いかにもせせこましい。市内ならば辛抱出来るが、これでは郊外住宅の気分が出ないと苦情をいわれて、半分破約になったことを記憶する。その頃の阪急沿線の住宅は、どこでも空地が十分であったから、そういう贅沢を言われたものである。

会社の設立後一ヵ年の間に仕事はドシドシ進行する。その頃新淀川には、あやしげな木造の仮橋が架って洪水のたびごとに不通になるという時、鉄橋工事は目覚しく進捗《しんちょく》して、生きた広告が道ゆく人達の眼をそばだてたが、四十二年九月には早くも竣工した。梅田の東海道線を越す跨線橋工事と梅田停車場たるべき予定地の看板は、この会社の信用を高めた。もう何人にも御迷惑をかける心配はないので、私は岩下氏に社長をお願いした。それは設立一ヵ年後の四十一年十月であった。

新淀川の鉄橋について岩下氏の一挿話がある。工事費を節約するために橋桁《はしげた》をプレートガーター式とした。官鉄並に阪神電車はトラスガーター式であった。プレートガーター式はいかにも貧弱であるけれど、その強度においてはトラスガーター式と少しも異らざるのみならず、将来、電車の進歩発達につれて車体の拡大、重量の増加等のために橋梁の強度を増加せしむる必要ある時は、簡単に施工し得る利益があるというので、私達は我が箕有電車の建設費がいかに安く出来上るかの一例に、それを自慢したものである。ところが岩下氏は、どこで聞いて来たのか「阪神電車がトラスガーターである時に、うちの鉄橋に欄干《らんかん》のないのは困る。君方専門家から見れば欄干の有無は問題ではあるまいが、一般素人の乗客から見れば、危険視するであろう。お客商売には民衆の心理状態を摑む必要がある。木製でもよい、鉄橋に欄干をつけよ」というのである。

速水君、上田君は思案投首、どういう工合に欄干を取付けるべきかと苦心しているのを見て、私は図面だけ丁重に造り給え、そしてそんな馬鹿馬鹿しい仕事は止めることだ。あとは僕が引受けるからと一笑に付しておったところ、岩下さんは現場を見て来ると、まだかまだかと催促する。開通前までには出来ましょう、と図々しく引延ばしていると、いつの間にか忘れて結局黙認に終ったが、私は反対するとかえって意地になる岩下さんの性質を知っているから、黙って仕事さえしておればよいと考えておったのである。

四十三年三月十日に、梅田箕面、梅田宝塚間の電車が開通した。「箕面電車の開通」と題した朝日新聞の記事は、いかにそれが四十四年の昔であったとしても、今から見れば子供だましのようなお祝であったことがわかる。

いよ〳〵今十日より開通につき梅田、池田、宝塚の三停留所には草花を以《もっ》てアーチを造り、夜間はイルミネーションを点じ、沿道の各町村は国旗球灯を出し煙花《はなび》を打揚げ、宝塚に於ては芸妓の踊屋台二台を十、十一両日曳出して賑を添へ、箕面にては停留所を囲めるラケット形敷地の中央広場にて仁輪加、太神楽を催し、又た中之島公園、北野梅花《ばいか》女学校前、野田の三ケ所より会社名入りの軽気球を飛ばし且つ百発の号砲を発す。猶《なお》当日は同社に於て作歌せし「箕面有馬電車唱歌」を印刷して市内各小学校全部、及び沿道小学校に配布す。因みに開業式は四月頃を期し改めて箕面山にて盛大に挙行し、十三日には会社設立に就て尽力せし人々を招待して各沿線を案内すること既報の如し。電車は双方共午前五時より午後十二時迄運転す。茲《ここ》に掲げたるは梅田跨線橋上を電車の往来する実景也《なり》。

と跨線橋の上を電車が往来する写真が載せてあった。

かくして開業した実績はいかん。四十三年三月十九日の大阪朝日新聞の記事は——

箕電八日間成績　去る十日開業したる箕面電車の開業後八日間の収入成績を見るに

十　日　千六百五十円、

十一日　千二百十円、

十二日　七百五十七円、

十三日　千五百六十円、
十四日　千九円、
十五日　八百二十二円、
十六日　八百七十一円、
十七日　八百四十三円

計八千七百二十二円にして一日平均収入千九十円なるが、同電鉄の予算せる三月中は開業月なれば三百円乃至《ないし》四百円を以て満足し四月以後は一日平均千二百円を収得するとして七朱配当を為し得べしと云へるに対比すれば今日迄の成績は良好なりと云ふを得べし、然れども八日間の事故に至つては電車の衝突二件、三名を殺し数名を傷《きず》つけたるが如き甚だ感心出来ずとの評高し。

こういう記事を見ると、私は今昔の感転《うた》た大なりである。

6　動物園の失敗

「咲くやこの花梅田より、電車に乗ってゆく先は」という唱歌を、大阪市の小学児童に歌わせた宣伝は成功した。遊覧電車の元祖である箕面電車の開業によって、南は住吉、堺の浜、ただそれだけが、市民行楽の場所であり、奈良、京都、和歌山地方は旅行地として考えられて来た時代であったから、郊外の行楽を旗印として、新しく出発した箕面電車は、それからそれと客引きの新案を叫ばざるを得なかったのである。

会社の名称が箕面電車であるその第一の目的地箕面公園は、電車の開通と同時に、日一日と春めく花だよりを機会に、箕面動物園を開場した。

行くや公園一の橋
渡る谷間の水清く
溯りゆく源は
青葉の空に霧こめて
夏尚寒く雪とちる
滝の高さは二百尺

この唱歌を、高らかに歌う遠足児童の数万人に、一枚ずつ絵葉書と小旗を与えて、それを父兄へのお土産とする。おそらく初めての宣伝で、すこぶる評判がよかった。

公園入口左手の動物園は、渓流に日光の神橋《しんきょう》を写した朱塗の橋を渡って、二間四方朱塗の山門から左へ登りゆくのである。園の広さは三万坪、だらだら坂を曲りまがって中央の広場には余興の舞台がある。数十町の道に沿うて動物舎がある、渓流の一端を閉じて池を造り、金網を張った大きい水禽舎《すいきんしゃ》には数十羽の白鶴が高く舞う。

そのころ［の関西に］は京都以外に、動物園はなかった時代であるから、遊覧客はなかなか多い、ことに自然の岳岩を利用し、四角の箱の中に飼育せしめたものと異り、猛獣の生活を自由ならしめた自然境の施設は自慢の広告材料であった。園内の絶頂には鉄骨の回転展望車を造って、大阪湾を一眸《いちぼう》のうちに望むというのであるが、結局失敗に終って閉鎖した。

失敗の原因の一つは、自慢しておった自然環境の猛獣舎であった。ちょっとした軽微の地震でも、岳岩の亀裂、土砂の崩壊等が起って戦慄した数回の経験から、我国のごとき地震国はいつどんな大地震が突発しないとも限られない、万一の危険を予防するものとせば、普通の動物園のごとく鉄棒四角の檻が一番安全であるから、ここに改造の必要があるのである。しかも観衆の興味を呼ぶ動物の禽獣《きんじゅう》は多くは熱帯産であるから、生育に骨が折れるのみならず、燃料と維持費でやりきれない、この種の不適当なる施設を取除き、単に客寄せの遊園地とするものとせば、箕面公園の渓流に沿う風景と五十歩百歩にて、ことさらにここに遊園地の必要はないと言い得るのである。

なおそれよりも大きい問題に当面した。箕面公園は春は桜の花、若葉青葉新緑の涼しい夏を送って初秋の七草千草、やがて満山燃ゆるがごとき紅葉の名所として、すでにすでに天下に名あり、煤煙と俗塵の大阪から半時間を要せずして、この仙境に遊ぶ。これは箕面電車の至宝であるから、この清麗な環境を、徒に俗化することは大阪市民の期待に反し、レクリエーションの精神に反する結果にもなる、出来るならば、俗化せざる渓谷森林の自然美と、高尚にして風雅なる天然公園を維持し保有することが、この会社の使命であるという大方針を討議することになったのである。

たまたま、宝塚温泉とその大衆的施設の充実によって、市民歓楽のルツボを大成すべしと確定し、動物園のみならず、箕面公会堂もまた宝塚境内に移転したのである。

箕面動物園を廃止すると共に、箕面における大衆向きの施設を宝塚へ移転するに当って、さらに箕面公園をして森林渓流の自然大観を充実するため、山上湖建設の積極的計画を研究した。

渓流に沿うて登りゆく左岸の中ほどにある二の橋から、右側急坂の小径を登りつめた流域に、岩盤の基礎地を得て、ここに高いダムを造る。そして若干量の滝を造る。滝を作るのが目的ではない。この落口を途切って、さらに東方の石積の滝の落口を途切れば、箕面山西方一帯の低地、周囲約二里の湖水が出来る。湖水の周辺から全山に植林して、とここに箱根芦ノ湖のような神秘的自然美を夢みたものである。

しかしその頃の箕面電車は、そういう計画を実現し得る力がなかったから、ただ青写真を見て楽しむのみに終った。湖水に行く入口は、動物園西隣からななめに新道を造れば自動車の通行も可能であると思うが、これは実測したのではないから、再調査すべきである。

7　松風閣の思い出

箕面動物園は廃止されて、その園内に残れる有名なる松風閣《しょうふうかく》は、岩下氏ほか七名の出資による一種の匿名クラブとして、北浜銀行関係同人の来賓接待に使用されたのである。その設計新築は、建築道楽をもって有名なる志方勢七翁の宰領によって完成した。勾配の多い庭園を巧みに利用し、宏大なる二階造り、地下室を入れると三階になる。風流高雅、静閑の山荘、大阪第一として世人を驚かした。

土地は会社所有地、建築物は倶楽部同人の岩下氏、山本条太郎、志方、大林、谷口氏等七名と記憶する。各一万円の出資、箕面電車会社は地代を取らざる代償として、会員同様に自由に使用が出来るという不文律であった。私はこの松風閣において、岩下氏の来賓たりし数多くの貴顕紳士に接近し得た光栄を忘れることが出来ない。

山県《やまがた》［有朋《ありとも》］公爵は夫人同伴（あるいは愛妾であったかもしれない）、益田孝氏と三人、紅葉にはまだ早い秋涼の一日であった。特別電車で私が御案内した。お伴は岩下氏と花外の女将だけであった。電車を降りると、松風閣の玄関先まで公爵と夫人は人力車で、一行は徒歩である。下座敷の小さい部屋であった。料理は琴の家からの出張、公爵はなかなか御元気で低い声でよくお話しになっている、お膳が運ばれて、公爵と夫人と、益田さんと岩下さんと、四人だけであったが、花外の内儀と私にもと御注意があったけれど、私は御遠慮して席を下がった。岩下さんは末席であっても談笑平素に少しも異らない、片言隻句《へんげんせきく》、時に政治上の批評なども露骨にするが、益田さんは実に慇懃丁重《いんぎんていちょう》の口ぶり、お話する時は必ず軽く頭を下げて御返事するだけである、その態度には驚いた。

公爵夫人とは、御縁のある間柄であるというにもかかわらず、あたかも主従のごとき応答で、その間に立って縦横に談笑する岩下さんは少しも遠慮しておらない、そして極度に尊敬しておられて、少しも感情を害さない。岩下さんの交際術は実に堂に入ったものと感心した。

箕面で昼飯がすみ、ふたたび特別電車で宝塚へ御案内する。新温泉の一隅にまだ花外楼の別荘があった頃で、その新築座敷にて夕飯、かれこれ一日の清遊中、新聞や雑誌などで悪く言われる公爵の欠点など、私には少しも発見が出来ない、おとなしい威厳の備わった、まことに上品な元老として尊敬の念を増すばかりであった。

今夜は鴻池家が松風閣に井上侯爵を御案内するから、特別電車を出すと言う通知を受けて、私は箕面公園の停留場にお迎えに出た。岩下さんの姿は見えなかった、人力車を数台、お伴の連中に鴻池家の重役二、三人だけであった、お接待の女達は富田屋から五、六人、早く待ち受けておった。

私はこの日は何かの都合で、黒の立襟の制服制帽であった、富田屋の女達の中には知っている顔もあったが、鴻池側の主人方には芦田順三郎さんよりほか、顔見知りはなかったから、挨拶もしなかったが、万一何か不都合があっては申訳がないと思って、べつだんに用事はないけれど、台所の一室に控えておった。

お座敷の様子は判らないがだいぶ賑かで御機嫌がよい、こういう場合私は、支配人という名義である留守居をしている某氏（名を忘れた）の室でいつも雑談するのが楽しいひと時であった。この支配人は書画骨董が判り、松風閣全部の什器のみならず、書画幅、花器、香炉等、貴重品を預り、その使い方もなかなか堂に入っている、お客様の顔ぶれに応じて立派なものを使う。あるとき、今日は後藤新平《ごとうしんぺい》男［男爵］だと聞くと、光筆版の掛物をかけて、これでよろしぃとすましている横着な老人で、志方氏がどこから連れて来たか、字もよく書く、俳句も詩も作る、料理屋や旅館の主人よりもいちだんと上品に出来た旦那風の男で、そののち松風閣の料理を引受けておられた琴の家の女将お琴さんの入婿になって、老楽の夫婦として終生したが、この人と食事をすませ、傍にあった酒の燗番をしていると、知りあいの富田屋の若い妓が二人、ちょっと息ぬきに、ヤレヤレといった風情で、私達の中に加わって話をしている。

その頃は、私もまだ若い、血気盛んな悪童であったから、つい話がはずむ。彼女達も高笑いして、楽しそうに興じていると、だしぬけに白髪の老人が顔を出して、

「お前達何をしているのか、あんなぬるい酒が飲めると思うか」とえらい権幕で怒鳴るので

ある、女達はあわただしく逃げるように出て行った、私は横を向いて知らぬ顔をしていた。「お前は誰か」と突立ったまま叱るように言う、私はもちろん返事をしない。「聞いているじゃないか、なぜ返事をしない」「私は鴻池の使用人ではありません。そんなに叱らなくてもいいでしょう」と言って、出ていこうとした。制服制帽の私を運輸係の一員と思ったのであろう、芸妓をつかまえて油を売っておったのが、癪にさわったと見えての立腹であろう。この老爺、とてもしつっこい。私の後姿を見て「君は誰だ」とまたも詰問するのである。私は〝専務取締役小林一三〟という名刺を出した。

「今夜は不行届でまことに申訳がありません」と丁重にお辞儀をした。名刺と私の顔をジッと見くらべて、にわかに態度を変えて、腰を低くかがめて「どうも済みませんどうも済みません」と高師直《こうのもろなお》が若狭之助《わかさのすけ》にペコペコするような、ちょっと芝居がかった一幕は、その晩、女達からきくと、相手が有名なる怪物原田二郎《はらだじろう》翁であっただけに、実に痛快なエピソードであったと、今に忘れ得ないのである。

紅葉の盛りの某日のことである。五、六日滞在するから用意をして置いてくれ、と岩下さんから注意があった。桂公爵が静養するからと言うのである。どういう訳か、その日には特別電車もいらないというので、私は箕面停留所で、はっきりしない時間を行違って要領を得なかったために、茫然と待ち受けざるを得なかったのである。

昼過ぎ二時頃であったと思う。駅長室に待ちぼけておった私のところへ、「ただ今お客さまがお尋ねです」と言う駅夫の知らせを受けて私が行って見ると、とても素晴らしい美人が二人、田中家の女将の母親であるとかいう老婦人と三人、「今日は紅葉を見て、琴の家に泊りたいと思いますから宜しくたのみます、岩下さんのお言づけで……」と言うのである。

桂公爵は今朝、京都から東京へ、都合によってお帰りになりましたから、松風閣をやめて琴の家で御厄介になりたいと言うのである。

この美人は写真で知っている新橋のお鯉で、も一人は、付添いとは言うものの、立派な服装をしたお友達のような美人であった。私は松風閣と琴の家と、それぞれ手配し、それから東道の主人として三婦人と共に、流れに添うて歩き出した。瀧安寺《りゅうあんじ》の弁天さまへ参詣、境内の茶屋にてひと休み、渋茶を呑みながらつくづくと桂公の愛妓として有名なるお鯉さんを見た。

何一つ欠点のない、申分のない別嬪であった。いま私の記憶に残っていることは、裾をちょっと褄《つま》からげて、帯止にはさむ、下着の下から長襦袢の派手な樺色《かばいろ》の疋田鹿の子がダラリと垂れ下って、その濃艶な匂いを漂わせ、白い脚を床几《しょうぎ》にのせて、片足の足袋《たび》をぬいで足袋の中の砂を払っている右手の指には、大きいエメラルドが光る、仇っぽい粋な江戸っ子の彼女に、私は、恍惚として見とれたのである。

滝の見物は明日ということにして、琴の家まで送り届けて、私はひとり帰ったのである。

お鯉さんに遇ったのは、ただこの一度だけである。その後、何十年後であったか、誰かの紹介状によって東京電灯の社長室において、お鯉物語を書くというので対談したことがある。こんなにも様子が変るものかと美人の薄命を痛感した。

松風閣に案内しなかったのは、岩下さんとしては、桂さんと同行ならば文句はないが、という一線を画して、お鯉さん一人を迎賓館にお招きすることは出来ない、という理由であったと思う。

同人の倶楽部としての松風閣において、北浜銀行事件の当時、私は検事局の取調べを受けた。あれは箕面鉄道会社のものか、誰のものかというのである。その建築及び設備費合計八万余円が北浜銀行の帳簿に仮出金から支出しているのを見ても、電鉄会社のものでないことは明かである。しからば何人のものか、私が岩下氏ほか数人の倶楽部のようなもので、会員から全部払込次第、その仮出金は消滅するであろう、という簡単な説明で片付いたが、実は会社所有でないものを岩下さんからのお話だとしても、会社の金を支出することは出来ない、と頑固に主張して、私と北銀支配人小塚君との間に意見が合致しないために、しばらく電鉄会社の帳簿に仮出金として計上されておったが、これでは困るからと、北銀に移したものである。もちろん世間一般は、ことに岩下さんの友人の間柄では、箕面電鉄のものと解釈しておったのである。この内容を何かの機会に、私は岸本兼太郎《きしもとかねたろう》さんにお話した。それは松風閣並びにこの庭園敷地全部を売却する必要が起ったからである。

北浜銀行事件の当時に、松風閣を使用する必要がない窮境《きゆうきよう》に陥ったから、保管の責任を負わされている私としては、一日も早く処分しなければ毎月の経費を支出するだけでも大変である。

岸本さんは、第一次世界戦争における船成金の第一人者であることを承知しておったから、買ってほしいとお頼みした。岸本さんは今日までの行き筋をきいて、私の方針とその態度に同情されて快く引受けて下さった。土地家屋全部で確か十五、六万円だと記憶する。爾来、松風閣は岸本家別荘としてさらに頂上に純洋館の一棟を新築し、箕面沿線第一の壮麗なる邸宅として有名であったのである。

8　破天荒の社債

箕面電車が開通して営業成績も順調に進んだ時、日本にはじめての社債発行二百万円売出しが成功した。従来、社債の引受けというがごときは、銀行か、信託会社か、そういう金融機関の手をわずらわしたものであるが、破天荒にも、株屋の中でも、どちらかと言えば仲買人より軽視されておった現物問屋を選んで引受けて貰ったのである。すなわちその当時、大阪の現物問屋と呼ばれた黒川、竹原、野村三店の連合によって売出されたのである。

この社債発行、証券の売出しという新しい商売は、かねてから岩下氏の理想であり、すなわち私が三井銀行を辞めたのも、島株式店を買収して新しい証券会社を設立しようとしたけれど、うまくゆかなかった因縁つきの岩下氏の計画であった。その腹案がたまたま斯界の新人であり、麒麟児《きりんじ》であった野村徳七《のむらとくしち》君によって実現されたのである。

野村徳七君は、日露戦後の好景気に買でもうけ、最後に売で勝利を得た大成金である。明治四十年から二、三年の間に、その頃の金額で少なくとも五百万円を利得したという評判であった。彼の長所は、旧式の相場師でなく、統計と、調査と、研究と、その事業会社の経営者と、総合的に人智をつくし、あらゆる方面から検討した結論によって売買する。そしてその研究材料を詳記したニュースを発行して、顧客にサーヴィスするのが野村商店の方針であり、大阪毎日から橋本奇策君、大阪新報から小林某（名を忘れた）等の経済記者を採用し、事業会社の研究調査を克明に実行したものである。

今ならば、ダイヤモンド誌だとか、東洋経済新報だとか、それぞれ専門の雑誌があるから、少しも珍しくないが、実はこれ等の専門雑誌は、野村商店の商報を真似たものである。野村徳七氏が明治四十年以来わずかに十ヵ年の間に、野村財閥と言わるるまでに充実発展したのも、この研究調査の参謀本部が聡明であったからだと、私は信じている。

野村商店の調査により黒川、竹原両店も参加し、箕面電車の内容と会社の前途の確実性を説明し、社債を売出したのである。幸いに売切れたそのお祝いの小宴の時、岩下氏は、「この種の証券取引の新しい商売が実現したことは大阪の名誉であり、現物問屋の信用を天下に広告した力は大きい。ことに春秋に富む野村君の前途恐るべし、私は刮目《かつもく》して期待する」という挨拶をした。野村君は「世間では我々株屋をとかく軽視する時、岩下さんは、いつも我々を経済人として重要視しておられるのを感謝する」という意味を述べられたが、ちょうどその頃、桂公が来阪せられて、藤田男爵方に止宿中、野村君、島君ほか三、四名の北浜人を同道紹介して、御馳走になったという話を聞いたことがあった。

9　疑獄事件の真相

順調の話ばかりではない。申訳のない大失敗をして、友人先輩に御迷惑をかけた、終生忘れることの出来ない事件があった。それは大阪市高級助役法学士松村敏夫君の疑獄事件である。

松村君は若槻礼次郎《わかつきれいじろう》氏と同級の秀才で、大阪弁護士界の若手のチャキチャキであった。その頃市政のタマニー派と噂された連中の参謀格で、ボスの天川某、市役所の七里清介君等の天下で、ロボット市長は誰であったか忘れたが、松村助役が大小となく采配をふって、威勢隆々たる我が世の春を誇ったのであった。この連中に、どう取入ったか、誰の策戦であったか、主謀者は誰であったか、思い出せないが、事件の真相はこうである。

箕面電車は、阪神電車に売りつける、という風説に頓着なく、本格的に建設を進捗せしめている。しかしたといこの電車が開通するとしても箕面、宝塚のごとき山村の沿道を走る田舎電車である以上は、とうてい阪神、京阪、南海等の信用に及ぶべくもない。永久に田舎電車として腰を低くしていることは、我々としてはとうてい辛抱が出来ない、何とか発展の工夫はないものか、といつも語り合っておったのである。幸いに神戸の長老である、万年知事であった服部一三《はっとりいちぞう》、神戸電鉄（今の市電）社長村野山人《むらのさんじん》、川崎［造船所］の松方幸次郎氏等によって発起され、すでに認可を得ている灘巡環電車という未創立の会社があった。まずこの会社を買収または協同経営により、箕面電車西宮線と連絡して阪神電車を包囲する。さらに京阪電車と箕面電車を連絡せしむる線路の認可を得て、そして京阪神、近畿電鉄を統一する合同計画について想を練ったものである。その当時はまだ新京阪線は生れておらないから、京阪と箕面電車をどういう工合に連絡せしむればよいか、最も近き距離を選び、梅田起点より京阪の野江《のえ》に達する何マイルかの市内線の特許を受くることが上策であると一決したのである。その特許を受くるためには、市会の承認を得て、市内乗入れの契約を締結し、その契約書を添付して鉄道省に出願、認可を受けるのが順序である。

我々は、ただちに野江線認可の手続に着手した。その時、どうすれば市会の承認が得られるか、誰に相談すれば文句なしにうまく進行するかにつき、天川、七里、松村三氏の力を借るよりほかに途なしという結論に達したけれど、私は従来、かつてこの三氏とはなんらの交渉も関係もない間柄であるから、私が主謀者として策戦する資格は無い、誰かの注意と援助によって、市会の承認を得たのであるが、この時一役買って出て我々の仕事を助けてくれた黒幕の一人に、松永安左ヱ門君が潜在していたのである。その頃松永君は神戸の福松商会という店で石炭コークス販売に成功し、大阪における私達悪友グループの一人としてすでに有名であったが、彼はどうして天川氏と昵懇《じっこん》であったか、その筋道は思い出せないが、同君の援助によって市内乗入れ野江線契約を完遂し得たのである。この時たまたま市政改革と、夕マニー派攻撃の輿論《よろん》による検挙事件が突発し、野江線契約もほじくり出され使った運動費が松村助役に累を及ぼして、私と松永君は司直の取調べを受けた。結局松村君は有罪の判決を受け、一生を日蔭に送って、秀才の前途をあやまるに至ったその不運に引替え、私達は幸福に生活しているのであるから、実にお気の毒で、痛ましく思うのである。

かくのごとくにして得た野江線の計画とその描いておった夢は、幻のごとくに怨めしくも消え失せたのである。野江線——もしこの特許線が実現されたものとせば、おそらくその後に出来た新京阪は生れ得なかったであろう。灘巡環線と共に箕面電車は、阪神、京阪両電車を牛耳って畿内統一の理想に狂奔したかもしれない。しかしそう問屋は卸さない。我々は灘巡環電鉄発起人と交渉して、速水君の努力によってその権利を買収し、ともかくも会社を設立して、おもむろに時節到来を待っている間に、北浜銀行事件が突発した。そして箕面電車は窮境に陥って、北浜銀行の整理に伴い、灘巡環の整理を余儀なくされた。しかしこれは、整理の出来なかったのが箕面電車の天佑的奇蹟的の幸福となって、後日、神戸急行線と飛躍することが出来たのであるが、野江線計画は、なかなかうまくゆかない、大阪市では、そのうち市内線は市営とする方針によって、野江線の着工期限の延期がむずかしき問題となり、結局京阪電鉄に譲り渡すことよりほかに途なしとあきらめざるを得なくなった。

京阪電鉄はその起点たる天満橋《てんまばし》を支線とし、梅田に乗入れて梅田を起点とすることが出来るから、喜んで引受けるものと考えておったが、案に相違して、野江線によって梅田に乗入れ箕面電車に連絡するよりは、むしろ単独に天満橋を起点として、現在の新京阪線を出願したい意見だと、断られたのである。その時の相手は常務太田光熙《おおたみつひろ》君であった。「この線を放棄するのはいかにも残念だ。箕面電車は御承知のごとく岩下氏事件のために非常に悪影響を受け、株価は暴落する、信用はゼロだ、積極的に新しい仕事が出来ないのであるから、京阪が引受けて置いて、将来必要な梅田乗入れの発展策としてほしい」とお願いしたけれど、京阪側の評議は、むしろ野江線の特許消滅を希望するというので、残念至極にも、放棄せざるを得ない運命に落込んだのである。

松村君事件の本体は、もちろん野江線のみでないけれど、野江線問題も採り上げられたのであるから、私はその責任を感じている。灘巡環線は速水君をして一時たりとも、会社設立違反の罪名を蒙《こうむ》らしめたるごとき、我箕面電車は、幾度か波瀾重畳《はらんちょうじょう》の運命に翻弄されたものである。

10　宝塚新温泉の計画

開通後半ヵ年もたたぬ間に、また一つのトラブルが起った。元来この会社の名称が箕面有馬電気軌道株式会社と言うのであるから、設立当初の目的は箕面公園と有馬温泉とであったのである。箕面公園には山間動物園を造置、有馬温泉に行くまでに、終点宝塚に従来からの温泉とは別に、日本一の――その当時には実に日本一であった――宏壮華麗な温泉経営に主力を注いだ。その結果、宝塚の繁昌は素晴らしい人気をよんで、ことに旧温泉側はどこまで発展するか、その指導と、その設計のいかんによっては、おそらく四、五年の間には、現在見るがごとき田舎じみた小規模のものでなく、立派な湯の町が生れ得るものと期待し、その大きな夢の幻を語りあったものである。しかるに彼等は宝塚発展の大局を忘れて、水道の権利だとか、元湯の使用権や、その分配の独占権だとか、四、五人のボスの頑強なる自己主義と、にわかに値上りした地主の欲張りから、私達の希望はとうてい容れられない。あるがままの自然の発達――御覧のごとき田舎めいた湯の町に終始したていたらくであるが、もしあの時に、私達の計画、元湯を二つに分けて、火力の熱を借りる温かい湯と冷たい湯、冷たい湯というのはおかしいが、がんらい、この温泉は冷泉であり炭酸泉で「カロール・ナトリーム」の多い、そしてまた大量に湧出する資源に恵まれているから、まず元湯を完全に確保し、高地にタンクを作って湯槽《ゆぶね》を設け、すなわち旧温泉としての大衆風呂と、各旅館ごとに内湯を配給する、そしてもう一つ、冷泉炭酸風呂を新設する、これは会社が引受けてもよい、という大体のプランによって、新しい宝塚を創設したいと、何度か話合ったことであろう。しかしすべてが空論に終ったから、私は武庫川原《むこがわら》の埋立地を買収して、ここに現在の新温泉を作ったのである。

新温泉は明治四十四年五月一日開業した。その影響を受けて旧温泉地区も繁昌した。旧温泉地区の繁昌に驚いたのは有馬温泉の連中である。彼等は四十何年後の今日、宝塚旧温泉が現状のごとき微々たる田舎温泉で終始するものとせば、あるいは文句はなかったかもしれないが、その当時は、宝塚はどこまで発展するかと恐怖に襲われておったのであるから、ここに事件が起ったのである。「箕面電車の設立目的地である有馬への開通計画は何年何月であるか」という質問である。

宝塚の町は、生れたとは言え、まだ赤児のごとく貧弱な村落で、これから育ててゆく私達の心持は、ひとまずこの終点を立派な市に築き上げたい。築き上げた上は、さらに有馬に延長したい、という考えであったから、開通どころか、着手の計画すらもないのである。有馬の連中は「着手の計画すらないという会社は無責任だ。敷設特許を持っておって敷設しないならば、その特許権を放棄せよ」と言うのである。

有馬の連中の背景には黒い影が動いていた。それは神戸にある鉄道局長長谷川氏（であったか、名前はたしかでない）の煽動である。彼は神経痛か、リュウマチか、足の不自由な病気で、有馬温泉の常客であった関係から「君達が、箕面電車が、有馬線の工事に着手せざる意志を明白にしたならば、その特許権を放棄することが判れば、僕達が三田《さんだ》から有馬への鉄道を敷こう。これは村山君（朝日の社長）や住友さん、井上保次郎さん等、別荘主の希望もある。五朱配当の補助を受ける地方鉄道法による会社を作ってあげる」云々という後押があるから、どうしても会社に対して特許権を放棄せよと主張するのである。

私は屈服した。かくして三田、有馬間の地方鉄道法による五朱配当保証の会社が出来て、箕面電車の特許線が無償によって譲渡せられ、その大部分が活用されたのである。箕面電車の幹線として計画されておった宝塚有馬間の電車は、ここに永久に葬られたのである。これは有馬温泉のプラスであるか、マイナスであるか、おそらく今なお疑問とするところであろう。何となれば、三田と有馬間の鉄道は出来たけれども、有馬は依然として昔のままの有馬である。その当時は、河原に新しい大衆浴場が出来、イルミネーションのレストランが、線香花火のごとく輝いたけれど、それもこれも一瞬時の夢に終った。そして有馬町はふたたびもがき出した、神戸から有馬へ、さらにその地方鉄道を包容して三田までの電気鉄道が敷設された。これが現在の神戸有馬電鉄である。神有電鉄の開設によって、ふたたび有馬は線香花火のごとき景気を演出したのである。しかし有名なる有馬温泉、奈良朝以来数代にわたって、しばしば行幸を得た信仰と伝統と、千二百年からの古い歴史を持った有馬温泉の現状はいかん。およそ計画性のない、大局の見通しのつかない、小細工、小器用の、器用貧乏の、この種の仕事の範囲には、限界がある。これはいずれの事業においても、会社組織でも、個人の仕事でも、大きくなる人、どこまでも発展する人、行きどまる人、縮こまる人、その運命は断じて偶然ではない。理想を持って、計画性を持って、辛抱力の強い、堅い信念にもとづく、そして胆大心小の精神的指導力が必要であることを痛感する。

古い文句に曰く、失敗は成功の母なりと、私は宝塚温泉の建設においても、自ら顧みて赤面を禁じ得ざる場合のいくつかがある。明治四十五年七月一日に開業したパラダイスの建築と室内水泳場と、それは、これによってちょっと遊覧客を驚かした、その水泳場の失敗について懺悔《ざんげ》するであろう。

11　宝塚歌劇団の誕生

大衆娯楽施設の全部を宝塚に集中した。宝塚の欠点は平素流量の少ない武庫川原の殺風景である。私達は新温泉を建設すると共に、今の西宮線鉄橋あたりに、一段の堰堤《えんてい》をつくって上流旧温泉あたりまで一面の貯水域を築き、風景の美と船遊の便と、一挙両得、理想的観光地として計画したけれど、惜しむらくはその両岸が埋立地であるために浸潤湧水、湿地として埋没するというので、中止せざるを得なかったが、もし紅葉谷《もみじだに》支流付近の岩盤から上流を堰止めて貯水するものとせば、ここに山峡の瀞何町《とろなんちよう》かが出来、生瀬《なまぜ》鉄橋あたりまで船楫《せんしゆう》自在の便を得、その両岸の地域は宝塚一等地として新局面を開き、ここに寿楼を中心として、炭酸温泉を囲む湯の町が生れるものと信じている。

しかし宝塚の人達は、この種の計画によって、箕面電車と歩調を共にすることを許さなかったから、私達は新温泉によって、宝塚の繁栄を期することに全力をつくしたのである。

明治四十四年五月一日に開業した新温泉は、我国における初めての構想であり、大理石の浴槽と、宏壮な施設により、毎日何千人の浴客を誘致して繁昌した。婦人化粧室、婦人休憩所等、もっぱら女子供の歓心を買う各室があったことは記憶しているが、そのほかにどういう施設があったかちょっと思い出せない。もちろん食堂はあったけれども、その大多数のお客様は、園内にて武庫川に臨む掛桟敷の鳥菊の親子丼に集ったのである。鳥菊の本店は道修町《どしようまち》五丁目にあり、堺、浜寺はもとより、およそ市民群集の盛り場には十五銭の鳥菊の親子丼といえば、大阪を風靡した有名なもので、出雲屋《いづもや》の鰻丼《まむし》と共に、浪花名物であったのである。

四十五年七月一日には、新温泉に連絡するパラダイスの新館が落成した。パラダイスは、最新式の水泳場を中心にした娯楽場である。この水泳場は大失敗であった。標準プールにはとうてい及ばないが、飛込の出来る深さと、子供達の遊ぶ浅さと、斜めに出来ておったから、開場当初の間は、いつも百人近い若い人達を得たけれど、その頃は男女の同浴を許さないのみならず、水中における各種競技を、二階から見物することすら許されなかった。

しかしそれだから失敗したというのではない。屋内の水泳場は日光の直射がないから、僅かに五分間も泳ぐことの出来ないほど冷たい。外国の水泳場には水中に鉄管を入れ、そこに蒸気を送って適度に温めていることを知らなかったのである。結局、泳者がないので閉鎖することにしたが、その跡始末に困った。

ちょうどその頃、結婚博覧会だとか、婦人博覧会、芝居博覧会、家庭博覧会等々、シーズンには、それからそれへと、何等かの客寄せを催しておったから、とりあえず水槽に板張をして、広間に利用しておったのである。この種の博覧会は、宝塚において初めて企画され、実行されたものである。

その頃、大阪の三越呉服店には、少年音楽隊なるものがあった。二、三十人の可愛らしい楽士が養成され、赤地格子縞の洋装に鳥の羽根のついた帽子を斜めに被って、ちょっとチャアミングないでたちで各所の余興にサーヴィスをして好評であった。宝塚新温泉もこれを真似て三越の指導を受け、ここに唱歌隊を編成することにした。十五、六名の女の児を雇入れて教育するのである。宝塚少女歌劇なるものが、そのうち、全国を風靡するに至った理由の一つには、この時に来てくれた先生がえらい人であり、立派な人であったからである。

三浦環《みうらたまき》（旧姓柴田）という世界的オペラシンガーが上野音楽学校を卒業した時に、そのクラスの中に三浦環の競争者であって、それを負かして首席で出た小室智恵子《こむろちえこ》という一人の女性があった。彼女の父は三井物産の重役で、長らく外国生活をして来た小室三吉氏である。幼き頃彼地で教育を受けた智恵子さんは帰国して上野で勉強する頃、同級生の秀才安藤弘という青年とローマンスがあり、夫婦となってから、世話女房に煤《すす》けておったけれど、天才的の夫婦であるというので、宝塚にお願いすることにした。それは新温泉の従業員であった三田出身の藤本一二君の妹さんが、環、智恵子両女史と同級のピアニストである関係から、お世話をして頂いたものである。

安藤夫妻を中心として、女子唱歌隊養成の準備が出来た。当初は歌と同時に、それぞれの楽器をも練習させたところがすこぶる成績が良いというのである。本格的な教授法であり、ことに安藤先生は作曲家としてオペラに対する野心家であったから、十五、六歳の女の児に教えるというような教育は、牛刀をもって鶏を割《さ》くうらみがあり、どうしても男性も養成したいというのであった。

その頃、たまたま私は、東京帝国劇場にて清水金太郎《しみずきんたろう》、柴田環女史等のオペラ「熊野《ゆや》」を見物して、初めてオペラの将来性について、考えさせられた。三階の中央部に、男女一団の学生達が見物しておった。日本語で歌う歌の調子が突拍子もない時に、満場の見物人は大声を出して笑う、評判の悪いことおびただしい。私は冷評悪罵《れいひょうあくば》に集まる廊下の見物人の群をぬけて三階にゆき、男女一団の学生達の礼讃の辞と、それにあこがれている真剣の態度に対して、遠慮なくその説明と理由を聞いていたのである。そして「熊野」を嘲笑する無理解の人達も、やがてその信者になるであろうと看破して帰阪したのである。

宝塚に男性加入の論は今に始まったことではない、創設当時から早くすでに安藤先生から主張されたものである。もしその時、男女共習を実行したとせば、少女歌劇という変則の宝塚専売の芸術は生れなかったであろう、そして男女本格的な歌劇があるいは育ち得たかもしれない。あるいは育ち得るまでに至らずして挫折したかもしれない。

その頃、私にはなんらの確信もなかったのであるから――ただ経費の一点と、少女達を囲む若い男の世界が危険であることと、そのオデデコ芝居めいたオペラが想像し得なかったから、一番無事ですでに売込んでいる三越の少年音楽隊と競争しても、宝塚の女子唱歌隊ならば宣伝価値満点であるという、イーヂーゴーイングから出発したものであった。

大正二［一九一三］年七月一日から始めた女子唱歌隊は、連日の教習から、単に学校用の唱歌では売りものにならない、どうしても舞台で唱《うた》うものとすれば、教材も資料も皆無である我国においては、いきおい西洋ものから手ほどきの必要がある、それはなかなかむずかしいというので、その時、世間に発表されているものには、本居長世《もとおりながよ》氏作の喜歌劇「浮れ達《うかだる》磨《ま》」と北村季晴《きたむらすえはる》氏作歌劇「ドンブラコ」すなわちお伽《とぎ》桃太郎一代記あるのみであったから、まずそれを唯一の教科書として練習すると、この調子では彼女達でも舞台にのせる事が出来るという結論が出て、それなら宝塚唱歌隊というがごとき幼稚なる名称より、宝塚少女歌劇団と改名して旗上げしようということにきまったのである。

学習と稽古とに九ヵ月かかって大正三年四月一日、いよいよ処女公演の幕が開いたのである。これより先き、舞台をどうするかという問題が起きた、さきに失敗したパラダイスの室内水泳場を利用することとなり、その水槽の全面に床を設けて客席に、脱衣場を舞台に、舞台下を楽屋に、二階見物席を桟敷に改造した。正面平土間《ひらどま》は坐って見る。二階桟敷は腰掛け、観客収容数五百人というのである。パラダイス全体は同時に婚礼博覧会を開催した。四月一日の大阪毎日新聞には、婚礼博覧会陳列品の詳しい説明と批評があり、歌劇については、次のようである。

特に愛らしきは八月以来、五人の音楽家と三人の教師によつて仕組まれたる十七人の少女歌劇団が、無邪気な歌劇「ドンブラコ」四幕（桃太郎鬼退治）や意外に整頓したオーケストラや、合唱、独唱や、若い天女のやうな数番のダンス等にて、是等若き音楽家等は、何れも良家の児の音楽好きを選べるにて、特に左の六人は天才と称せらるるものなりと。

桃太郎になる高峰妙子（十四）△爺さんになる外山咲子（十五）△婆さんになる雄島艶子（十六）△猿になる雲井浪子（十二）△犬になる八十島楫子（十四）△雉子になる由良道子（十二）。

この処女公演は「ドンブラコ」、「浮れ達磨」、「胡蝶の舞」で四月一日から五月三十日までの二ヵ月大入満員であった。今から思えば、それは温泉場の余興として生れたと言うもののある意味においては、日本歌劇における先人未到の新分野を開拓せんがために、健気《けなげ》にも振り上げた最初の鍬《くわ》であったのである。たといその鍬は小さく、振上ぐる腕は弱かったとはいえ、掘り起された地面には、やがて新国民劇として大成すべき可憐なる芽生えが、微かにその双葉を覗かせていたのである。

この処女公演の成功に勇躍した私達は、その公演回数を春夏秋冬の四回に定め、相次いで新作歌劇を公演した。大正三年中の新作には「浦島太郎」、「故郷の空」、「音楽カッフェー」等、いずれも安藤弘氏の作及び作曲で、音楽の専門家には相当の刺激を与えたものである。彼等の多くは作曲する手腕とその楽しみがあっても、これをオーケストライズし、さらにこれを実演して、舞台効果のいかんを検討するがごとき機会はいまだかつて日本のどこにもなかったのである。その芸術的の夢がとにもかくにも宝塚に生れ、それを試み得るということは福音《ふくいん》であった。しかしまた若い音楽家や声楽家達を懊悩せしめたものがあった、宝塚は女子供のアマチュアの遊戯でなしに「私達に活きた糧《かて》を与えてほしい」と叫び出した要望の声もあった。安藤先生の野心は、ややもすれば理想に走って、宝塚こそを男女本格歌劇の揺籃地たらしむべく、一挙にこれを遂行すべく計画せんとするのである。しかし芸術家として燃ゆるがごとき信念も、私から見れば、それに集まる無責任の浮浪のやからと、およそ道徳的に縁遠き彼女達の名声を無条件に受入れる勇気がないので、結局空論に終らざるを得なかったのである。あるいはこれは宝塚の失敗であったかもしれないが、営利会社の経営者としては、おそらくこの程度で満足することの安全なるにしかずとあきらめておったのである。

元来私は音痴である、音楽が判らない低級さであるのをよく承知しているが、眼をつむってウツラウツラと舞台稽古を見て、それでもこの歌劇は当る、これではお客は来ない、という観測は、五十年近いお客商売に功を積んだお陰で判るつもりである。要するに芸術的批判の力はないが、商売的鑑賞の術を心得ているつもりである。であるから、創設した当初においても、安藤先生の作品は、賞《ほ》めるけれど、これは駄目だと顧みて他を言う場合も多い。安藤先生から見れば、素人に何が判るものかと言うその心持もわかる、ある時、彼は自分の作曲した楽譜の全部を持って、雲隠れしたこともあり、お客様を前にして公演に困ったこともある。しかし私にはその昔の文学青年であったお陰で、中学校や師範学校の音楽教科書をいろいろと集めて面白い歌だけを選抜し、鋏《はさみ》と糊《のり》とさえあれば、音譜を継ぎ足して一幕くらい仕上げる芸があるから、私は一夜にして「紅葉狩」や「村雨松風」の拙作をならべ得たのである。私の蛮勇には太刀打が出来なくて、彼は不平を言いながら宝塚における初期の功労者として勤続しておったのである。

宝塚少女歌劇が、時代の新興芸術として目ざましく浮彫されて来ると、その年の十二月、大阪毎日新聞は大毎慈善団基金募集のために、大阪北浜帝国座において、三日間（そののち一週間）興行を連続して成功し、爾来、毎年年末行事として大正十一年まで帝国座、浪花座、中央公会堂等、観客の増加するに従って、収容数を増加し得る積極的効果を挙げ得たことは、大毎の支援と同情によるとともに、宝塚の真価が広く世間に認められたものと感謝しているのである。

12 北浜銀行事件

宝塚新温泉は、明治四十四年五月一日に開業した。そして矢継ぎ早に、明治四十五年七月一日には、近代的洋館パラダイス一棟を増築して、室内遊泳場を中心とした娯楽施設を完備した。

その翌年五月一日には豊中グラウンドを造り、八月には大阪朝日新聞主催全国［中等学校］優勝野球大会（現在甲子園にて毎年定例として続行している）の第一回を開催した。七月一日には宝塚歌劇団を組織し、教習訓練した。その翌大正三年四月には宝塚少女歌劇団の初舞台を開演し、意外の賞讃を得てその年の暮には大阪毎日新聞主催にて大阪帝国座に進出した。遊覧電車としての成績を危まれた箕面電車は、開業以来順調に進捗し、株式配当も七朱を計上し得るに至った時に、意外にも北浜銀行事件なるものが突発し、この会社をしてその存亡いかんを憂慮せしむるに至ったのである。

大正三年四月、我々はうるわしい少女を集めて歌や踊りに賑かに開演した宝塚少女歌劇の花盛りに夢中になって浮かれていた時、その頃大阪市中に荒れまわって赤新聞と呼ばれた大阪日日新聞（夕刊）という小新聞が、岩下攻撃を開始したのである。

書出しは大阪軌道すなわち上本町《うえほんまち》奈良間の電車企業のごときは、無謀なる計画であると痛論し、資本関係において同社社長たりし広岡恵三《ひろおかけいぞう》君（加島銀行頭取）や、重役の一人たる岩下氏に対し警告を与えたのである。その結果、広岡君は社長を辞職し、後任として岩下氏が社長となった。

赤新聞は吉弘白眼《よしひろはくがん》の主宰するところ、彼は女のごとき優さ形の愛嬌に富む才人であったけれど、土佐人としての奥底知れない糞度胸のある油断の出来ない新聞人であった。その新聞紙が全力を尽して、連日にわたり攻撃をしたのである。どうして岩下氏を目の敵にして打倒岩下に熱狂したのか、その理由は判明しなかった。初めの間はさしたる影響もなかったが、そのうちに銀行は大打撃をうけて、六月にはさすがの岩下氏も責任を取って辞職した。後任頭取杉村《すぎむら》［正太郎《しょうたろう》］氏の無責任なる態度で八月十九日にはついに支払停止に至ったのである。この時、弁護士森下亀太郎《もりしたかめたろう》という人が岩下氏に国会議員を辞職せよと勧告書を公表した。

槿花《きんか》一朝の栄、邯鄲《かんたん》一炊の夢、人事の常として怪むに足らず、本日北浜銀行支払停止の報に接し、深く足下《そっか》に同情を寄すると共にいよいよ足下の責任の軽からざるものあるを思い、今はすなわち足下が出離の境に大悟すべき秋《とき》なるを断じ、あえて至誠を致し公人たる足下の処決を促す……。

さらに同月二十八日、大阪地方検事局へ背任、文書偽造の告発書を提出したのである。爾来十二月十日北銀再開、その整理案を遂行するに至れるまでの事情と、岩下氏の先輩友人達の出没奔走の径路を見て、社会の表裏、人情の軽薄、紙よりもうすき虚偽欺瞞の言論行動には、私の人生観――と言うと大袈裟であるが、人を頼っては駄目だ、人などあてになるものでない、自分の力だけでやれるものに全力を注ぐ、「独行不恥影」それよりほかに手はない、そしていかなる場合でも、プラスの立場におることである、断じてマイナスであってはならない――と、私は何度か自問自答したことであろう。

それから、微力今日までそれを遂行し得たものと自惚れておった。ところが、東宝という自分達の会社が、十億円に近い赤字を出した、お話にならぬ不始末をしでかしたので、その整理にとうとう乗出した結果、今では四方八方マイナスだらけで、頭をペコペコ下げて、まことに年甲斐もない恥さらしを演じつつあるので、申訳がないと思っている。閑話休題。

北浜銀行の整理に当って、岩下さんのために精根を尽くした当面直接の谷口、大林両君の熱烈なる誠意には頭が下った。しかしその時でも批評をすることが許さるるならば、もし臨機英断の勇気と、テキパキと片付ける方針でなければ、銀行というがごとき性質の会社は、一日一日と氷の解けるように姿がうすくなる、そこまでどん底に落込まない先に、片付くべきものだと思っていた。

困った事に、先輩連中の親切からあまりにえらい人達の顔がそろって、いつもそういう人達を中心に己が誰に話す、誰々にこう話してあるから、というような小田原評《おだわらひようじよう》定に動かされて、私から見ればまたあんなことを言っている。出来ない相談だ——というのは、長引かせて苦境に落込むのを痛快がる人もおる。火をつけて消し回わる手合を、岩下さんはジッと見てにがい顔をしているだけで、黙々として傍から一言も文句を言わないのはえらいものだと感心した。

北銀の整理の当事者として現れた杉村正太郎氏にしても、高倉藤平《たかくらとうへい》氏にしても、財界のためだとか市場安定のために止むを得ず犠牲になって引受けるというような顔付をしても、心に一物のあることは誰でも知っている、しかしそれならば僕がやって見せると、私には飛び出す資格はない、岩下さんの畑に育った人達は同穴の狢《むじな》と見なされておるから駄目だ。それればかりではない、実は岩下さんの畑には、好人物はあるけれど手腕家は見当らない、という訳は、手腕家はそれぞれ責任のある自家の仕事に専念しておるのみならず、その仕事は大なり小なり北銀に関係があるので、被告の立場におるから、私が整理しましょうかと進んで買って出ることが出来ない、ただ傍から心配顔で見ておるだけだ。結局おえらい方々の掛声だけで、進んで整理の責任をとるという事務家がおらないから、荏苒日《じんぜん》を空しうしている間には、銀行の内容はますます悪化する、預金が漸減して貸金は固定する、所有有価証券は暴落する、診察の医者が代れば代るたびごとに欠損が多くなる。

八月十九日杉村氏は支払停止をした。それから大久保《おおくぼ》［利武《としたけ》］大阪府知事を始めとして、中橋徳五郎《なかはしとくごろう》、小山健三、片岡直輝、土居通夫、永田仁助《ながたにすけ》といった長老連が、藤田男［男爵］を囲んで善後策を協議された結果、高倉藤平氏を頭取の重役陣が出来、十二月十日曲りなりにも整理案なるものが出来て再開店したのである。高倉氏に限らず、その後高倉氏の後を承《う》けて、頭取になった高橋安次郎氏にせよ、彼等は堂島北浜の大相場師で、この人々が銀行の頭取にまかり通るのであるから、世間から鼎《かなえ》の軽重を問われるのは初めから判っている。私はその時から、北銀の運命を覚悟して、箕面電車の方針を一変することに決心した。

その翌年大正四年一月、社長岩下氏と北銀関係の重役加藤恒忠《かとうつねただ》氏、松方幸次郎氏の辞任、監査役であった平賀敏氏を社長に、新たに清水栄次郎、井上周両君を取締役にお願いした。北銀関係を離れたとはいえ、従来の因縁から大株主として北銀を無視することは出来ない、がぜん、高倉氏は私の会社に重役を入れろと言い出した。

入れろと言う役員の顔触れは、いわゆる札付きの高倉氏の子分で、この点になると、平素仁侠を売りものにして渡世しているから、親分顔役の責任上、何とか義理さばきをしなければならない人達をたくさんに抱えている立場から誰々という説明もあって、結局私が負けた。先方希望の人はかろうじて断ったが、取締役一名、監査役一名を承諾した。しかし人選は箕面電車重役会できめるからと、念を押して高倉氏の子分から一人、浜崎照道氏を監査役に、北銀代表者として取締役に一人、片岡直輝氏の推挙による前の検事で山本辰六郎氏を、四月の定時総会に選任することになったが、私としては内心不平でたまらない。結局北銀の株式を引受けて、独立的行動のとれる立場になりたいという思案にふけらざるを得なかったのである。

私には株式を引受ける資金がない。北銀はすでに高倉氏の手中のものであるけれど、幸いに片岡氏の親友山本辰六郎氏が北銀代表として取締役に就任しているのであるから、箕面電車の決議を無視する訳にはいかない。そこで会社の重役会は、北銀所有の箕面電車株四万何千株を処分する場合、当会社重役に優先的に売渡すこと、という条件を持出して承諾を得た。ところが三、四日経つと、今すぐ処分したい、引受けてほしいと逆襲されたので閉口した、私が無力である足許を見られたからである。

私はこの機会を置いて逃しては駄目だと決心した。出来るだけ借金をして、出来るだけ多数の株式を引受けるべく工夫した。北銀事件の影響を受けて、幸いに株式の価格は安いけれど、会社の信用はマイナスだ。結局、日本生命、大同生命、その他友人達の同情を得て弐万何千株を引受けて貰い、私も一躍大株主として、同時に、身分不相応の借金を背負って働くことになったのである。

私は実に運がよいと思った。銀行のサラリーマンから会社の重役に昇格した、とは言うものの北銀事件が起らなかったとせば、私は世間にある普通の重役と同じように、大株主の顔色とその御意見に従わねばならぬ場合であったかもしれない。しかし設立当初の関係から自分の会社として考えておったとしても、岩下さんと北銀とにはお世話になって来た関係から、また北銀が大株主である以上は、岩下さんと北銀を度外視することは出来ない義理がある、しかるにこれからは誰に遠慮もいらない私の会社だと言うても差支えない境遇に進歩したのであるから、私は実に運がよいと感謝したのである。

北銀所有の株式を処分するに当って、意外にも私の知らない事実を北銀の同業者から聞いた。岩下さんに関係のある事業会社にて、北銀との関係は、個人としてあるいは会社として、大なり小なり北銀の庇護を受けて借勘定であった。またその因縁から融通手形のややこしい形跡もあった。が箕面電車は、私個人としては北銀との取引関係は終始絶無であり、会社としては、毎日の収入を預金するのであるから、常に貸勘定だ。簡単明瞭であったことが、株式を引受けて貰う場合に、スラスラと運んだのである、というのである。

大正四年一月十一日岩下社長は辞職し、箕面電車は社長平賀氏の新重役陣により、私は依然として全責任をもって執務していた。北銀は前年の十二月十日高倉頭取のもとに再開したとは言え、岩下氏に対する背任罪の告発者は、執拗にも検事局に対して追申書の提出や取調の進行を要請していたから、私達は何となく不愉快で暗雲に閉された年始を送った。正月も松の内がすぎると、がぜん検事局は活動を開始して連日の取調、赤新聞はふたたび枯草を焼くごとくに猛烈なる煽動記事をもって終始した、二月十日ついに北銀名古屋支店長中西万蔵氏、二月十二日小塚常務取締役、永田支配人、十三日岩下氏が拘引起訴、収容されたのである。

かくして岩下疑獄事件なる問題は、長い間、私達同人を苦しめたものである。

この疑獄事件なるものは一審、二審、三審、大正十一年二月十七日大審院にて確定判決が下さるるまで、実に八ヵ年の長い間の裁判において、当初は予審における文書偽造、商法違反、横領というがごとき四十六件を犯罪事実として起訴したるものが、最後においては有罪と確定したる七件、その内容は「北銀増資払込の登記」「電気信託会社の登記」「日本興業会社の登記」「大阪新報貸金背任」「日本醤油会社貸金背任」「北銀株式肩代」「鬼怒川水電株二百株横領」というのであるが、商法違反と不良貸金であり、事の間違は鬼怒川水電株二百株この金額二千五百円を、小塚氏の記帳違いから横領になったと言うだけであった。悪意のあったものは一つもない。不良貸金といっても醤油会社と大阪新報と、そのいずれも世間周知の事実であるから、岩下氏個人関係としては鬼怒川水電株二千五百円の間違があっただけで、しかも上告審においては「按ずるに被告の所為は、私腹を肥さんがために出でたるものにあらず」と認めながら、懲役三年の極刑が科せられたのである。法律上の理屈はよく判らないが、常識から言えば何というなさけない判決であるかと、私達は憤慨したものである。

この七件のうち、私の関係したものが一つある。大阪新報社に対する不良貸付である、私は大阪新報について語るであろう。

13 大阪新報との関係

私が大阪新報に関係したのは、同社の社長加藤恒忠氏が北銀代表の一人として、箕面電車取締役であった関係からである。加藤氏は明治四十二年四月に就任、大正四年一月に岩下氏と共に辞職した。約六年間の、いつ頃であったか年月は忘れたが、岩下さんから「大阪新報が毎月赤字で困る、加藤は算盤に縁遠い君子人であるから、君が片手間に助けてやってくれないか」という依頼を受けた。根が新聞記者タイプの文筆人であった若い頃の私としては、お誂え向きの仕事で、実は押掛け女房として飛び込みかねない時代であったから、無給手弁当で喜んで引受けたのである。そして新聞社の仕事は毎日午後の三、四時頃までに出社すればよい、ちょうど箕面電車の仕事を片付けて行けば、充分間に合ったのである。

そもそも大阪新聞は明治三十三年頃、原敬氏が大阪毎日新聞の社長をやめて東京へ帰られた時に、大阪には朝日、毎日のほかにもう一つ新聞があってもよい、また必ず成立するという意見から売りものであった大阪新報を買収して、資本は岩下が出す、仕事は原の指図を受けて、山田が引受けるという約束——といっても、別段に契約があった訳でもない——友達同志の話合が実現して、原氏の番頭格であった山田敬徳氏が社長兼編集長として執務したのである。

　山田氏は、原敬氏の内閣総理大臣時代には、秘書官として働いておった、新聞人らしくない温厚な紳士であった。ただ真面目な新聞というだけで、一向に面白くもない売れない新聞であった。それでも日露戦争頃までは、時には黒字を計上して、岩下氏に——というよりも北銀に対しては、そんなに迷惑をかけなくて営業しておったのであった。その後どういう理由であったか知らないが、山田氏では見込がないというので、加藤氏が新たに社長となった時には、色刷の印刷機を据付け、大いに積極的に発展しようというのであった。こういう計画は、何人の発案であるか知らないが、私が出社するに到った時は、富樫柳水《とがしりゅうすい》、沢本与一《さわもとよいち》、古内省三郎《ふるうちしょうざぶろう》、行友李風《ゆきともりふう》、井上木陀《いのうえもくだ》、岩野泡鳴《いわのほうめい》という連中で、行友李風の小説は、新国劇全盛時代の寵児であった。井上木陀という画家は、俳句と共に色刷俳画の妙手で、朝日、毎日の企て及ばざる大阪新報の一枚看板であったのである。

　しかし何といっても新聞社の経営は、もちろん広告も大切であるけれど販売政策が一番むずかしい、広告はその社の頭株や賛成者の顔によって集めることは出来ても、一枚一枚売るところの新聞紙の販売は、どんなえらい人のお顔でも役に立たない。毎月赤字の計算を見て、私は大阪新報売却論を提出したのである。それは、小塚北銀支配人から「これ以上北銀は新報の赤字を引受けることは出来ない」と、断乎として当座貸越の過振を許さないという、厳重なるお小言と公式文書の通告を受取ったからである。ぜんたい虫のよい話で紙代は手形で支払う、期日が来れば支払場所北銀の当座貸越になる。苦しい高利貸のお金を借りるでもなし、頭を下げて資本家の御機嫌をとるでもなし、殿様の道楽に近いような新聞社の経営がうまく行く理屈がないから、私は思い切って加藤社長にも内所で解散論を書いて提出した。そして現在の借金を全部返して、北銀にはこれ以上ビタ一文も御迷惑はかけませんと断言したのである。

小塚君は私の整理案を一読して「子供だましのような、あまり馬鹿にするな」という腹であった、いろいろ応対もあったが、私は議論をすると喧嘩になるから黙って引取った。私の整理案というのはこうである。

その当時、確かな数字は忘れたが、借金と言うても、二十数万円の当座借越にすぎないのである。毎月何千円かの赤字が累積する。そのほかに半期ごとに借越利息が計上されてゆく、このまま進めば一年にたしか三万円内外の欠損である。私の案は、今橋二丁目に所在の本社の土地家屋を、古河合名会社が買ってもよいと言うのであるから（実は欲しがっておったのであろう）十五万円で売る、その十五万円を北浜銀行に定期預金とする、その利息を積立て、漸次北銀の借金をお返しする、北銀はこれによって毎月の赤字負担を免れ、大阪新報に対する貸金全部を償却することが出来るというのである。小塚君は子供だましだ、こんな事なら誰でも出来ると大不平であった。

　しかし赤字会社の整理というがごときは、その事業がよいか、やってゆけるかゆけないか、という根本問題をつき詰めて、その解決は一刀両断的処置をするという度胸が必要だ、そのほかのことは要するに枝葉末節だ。

　小塚君は一歩進めて、私を詰問するのである。

「不動産を売却する、それは判った。それならば機械一式、しかも買ったばかりの色刷機械、それ等はどうするつもりか」

「大阪新報の発行権と共に売却するつもりだ」

「誰に売るつもりだ、そのお金はどうするつもりだ」

「誰に売るって、いまだ売り出さないから判らないが、売ろうと言えばすぐ売れると思う、お金は解散費として社員に分配する、もちろん余ると思う、それは全部北銀にお返しする。あるいはうまくゆけば、その時に北銀の借金は全部お返しが出来ると思う」と説明した。

　子供だましだという私の案は、採用になる気配はもうとう見られなかった。実は無理もない話で、十年も苦労して売込んだ大阪新報は、うまくやれば黒字になるのであるから、北銀から見れば充分に未練がある、誰かよい人はないだろうかと永年探し来たのであるが、文筆の記者は石を拾うほどあっても、経営者は無いのである。そして依然として加藤社長のもとに、先月は千円の赤字ですんだ、今月は黒字になるかも知れない、などと覚束ない営業を繰返しつつあったのである。

加藤恒忠氏は外交官として永い間、外国生活をしている時分に、岩下氏が三井物産パリ支店時代の旧友であり、原氏と水魚の間柄であったと聞く。官僚出身に似合わず、いつも和服に雪駄ばき、角帯に着流し、袴をつけることは滅多にない。鼻眼鏡をかけて、瀟洒《しょうしゃ》な風流才人の美男であった。あれは西園寺公を真似ているのだと、私達若い連中はよく陰口を言ったのである。彼の一言半句は、それは敵の心臓をえぐるであろうと思うような皮肉であり、それがまた得意であったのである。

編集長富樫柳水は梅毒が鼻にかかったような濁《だ》み声《ごえ》でまことに行儀のわるい、いつも野人風丸出しであった。酒席では必ず泥鰌《どじょう》すくいと裸踊りをやる快男子であった。あるとき、不細工な毛だらけの太い脛《すね》を出して金玉火鉢をしていると、加藤社長はちょっと横眼でにらんで「君の脛の毛は実に綺麗だね」といって見詰める。さすがの柳水も慌ただしく前を合せて苦笑した。晩年郷里松山市の市長を勤めていたが、大病にて余命いくばくもない危篤の病床にあった、そのとき、宮中から（あるいは宮内省であったか）見舞の葡萄酒が到着した。付添の人が「お礼状はどういたしましょう」と相談すると「葡萄酒ついた、尻から飲んだ」と電報を打ってくれといわれたのには困ったという話を聞いた。こういう逸話はたくさんあったそうだ。平素平民主義を強調しておったからであろう、自分は死んだら墓は被差別部落の連中のお墓と同じところに葬ってくれと言われておったそうだが、果してどうしたのか、それから先のことは聞き漏らした。

平民主義というよりも、あるいは町人主義というような行動をとられておったにかかわらず、社長室の正面に、勅選議員に叙せられた辞令を額にして、麗々しく掲げてあるのには驚いた。そうしてその下に机を置いて仕事をしておられた。その額を見上げながら「僕は原に勅選議員にして貰ったと、世間の人は思っているそうだが大間違いだ。原が総理大臣の時に勅選されたには違いないが、西園寺から前から聞いておったので、西園寺さんがしてくれたのが真実だ」と辞令の額の前でこの話を何度か聞いた。どちらでもかまわないだろうに、よほど気になると見えて、平素の磊落《らいらく》に似合わず、こういう細心の点もあった。

相変らず大阪新報の成績がわるい間に、北銀事件が起った。加藤社長もやめるし、私も退却する。しかし放って置く訳にはゆかない、東京にいて心配しておった原さんは昔からの因縁で、この新報社の始末をつけるのにはよほど苦心したと見えて、政友会の代議士で東京の中央新聞社長吉植庄一郎《よしうえしょういちろう》という人に頼んだ。吉植庄一郎氏からは自分は行けないけれど、この人ならばと見込んで差向けられた人があった、名前は忘れたが、なかなか仕事をうまくやると言うので評判であった。

ある夏のことである。天王寺公園に大阪新報主催「納涼博覧会」という大々的の計画を立てて実行した。折柄《おりから》政友会の天下であった上に、納涼博覧会という日本で初めての試みが大当り、二ヵ月間、いろいろの催しものが成功して巨額の黒字計算になったというので、大阪新報はこれによって立直るであろうと、我々も心嬉しく期待した。ところが、黒字どころではない、依然として赤字だという話をきいて失望した。

実は、五万円以上の黒字だったけれど「納涼博覧会」は大阪新報の名義ではあったけれど、公式に届出て認可を受けておる興行責任者は、吉植氏の番頭で中央新聞社の某で、損得共にその人のものだというので、勘定尻は全部東京に持ってゆかれたというのである。

そのうちに北銀事件が進展し、新報社は不動産の処分、営業権の譲渡等、どういう工合に整理されたか、それから先の成行は少しも知らないのである。

大阪新報時代の私達同人のうち、沢本君は久原房之助《くはらふさのすけ》氏に採用され、久原商事会社全盛時代に山口県より民政党の代議士として当選、鉄道大臣江木翼《えぎたすく》氏の秘書を振出しに、どこぞの参与官、東京市助役に累進したが、惜しむらくは若死した。加藤社長も木陀君もみな故人になっている。

古内は経済部長、編集長として生一本の人格者であり、最後まで私と仲好しの親友であった。彼は仙台藩屈指の家老の家柄で、小なりといえども何とかいう城主であることを誇りとしておった、いつも、うちのお城が、お城がと話しておった。その先代が大茶人で、お茶道具は山ほどあるとの話をきいた。その道具を売りたいと、大阪に取寄せたのであるが、長持に一杯の道具を新報社の二階の広間に陳列した。伏見町の茶道具商春海敏女史の番頭熊三君が来て、ずらッと一見して二つ三つ取上げて見る、そして「全部で二千円で頂きましょう」と言うのである。その頃の私には、お茶道具に対する自信がない、樋口不文《ひぐちふぶん》翁に師事してから、表流に入門した当初で、千家十職《せんけじっしょく》程度の綺麗なものをもてあそんでおった時代だから、古い大さびの道具はわからない、竹の花入、茶碗、茶入、その他五、六十点近くもあったと思う。安い高いと批評する資格も知識もない、もっと高く買えないものかと歎願的に言うけれど、てんで取合わない。ふたたび仙台へ送り返すか、どうするかと言う話になると、面倒臭い売って仕舞えと思い切りも早い。とうとう二千何百円かで売ったが、今日になって考えると何さま田舎道具であったとしても、ウブの秘蔵品ばかりだから、相当のものがあったに違いない。その中の一品に「柿のへた」があったことを覚えている。柿のへたという名前が珍しいので忘れない。今日ならばおそらくこの茶碗は二十万円以上の品だと思う。

私は昭和十五［一九四〇］年夏、イタリア親善使節として外遊の帰途、ドイツベルリンに行った時、英独戦争の最中であったが、来栖《くるす》［三郎《さぶろう》］大使の下で働いておる若い外交官で、ドイツ語が非常にうまいという青年に遇った。ドイツ語が巧妙であるかわりに、日本語がとてもまずい、仙台弁であるし、姓が古内と言われたので、もしや貴方は古内省三郎君の息子さんではないかと尋ねたところが、果してそうであった、実に愉快であった。彼の父は大阪新報没落後、郷里に帰って町長をして晩年を送ったと言うのである。

岩野泡鳴は誰の世話で入社したのか忘れたが、大阪へ来る前に住宅について交渉があり、池田室町二番町箕面電車の借家に二、三年おったと思う。その頃は小説家として入社すれば月給だけで原稿料は払わない、三、四本の小説を書いた。読者受けはしなかったが、時代のセンスに活きた本格的な小説家であった、箕面電車蛍ケ池《ほたるがいけ》付近道路添いの軌道には、まだセンターポールがあった時代で、お客様が車窓から首をちょっと出したために、柱に当って大怪我をした事実を「ぼんち」という小説の中に書いて「この小説は箕面電車の提灯持だよ」と笑っておった。小説「ぼんち」は東京で単行本になったが、大好評であった。

彼の細君はその頃流行の新しい女の一人で、ビロードのマントを羽織って歩くので、室町中の評判であった。初めの一ヵ年くらいは家賃を払ったが、その後どうしても払わない、月給が安いから払えない、月給を上げてくれと小林に申込んでいるから、小林から貰って置いてくれと言うて取合わない。そのうちに東京博文館の雑誌編集部に入社して上京する時、旅費を私から持って行った。きっとそのうちに返すよと言うから、「返さなくてよい、その代り君が編集する雑誌に載せた有名な作家の原稿の使用ずみを毎月五、六編送ってくれ給え」「お安い御用だ」と引受けたが、初めの間二、三ヵ月は送って来たが、その後は梨のつぶてである。

彼は事業の山気があって、すでに北海道で缶詰業をして失敗した経験があると自慢しておった。いろいろと事業の話を持込んだ。箕面電車線の三国《みくに》から曾根の間の軌道の両側の空地を貸してくれ、梨か桃かを植えて商売にすると申込んで来たこともあった。面白い人であったが早世した。

14　一難去ってまた一難

箕面電車は大正二年二月三日、十三より分岐し、伊丹《いたみ》を経て門戸《もんど》に連絡する特許線の認可を得た。これは神戸の服部一三、村野山人、松方幸次郎氏等によって設立せられた灘巡環電車と連絡し、大阪神戸山手間の新電車を建設せんとするのが目的であったのである。

しかるに、不幸にも欧州大戦前における我財界の極端なる不況時代に遭遇し、北浜銀行の破綻《はたん》による同行の整理に、灘巡環電車株式全部を北銀に質入してある関係から、この株式を処分するという通知を受けて、驚きと失望とによる私達同人の悲壮なる光景を、今思い出しつつ筆をとる。

北銀整理の任に当った新重役高倉頭取と取締役今西林三郎氏は、北銀所有の灘巡環電車株式全部を何人に売却せんとするのであるか、その買手は阪神電車か箕面電車よりほかにないはずである。阪神電車はその頃、まだ未建設であった特許線、すなわち尼崎《あまがさき》安治川《あじがわ》間の海岸線を持っておったから、灘巡環電車と連絡すれば、阪神電車は安治川から尼崎を経て、灘巡環の山手線を経て神戸に到るいま一つの新線を建設することが出来るから、私達は結局阪神に奪われる運命に沈淪《ちんりん》するものと考えざるを得なかったのである。

箕面電車にはこれに対抗する実力がない。幸い北銀取締役今西林三郎氏は阪神電車の専務であったから、私達は辞を低うして左の三条件を提出したのである。

第一案　灘巡環全株式を高倉頭取はすでに阪神に買収方を勧告し、阪神側もこれを諒とせられた以上は箕面電車は阪神山手線計画を放棄する、その場合には当社の十三、門戸間の特許線は不用になるから、これに要したる建設実費（二万円以下と記憶す）を阪神より当社に支払うべきこと

第二案　万一阪神側が灘巡環線はいらないという場合には、灘巡環線は両社の競争を避けるために両社にて買収経営すること

第三案　以上二案に対し阪神電車の同意を受けられない場合には北銀の整理上、一日も早く解決してほしいと強要されておるのであるから、箕面電車は止むを得ず灘巡環線を買収して阪神山手線の建設に決意すること、この場合、阪神電車は、我々の好意的交渉のあった事情を忘れないようにしてほしいこと

阪神今西氏は至極公平なる我々の提案に満足されて、灘巡環線を買収経営するも、決して異議を言わないという回答を接受したのである。

当時箕面電車は、資本金五百五十万円中払込資本金三百八十五万円、社債二百万円、そして唯一の取引銀行であった北銀は破綻する。建設資金の捻出《ねんしゅつ》などすこぶる難事であることは言うまでもない、しかも不幸にして北浜筋の大株主は、申合せたように私達の計画に同情しないのである。一例を言えば浜崎永三郎氏のごとき、信用のある斯界の長老であるこの人

は、君が阪神山手線建設をやるというならば私は箕面株全部を手放すから悪しからず承知してくれ、と予告して全部売り放ったので、株価は暴落する、一般の人気は悪い、阪神側には、岩下氏から離れ、北銀との関係を絶った箕面電車に何が出来るものかと見くびられておる。私達はすでに鼎の軽重を問われておるのである。

苦しい財政の中から灘巡環線買収費を北銀に仕払った。確か十六、七万円くらいで、長い間の借金の利息も綺麗に払ったが二十万円には達しないと記憶している。しかし権利を維持するだけでは、私達の生命はここに終るかもしれない。丸裸で飛び出した事業家として、その第一歩がこの資金難をいかに解決し、建設工事に着手すべきか、実は私には相談対手《あいて》がなかったのである。箕面電車の新重役陣の平賀社長は藤本ビルブローカー銀行を引受けたとは言うものの、藤本銀行の整理に無理やり引張り出された関係であり、北銀を離れてからの新しい取引銀行は加島銀行であり、その加島銀行頭取は大軌電車の関係からその社長を辞職した広岡恵三氏であるから、電鉄資金は鬼門だと逃げるのであった。この時代の箕面電車の苦しい経理を顧みると、今でも夢に見ることがあるくらいの惨憺《さんたん》たる情勢であったのである。

こういう話があった。今でも友達というものは、有難いものだと感謝しておる。ちょうど決算期に当面して、配当金その他にて十五万円のお金をどうしても用意する必要がある。大阪で借金が出来ない私は東上して福沢桃介《ふくざわももすけ》君に相談した。福沢君はその頃まだ珍しかった自家用の自動車に私を載せて、二、三の銀行と保険会社に紹介してくれる。忘れもしない九月の末であった（十月の決算総会までお金を用意する必要から）十五銀行の副頭取成瀬［正恭］氏にわざわざ話してあるからと言うのでお宅を訪問すると、鎌倉の別荘に行って不在だという、私は鎌倉に行った、おりから明月の夜で、波の音、松風の音、人力車の上でその閑寂の天地に泣いた。

私は二十年近い間の銀行生活で、金を借りることも、また貸すことも、出来るか、出来ぬかくらいのことはよく判っている。いくら福沢桃介君が引張り回してくれても、出来ないのは初めから百も承知であるが、福沢君の紹介してくれるという厚志に反《そむ》くことは出来ない。結局出来ないときまった時に「時に福沢さん、どこでも出来ないから御迷惑でも貴方の関係範囲の方面で貸して下さい、配当決算がすみ次第、一ヵ月内にお払い致しますから」とお願いしたけれど、これも断わられた。ちょうど、その時上京中の親友である（かつて三井銀行に同勤していた）九州電灯の専務田中徳次郎《たなかとくじろう》君は、私が飛び歩いている事情を承知しておるから「東京は駄目だよ、早く大阪へ帰り給え、福岡への帰りに、僕は大阪によるからその時に話をしよう」と言うのである。そして田中君は「九州電灯会社の金を藤本ビルブローカーに預金するから、それを使うようにし給え」という好意によって私は一時の急を救われた、事ほどさように、私の会社の信用はゼロであったのである。

これは田中君の独断であるか、福沢君が田中君に暗示したものであるか、おそらくは田中君の独断であると思うのは、最近に、この話を田中君の上役であった松永安左ヱ門君に話したところ、いっこうに知らなかった、初耳だと言われたからである。

道窮すれば自から通ず、天は自ら助くる人を助く。かくのごとく貧弱であった箕面電車が、阪神間の新線を建設しようと苦心しつつある時、第一次世界戦争の好景気は、私の会社の繁昌とその営業成績の向上を現示した。

この機会を逸すべからず、大正五年四月二十八日に臨時株主総会を開き、灘巡環特許線買収を決議し、ただちに十三門戸線と特許線合併の認可申請をしたものである。

しかるに、一難去ってまた一難、私達の運命は、脆《もろ》くも破壊されんとするのである。私達の計画に周章狼狽したのは阪神電車である。大正五年六月十六日当会社の株主結城《ゆうき》林清《りんせい》（百株今西林三郎氏番頭）那須《なす》善治《ぜんじ》（八十株今西氏関係株式仲買人）両氏より当会社を被告として、灘巡環の特許譲渡に関する株主総会無効確認の訴訟が、大阪地方裁判所に提起されたのである。その結果、取締役速水太郎氏を刑事問題に付議せしむるに至ったのである。

灘巡環特許線譲渡株主総会等の決議が無効であるかないかは裁判の判決を待たねばならない。その確立を待つものとせばおそらく両三年を要するかも知れない。安閑としてそれを待つほど暢気でおられない私達は、世界大戦の影響による阪神間の急激なる発展に当面し、まさに産まれんとする新興成金の胎動を凝視し、私は松風閣を買って貰った岸本兼太郎氏を見逃すことは出来なかったのである。雨の日も風の日も、その幾日かを、私は西長堀《にしながほり》の事務所を訪問して、阪神間新電鉄建設計画の詳細を陳述した。彼は私の電鉄計画案よりも、もっと有望なる船舶経営について語るのである。

「貴方なら出来ると思う、今は船を買う時機です、先日も貴方の友人の中山説太郎君に一隻お世話した、今すぐにお金はいらない、ちょうど、こういう船の売りものがあるが、私が代金全部のお金を貸してあげるから、一隻お買いなさい、経営は私が引受けて、確かな代理店にお任せして間違いのない方法を教えてあげます」

「私は一人一業でゆきたいです、いくらもうかっても、初めての仕事の船舶をやってまで、お金は欲しくはありません、それよりも私が死ぬか活きるかの電鉄を助けて下さい」

結局私の勧誘的歎願的要望は、岸本氏の同情と仁俠とによって、六分五厘の低利をもって三百万円の大金を借り得たのである。しかもこの話は灘巡環無効の訴訟が提出され、我々の計画に対して阪神電車がとかくの批評を放送している時において、

「今西君のやり方は乱暴です、箕面電車との話合を無視して、実業家として宥《ゆる》し難き不徳義なるもので、天はかくのごとき陰険なる妄挙はゆるさない、断じてゆるさない」

と我事のように憤って、私を励ましてくれたのである。

もしそのとき、私が中山説太郎君と同じように、岸本氏の助力によって船舶に飛込んだならば、友人の成瀬《なるせ》正行《まさゆき》君や内田《うちだ》信也《のぶや》君のごとくに、あるいは私も船成金の一人として金満家になったかも知れない、否、船成金を夢にも思わなかったから、岸本氏は三百万円の大金をポンと投げ出してくれたものと、私はこれを確信し、その壮挙に感激しておるのである。

阪神電車からの訴訟は一審二審、最終において大審院の勝訴に至る（大正五年六月より大正七年十二月まで）三ヵ年間の係争の影響は、著しく阪神間の工事進行を阻害した。諸物価は暴騰した、またその間に住吉、村山氏邸内横断の特許線を変更せよと強要された事件などが起り、工事の進行はすこぶる遅々たり、はたして遂行し得るや否やと疑問視されたものである。

悪い時には悪いことが重なるもので、また一つ悲観材料が突発した。大正六年十月一日、新淀川と神崎川《かんざきがわ》と二つの堤防が決潰《けっかい》し、十三、三国間の線路に浸水、十五日間の交通途絶であった。秋晴行楽の遊覧電車にはまさに大打撃であった。憂き事のなおこの上に積れかしと、私達は空元気を出して積極的に行動した。翌大正七年二月四日、社名を阪神急行電鉄株式会社と改名して猛進した。かくして大正九年七月十六日、神戸線が開通したのである。私の手記（昭和七年十月）をここに摘記することを、見のがしてほしい。多少の重複があるとしても、私としては、その当時を回顧して今昔の感に堪えないからである。

阪神電車の訴訟事件——弱くとも正義は勝つという実物教育を得た時から、今に見よ、というこの敵愾心《てきがいしん》が阪急の今日をなし得たものと信じている。もしあの時、阪神電車が正しい道を践《ふ》んで、逆境に沈淪していた箕面電車を助ける意味から、灘巡環線を引受けていたならば、今日はどうなっておるだろう。

開業した時（明治43年9月）

	阪神		阪急	
払込資本金	4,200,000	00	2,750,000	00
諸積立金	249,000	00	600	00
建設費	3,036,903	00	3,721,609	00
開業哩数	19,26 哩		18 哩	
一哩建設費	157,679	00	206,756	00
配当率	1,30		0,60	
株価	(払込50円) 最高 133,00 最低 125,00 末日値段27日 平均 129.64 126.12		(払込25円) 最高 36,85 最低 35,50 末日値段27日 平均 36.26 35.92	

最近の決算（昭和27年3月）

	阪神		阪急	
払込資本金	360,000,000	00	600,000,000	00
諸積立金	15,692,000	00	61,923,700	00
建設費	1,254,450,729	60	1,244,139,073	09
開業哩数	45,67 哩		81,89 哩	
一哩建設費	27,467,718	00	15,192,808	00
配当率	0,80		1,00	
株価	73	00	122	00

私達は箕面、宝塚の山容水態に対して、詩人らしいセンチメンタルな感情的生活に田舎電車の遊覧設備、それもみすぼらしい旅役者のような芸当を演じておったかもしれない。阪神電車に背負投げを喰わされたことがこの会社の好運で、実はこの新線の権利を引受けたものの、建設資金については少しも成算がない、有馬線は放棄する、京阪連絡の野江線も泣く泣く放棄する、箕面松風閣とその敷地を売却する、そして一方緊縮方針、一方積極方針の両刀使い分で、やっと開業した神戸ゆき急行電車！

私はこういう広告文を書いた「新しく開通した大阪（神戸）ゆき急行電車、綺麗で、早うて、ガラアキで、眺めの素的によい涼しい電車」それがお家芸の一枚看板、電車正面のこの広告が、阪神間の全新聞紙に載った時の私の嬉しさ、アア、ガラアキ電車！オールスチールカー、四輛連結、三十分で突走しているあの日本一の電車の前身である、たった一輛のガラアキ電車！

唐様《からよう》で書く三代目という諺がある。阪急電車も今やようやく三代目たらんとするのである。はたしてどうなるであろうか、私は最近阪急三代目の連中から別記統計表を受取って、ジッと見詰めていると老いぼけた私のまつ毛に露が浮ぶのである。

15　憂鬱の時代

私達は北銀と岩下さんの事件後、長い間を軽蔑されておるものと、自らを卑下して肩身狭く暮しておった。その大正三、四の二ヵ年間、私は宝塚の少女に囲まれて、歌劇の育成に専念した。四年十月には、東京帝劇から幕内主任伊坂梅雪《いさかばいせつ》、俳優松本幸四郎《まつもとこうしろう》の両氏が、新興芸術としてようやく劇界の注意を惹くに至った私達の事業に対して、世間の噂だけで満足し得ず、わざわざこの田舎まで実地視察にと来られたのである。

これより先、坪内逍遥《つぼうちしょうよう》先生も見物して、そして帰京後、帝劇社長福沢捨次郎《ふくざわすてじろう》氏と会談の結果、ともかくも帝国劇場の座頭、天下の名優松本幸四郎丈を派遣しようという事になったと言うのである。松本丈の意見はその後雑誌「歌劇」に載っている。

日本の芸術界に新生面を開いた創業的光明が東京にあらずして大阪の宝塚、而もそれが専門家の手によらずして、電鉄会社の娯楽場に於いて生れたといふ事は実に感慨無量に堪へぬのであります。

私はわざ〳〵遠方より見に来た甲斐のあるのを喜んで居ります。帝劇で時々開演します歌劇よりも立勝つてゐる点は、帝劇はどこまでも西洋の作曲のまゝで、日本語に翻訳した歌詞を唄つてやるのですから、生硬を免れませぬけれど、宝塚のは作曲も歌詞も純日本式の創作ですから、非常に振りに合つて居ますし、振りもまた腰から下の運動はオーケストラの西洋楽にうまく合ひ、腰から上の運動は日本の舞踊を器用に採り入れて、此二つが目立たないやうに混和されてあるのは実に感心です。「音楽カフエー」「メリーゴーランド」は、新しいといふ意味で面白く見ました。「日本武尊《やまとたけるのみこと》」と「三人猟師」は純日本式舞踊の型に没入しないところが手柄です。私はどうかして三ツ拍子の作曲があるのに四ツ拍子にして用ひつゝあるのが日本の音楽の欠点です。三ツ拍子を用ひたいと思つてゐましたが、少女歌劇を見物致しまして、既に其曲中に三ツ拍子を巧みに用ひられてゐるのは殊に嬉しく感じます、と同時に、之れを活用した手柄に敬服するのであります。「以下略」

帝劇の当局者に賞讃されたことは、そののち東上して帝劇公演を現実にし、毎年大成功を収め得たその因縁になったのである。

私はこの時代に「歌劇十曲」と「続歌劇十曲」の二冊と「日本歌劇概論」を刊行した。さらに東京の玄文社から「曾根崎艶話」を出版した、幸いに版を重ねた。今日いうところの情話ものの先駆となった。かくのごとくにしてその憂鬱の時代を無事に暮らし得たのである。そして私は「歌劇十曲」の巻頭において左記のごとく「此書を岩下清周翁に献ず」と題して、平素の鬱憤をば漏らしたのである。大正六年十一月であった、いよいよ阪神間電鉄計画を遂行する機運に好転し、当会社も再び活躍の期に入らんとする時であったのである。

此の書のやうな文学的作品を貴下に捧げるといふことは余りに突拍子もない、些《いささ》か奇を好むやうに考える人もあるかも知れませぬけれど、私にとつては中々に思ひ出の多い深い縁があるのであります。此書の刊行に就《つ》いては、何は扨《さ》て置き先《ま》づ第一に貴下に捧げなくてはならぬ義務があるものと確信して居るのであります。

私の会社は貴下のお蔭によつて此世の中に生れて来ました。私の会社は（千六百何十人の株主を有する株式会社を私の会社といふのは不都合であるかも知れません、然《しか》しさういふ法律論を離れて私はいつも私の会社と思つて居る習慣を見逃がして頂きたい）その私の会社は、丁度十年前になります、拾壱万株の中約五万株の引受手が違約して、設立が行き悩んで、発起人であつた旧阪鶴鉄道会社の重役諸君が解散しようとして居つたのを、私が一切の責任を負担して引受けてから、貴方の御厄介になつたことは、実に非常なものでした。貴下の御親交のお方や又私の先輩である甲州派のお方にも御願ひしたけれども、とても満株の見込が立たなくて結局其不足分を北浜銀行で御引受け下すつたので、私の会社は設立が出来たのであります。それから今日まで開業して既に七年、貴下のお指図のもとに計画せられた凡《すべ》てのものは、見事に成長して居るのであります。日本に初めて試みられた住宅経営の事業は理想的に発達してきて、独り会社直営の分と言はず、他の会社や有力なる個人の経営地も十数ケ所に達して、具体的に営利に伴ふ社会政策の一事業として識者の注意を引くやうになつてきました。（中略）武庫川の清流に沿うて建てた日本第一の宏壮なる新温泉は、営利事業としても、既に存在すべき価値を証明するやうになりました。此新温泉の余興部に、初めて生れて、また勿論未成品ではあるけれど、兎《と》に角《かく》大阪の新名物として一般から望みを嘱されて居るものが即《すなわ》ち此少女歌劇であります。貴下に見て頂くことの出来ないのが、どんなにか残念でせう。さうして奇想天外より落ちるやうな御批評を承はることの出来ないのが実に残念でなりません。

　嗚呼《ああ》少女歌劇！　実業家として立つ私の四囲の同人達から見るなら、何たる馬鹿気た暢気な仕事に没頭する愚さよと、笑はれてゐることも知らぬではありません、然し此少女歌劇を育てることが、其過去に於いてどれほど私に慰安を与へたでせう。没義道《もぎどう》な世間に対し、軽薄なる輿論《よろん》に対し、一種の反抗心を有して居つた私は少女歌劇に没頭することによつて、貴下の攻撃者に対し、恰《あた》かもモッブのやうな傍若無人の群衆に対し、其当時、冷静を保ち得たことゝ信じて居ります。貴下ある故に大阪に其の存在を認めらるるに至つた多方面の方々の中から、貴下にお近づきのあるのを光栄とした昔を忘れたやうに、あらずもがなのお噂を、我が社交界の中心に於いてきかねばならぬ時に、わたくしはいつも宝塚の講堂に於いて可愛い生徒の声楽に、凡てのものを忘れたのであります。

自分の進む為めに人を倒さなければならぬ悲むべき実業界の君子人は、他の躓《つまず》くことによつて狼よりも猛き牙を現すのであります。投機の強弱に利用する人、取つて代らんと企てる人、自ら放火して其消火に尽力せんとする人、あらゆる機会を捕へるに鋭敏なる諸氏の行動を、今日になつて顧れば、活動写真のやうな長いフィルムが、虚偽と欺詐《ぎさ》と、さうして自己本位に暗闘したのであります。貴下は実に一世の誤解を受けて、其事業の犠牲に沈落して、既に精神的に死んで居つたにも拘《かかわ》らず、軽薄なる世論の無情なると、正当なる判断を許さぬ群衆の嘲罵《ちょうば》とは、一言半句の弁解を許さなかつたのでありま す。然し時は凡てのものを解決してくれます、熱せるものは冷かに、冷かなるものは公平に、而して最後の公平なる批評は、やがて歴史家をしてうなづかしむるに違ひない。私は貴下の常に斯《こ》ういはれてゐたことを記憶してゐる。『百歩先の見えるものは狂人扱ひされ、五十歩先の見えるものは多くは犠牲者となる、一歩先の見えるものが成功者で、現在を見得ぬものは落伍者である』と。思ふに時代の犠牲となつた貴下からすれば、何等弁解するの必要はないでせう。私はまた或る時機に於いて、大阪の経済界から見た貴下の立場に就いて最も明瞭に語り得る人は他にあるのを知つてゐる。私は只だ、私の事業と、私の事業に関連した電鉄の計画に就いて、今やそゞろに貴下の先見の明あるを顧みるの興味を禁じ得ぬのであります。

某新聞が最初に貴下を攻撃した烽火《のろし》は、実に大阪軌道を目して乱暴なる計画と言はれたことであります。其大阪軌道は開業未だ三年を出でずして、（中略）確実に七朱の配当の出来る立派な電鉄であります。大阪軌道のやうに新式で、時代に魁《さきが》けた他に類例のない立派な建設の電鉄が八百万円以内で出来上つて居る、それにも拘らず世間の輿論は、此電鉄さへも危険視したのであります。鉄道といふが如き種類の事業は、眼前に必要が差迫つて来て、直ちに敷設《ふせつ》せよといふが如く、足元から火の出るやうに建設すべきものでない、時勢を達観し其将来の必要に適応する計画によらざれば不経済なりといふ御意見は、阪神山手線にもまた適用が出来るかと思ひます。其阪神山手線の敷設権を此度私の会社が買収しました。私は此機会に於いて、貴下の御腹案であつた近畿電鉄統一論を回顧したいと思ひます。（中略）京阪神間電鉄統一の貴下の理想は、夢のやうな運命と共に幻しの消えゆくやうに消えました。野江線は既に大阪市の経営に移りました。足をきられ手をきられた空想を離脱した私の小さい心に閃ふる波動は、パラダイスの空間を占領する美妙なる旋律によつて、僅かに和らげらるゝより外に途は無かつたのであります。可愛い少女の唄ふ小鳥の囀《さえず》り、花のやうに舞ふ羽衣の長い袖や、無理にも泣いて見たいと思つた悲哀な音楽に、不自然の快感をむさぼらざるを得なかつたこともあつた、その我が少女歌劇は、私をして拙い文筆を馳《はし》らすやうな境遇に暫く安んぜしめざるを得なかつたのであります。

時は凡てのものを解決してくれます。貴下の理想の一部であつた阪神山手線敷設権は、棚から牡丹餅《ぼたもち》のやうに私の会社に飛込んで来ました。（中略）其結果として、私は此会社を設立した十年の昔の時のやうに、毅然として、凡ての責任とあらゆる圧迫とに対抗すべき決心を必要としたのであります。私の会社は梅田神戸間を本線としたる急行電鉄を目的として其計画を遂行しつゝあるのであります。箕面有馬電鉄軌道株式会社といふやうな田舎臭い名称は、遠からぬ中に阪神急行電気軌道株式会社と改称すべき運命を有するのであります。さうして近畿電鉄中の偉大なるものに完成することによつて、貴下に対する報恩の一部をつぐなひ得るものと確信して居ります。貴下のお蔭で出来上つた此会社が、新たに貴下の理想であつた一部事業に着手すべき機運に際会したる時、貴下の残せる事業と、其人格との真相が漸《よう》く《や》に明かならんとして来た時、私は偶然にも此書の刊行によつて、貴下に御礼を申上げる光栄を有したいと思ひます。

16　阪神電車との合併談

箕面電車創立の時から「あのような田舎電車は、結局、阪神電鉄に売り付けるのが目的だ」という風に誤解されておった——と、いま私は書いては見るけれど、私自身は、その一身が伸《の》るか、そるかの運命に落ち込んでいるので、この事業に心中せざるべからざる立場にあったが、岩下さんや、先輩の立場から見れば、そういう冒険よりも、手取り早く阪神電車に合併するのが安全だと考えておったのである。

私もその頃は、いくら気張っておってもこの先どうなるか判らない未経験の事業である、この田舎電車に苦労するより阪神電車と合併が出来て、幸いに出来れば岩下氏の下に、今西さん、島君たち三人が、すでに乗り込んでおる阪神電車の重役になれるのであるから、不平どころか内々期待していたのである。

かぜん、私の知らぬ間に、岩下さんと今西林三郎氏との間に、合併談が進行されておったのである。岩下さんは、鉄道工務所を中心とする私達の研究による郊外電鉄統一計画の理想案に賛成しておったから、阪神電鉄を中心として合併統一を夢みておったのである。ある日、岩下さんから、北浜の花外楼に来てくれと言われた。行って見ると、岩下、今西両氏のみであった。これこれの条件で合併する、今西君が社長で、君は常務取締役だと言うのである。今西氏は「ごく秘密だ、これが世間にちょっとでも漏れると、合併は出来なくなると思うから、取消すことになる」と言うのである。

その日の夜行列車で岩下氏は東京に行く。私は、今西氏の筆による合併条件の書類を懐中にして帰社する。今西氏の命令通り、私はごくごくの秘密として何人にも語らない。ところが翌日頃から箕面電車の株が暴騰する、今西、島両氏は北浜人であるから、私に秘密にしろなぞと封じて置きながら、相場をしているな、と軽蔑していると、岩下さんが東京から帰阪して、すぐ私に来いというのである、北銀でお目にかかる。「今西からこういう手紙が来た」と、その手紙を投出す時の岩下さんの顔の恐しいこと、黙って私を見詰めている、私は今西氏の手紙を読むと「あのくらい秘密にして置いて下さいとお頼みしてあるのに、小林さんは北浜市場に漏らしたと見え、北浜では合併談が評判になって、北浜筋からは合併は反対だと、私に事実の真相を質問されるので困っている、早く御帰阪を待って御相談をしたい」云々という意味である。これは、当初から合併反対であったが、岩下さんに説かれて黙従した今西氏の策略だ、と想像した。今西氏から見れば正直な岩下さんを翻弄するくらいのことは、朝飯前の仕事だと思っておった。

昭和七年十月発刊の「阪神急行電鉄二十五年史」の中に、こう書いてある。

> ……開業後に合併談が起つた、其当時、阪神は配当一割三分株式の時価は一一九円で隆々たるものであつて、此会社などは足許にも追付けなかつたが、両社の合併談が具体的に二三度あつた。其一度は、岩下氏と今西氏と即ち両社の間に正式に仮契約に調印まで出来た事もあつたが、いつも之に反対するのは島君の系統であるので、自分は変だなと思つて居た。其後北浜銀行閉店の事件が起つて所謂《いわゆる》北銀が引受けて居つた此会社の株式全部を、私の手で処分整理した時に、島君は少しも関係のないと言ふことが判明

した。

万一北浜銀行系の計画通り、阪神電車と合併が出来たとせば、恐らく、今日の阪急に実現してゐる模範的計画もなければ、阪神電車の現状から推察して、イ、加減喰ひつぶされた老大国のやうな会社となつて居たかもしれない。阪神との合併も出来ず、北銀閉店から北銀所有の株式全部を私の先輩、友人達に持つて戴いたのみならず、私自身も身分不相応に沢山持つて、それから、私の想ふ通りに独立独行の大方針を立て得たといふことは、私にとつて何といふ好運な事であつたらう。

二度目の合併談は、神戸ゆき急行電鉄が成功し、すでに堂々たる威容を現示し得た時であった。岩下さんは富士山麓に隠退せられておったが、今度は逆に阪神から口説かれたものと見えて、私に来談があった。「先日片岡君と話合った。これ以上阪神と競争するよりも合併し、かねての理想を実行してほしい、それは国家の利益だと思うから私は大賛成をした、いずれ片岡君から話があると思うから」と言うのである。大阪の大元老である片岡直輝氏は、この時阪神電車の社長であるのみならず、南海電鉄の社長であり、関西における電鉄界の大御所であったのである。私は中山の片岡邸に呼ばれた。「岩下から直接君に話してあるはずだが、岩下は快く承知した、島も賛成だ、それは阪神、阪急の合併だ。条件は対等合併として、仕事は君に全部一任する、僕が社長で、君が専務取締役だ」と言うのである。私はただちに有り難くお受けした。そして合併後における人事問題について、かれこれ話をすると、「そういうことは全部君に一任するから」と言うのである。片岡氏の事業の本拠は大阪ガス会社であり、朝、大阪ガス会社に出勤して、昼飯は大阪銀行集会所にゆく、そこに数時間、御常連と囲碁を楽しんで、中山の自邸に帰るか、大和屋に出掛けるか、毎日毎日活版にすったように、行動していることを知っているから、私は阪神、阪急が合併出来ても、阪神には技師長の三崎省三《みさきしょうぞう》君がおられるのみであるから、当然その責任は私が負担することになる。私は合併に賛成することはもちろんである。

私はその翌日合併草案大綱を書いて、昼飯後銀行集会所に行った。阪神の本社は目立って困るからというのである。渡辺千代三郎氏が同席した。合併案実行の代理者として委任された渡辺氏が私の草案を一読し、片岡氏にお渡しする時「これでは阪急が阪神を合併することになるネ」と言った。片岡氏も一読して、私の顔を見て、「阪神が合併するのだよ、無論、きまっているではないか」というのである。

「阪神に合併するのでしたらば、私一存では出来ません、平賀社長にも相談しなければ、また重役会を開いた上でなければ」と、私はドギマギしたのである。なるほど、大先輩である片岡氏からきり出すのであるから、先方は当然すぎるほど、阪急を合併する心持ちであったに違いない、私はまた、片岡氏が看板の社長になって、私に仕事の全部をまかせるといわれたのであるし、人事問題も君の思うようにせよ、と言われたのであるから、テッキリこれは片岡さんを社長にお迎えすればよいと、自分の都合のよいことのみを考えて、早合点をしたのである。

平賀社長に相談した。「私は阪神と阪急とを比較してその優劣だとか、将来性だとか、そういう問題は、私に仕事を一任すると言われる以上は、かれこれ言おうとは思いません、ただ阪神に合併されるものとせば、阪神の伝統的建設方針とその営業方針は、これには全然反対ですから、阪神側の重役と衝突するにきまっている、私はそういう面倒臭い仕事で苦労するのは馬鹿馬鹿しいと思いますから、もし仮に、どうしても、合併が必要だとせば必ずしも対等でなくてもよい、阪急一株に対して阪神にはプレミアムを差上げてもよいと思います」というような余談に落ち、結局、面と向って御返事をする勇気が出ない。そのうちに一週間も返事が延び延びになる。「片岡君は非常に立腹しているから、何とか早く返事をし給え」と渡辺さんから電話で注意を受ける。平賀社長を煩わして「小林は我儘者ですから、阪神へ飛び込んでゆくときっと失敗するから」というような意味を、平賀翁の老練と円熟とは、こういう妥協的対談が実に巧妙であるから、談笑の間に話合ったと見えて「心配するほどの事はないよ、また時期が来た時に」と少しもこだわってはおらない、やはり親分はえらいよと言われたのであるが、実はこう簡単ではない。私はこれ以来、一生片岡氏からは出入差止め同様に、ボイコットされたのである。片岡氏のみならず、令息の片岡直方《なおかた》君からもボイコットされたのである。

中山の片岡邸には毎年、吉例の園遊会があった。片岡党一門の紳士が集って、南街の美妓の接待に賑かに遊ぶのである。園遊会のほかに園内裏山の松茸狩、その時は日本座敷に高膳《たかぜん》の御馳走、この席にお招きを受ける二十人内外は、片岡翁知遇の光栄に浴するのを名誉としてほこり得るのである。私もその席末を汚す一人として同人に推称されておったのである。

しかるにこの合併談が不実行に終って以来、私は平素お尋ねするのも敷居が高くなるし、また御常連の御招待にも接せず、いつともなしに疎遠に終ったことは、事の成行とは言え残念だと思っている。のみならず令息の直方君までが「小林はけしからぬ、うちの親父の顔に泥を塗った、あんな生意気な奴はない」と言うので、父子二代にわたってボイコットされたのである。その後、近衛《このえ》［文麿《ふみまろ》］公が総理大臣をやめて関西旅行に来た時に、片岡直方君苦心の菜園に案内されて、例の日本座敷で夕飯の御馳走になった。私も御招待の栄を受けて、実に十何年ぶりに片岡邸にお伺いして、今昔の感に堪えなかったのである。お二方ともすでに故人になられたが、阪急沿線の名物であった豪奢《ごうしや》なあの大邸宅は、今はただ昔をしのぶ夢物語にすぎないのである。

阪急百貨店、それから梅田の娯楽街の計画、さらに東京へ進出した東宝の幻の城、私は一人一職の方針を離れざるを得ない事情に迫られて、東京電灯会社の整理、目黒蒲田電車と田園調布の建設から東横電鉄、東横百貨店、それから……私の大臣落第記等々。波瀾重畳の檜舞台に跳《おど》り出してからの私の運命は？

【付記】私は来る十月十五日羽田から飛行機で渡米の旅行にのぼる計画である。本編はこれをもってしばらく擱筆《かくひつ》する。実は「逸翁自叙伝」というのは私の本意ではない。これは「週刊サンケイ」編集長が勝手に命令したので自叙伝というと、何だか面はゆく閉口である。私としては「私から見た私」または「私という人」と言ったような題名で書くつもりであったが、自叙伝となるといろいろ束縛されるので面白くないように思う。さて欧米の旅行を終って、それから再びペンをとり得る勇気があるだろうか――。（「昭和」二七年九月二〇日）

第八章　結び

永遠の青春

「青春悔ゆることなきか」といふ問題は、過去を懐かしみ、未来にいら〳〵して来る老人の、誰でもがもつ悩みであるかもしれないが、私には余りに幸運に恵まれすぎて来たようにも思はれる。青年の夢は――勝手気儘に、言ひ度い事を言ひ、したい事をして、勿論それが出来る人は沢山にあるには違ひないが、さういふ種類の人は私の友人にも沢山にある、然《しか》し不幸にもさういふタイプの人は大概落伍してゐる。然るに私は何といふ幸福であらう。落伍しないばかりでなく、寧《むし》ろ思ひもよらぬほど、先輩のお引立を受けて、何事も順調に進んでゆくので、今の私の立場に「青春」の夢を追ふやうなセンチメンタルの回想や、古い思ひ出の微笑みに、白髪頭をなぜて、瞑目するやうな安価な詩境は、残念ながら毛頭もない、それよりも一寸先の足許、一ヵ月先の思惑、一年先の計画等、ああでもない、かうでもないと、いろ〳〵の幻影に、忙殺、混乱、奮闘の世界のすみ〴〵を見渡し、毎朝我家の門を飛び出す時から「働けばよい、それから先は運命だ。先《ま》づ朗かに清く正しく働くことが我が一党のモットーだ。サァついて来い、意気地ない若い奴よ」といふ心持ちで、その日〳〵を送つてゐる私には、現在も「青春時代」のやうな空想――実は私はそれを理想だと信じて、それを決行しつゝあるのである。従つて私はまだ「青春」であるかもしれない。もし憧がるゝ「青春」なるものがありとせば、現在もその一部分であるかもしれない（〔昭和〕一〇年一月）。

昭和十年九月出版の拙著「私の行き方」に「永遠の青春」という一文を書いた。これは私の六十三歳の時である。
昭和二十六年七十九歳の新春、東洋経済新報に「何処に青春を買わん」と老いの繰言を書いた。

何処に青春を買わん

空想の楽しみ、理想の悲しみ――若い人達の夢は未来にあるから、それがどんなに現実ばなれしていても一応はうなずけるけれども、私のような行先短い老いぼれの夢は、たゞ過去を回想して苦しみの多い夢であろう。事実、われわれ年配の人達が未だに学生時代の試験勉強や、カンニングの光景を夢みるのは、笑えない実話である。

ところが私の夢は、不思議と過去の追憶的悲劇でなくて、未来の幻影である。一度二度ならず同じ夢を繰返して見るので、苦笑を禁じえない。恐らくそれは、私が設立し、育成した東宝映画会社が見る影もない苦境に沈淪し、私自身はパージの身で、ただアレヨ〳〵と若い人達の腑甲斐《ふがい》なさを眺めているほかないので、そうしたもどかしさがついこの老人に、未来の輝かしさを夢みるに到らせるのであろう。


現在の映画事業は、実業的経営の範囲を脱出して、映画スターや監督の一本の出演料に三百万円、五百万円を平気で支出し、毎月四本を濫作して各々系統館に一週間毎に封切作品を流している。それが傑作であろうとなかろうと、先方が好もうと好むまいと、そんなことに一切頓着《とんちゃく》しない。押付配給をして利益を計上しているのである。

配給帳簿金額に実際の収入額が達しない場合は無論赤字であるが、達した場合でも、未収入金が山積すれば赤字となる。一本の映画の原価が仮に三千万円としても、一度《ひとた》び当れば配給収入一億円に達するという大雑把な景気のよい計数が、この社会の荒つぽいソロバンである。親分肌の度胸一つが商売のコツと称して、競つて苦境に這入つて行くのだから笑わせる。

私ならば鎧袖《がいしゅう》一触《いっしょく》、負けるが勝ちの長期戦で、この悪習慣を放逐し、堅実な計算と、地味な商売にこれを改革して見せる。それには半年の辛抱が必要だ。私は辛抱して、必ず勝つて見せる。——と、夢の中で考えている。

夢がさめると、私は夜中の天井を見詰めながら、独りつぶやくのである。『いくら考えても駄目だ、己はパージの身の上ではないか』と。私も来年は七十九歳、柄にもなく青春がなつかしい。唐の詩人は叫ぶ——

『百金買駿馬
千金買美人
万金買高爵
何処買青春』

（東洋経済新報、［昭和］二六年一月）

その年八月六日追放解除となり、ただちに東上して東宝株式会社整理のため相談役になり、九月定時総会においてふたたび東宝社長に就任した。

たまたま今春四月「週刊サンケイ」は、私の八十歳の寿を機会として、その回顧談をもとめられた。そこに青春の思い出を語り、その頃の大阪を偲び、筆にまかせて、大正九年阪神急行電鉄開業に到れるまでの壮年時代の夢物語を書いた時、七月三十一日正力松太郎《しょうりきまつたろう》氏出願の日本テレビジョン会社が認可された。ＴＶの事業が日本映画界にどういう影響を及ぼすだろうか、映画製作とTV放送とは、どういう状勢において結び付くだろうか、各方面からいろいろの意見を聞いておるけれど、私としては、渡米、彼地《かのち》における実情を視察して、我が東宝の将来に善処する必要を痛感し、「週刊サンケイ」にそむいて、ここにしばらく筆を擱《お》き、十月十五日外遊、空の旅に鹿島立つべく、その嬉しさを禁じ得ないのである。

昭和二十七年十月十四日

小　林　一　三

［参　照］

練糸痕　序

阪神急行電鉄会社長、東京電灯会社長、東宝劇場会社長として時メク小林一三、号逸《いつ》山《ざん》、甲州の人、此《この》逸山先生が十八歳の時、即《すなわ》ち明治二十三年四月、慶応義塾通学中、郷里甲府の新聞社に寄せた新作小説、当時著名の怪事件であつた外人ラーヂ殺しを題材とした練糸痕（無垢女のキズといふ義か）靄渓《あいけい》（ＩＫ）学人《がくじん》とある。

逸山先生の処女作、其《その》構想措辞の巧拙は問ふでない、由来風流雅懐人の少い実業家中に於て、逸山先生が少壮の頃にハヤ、此マセたる文藻のあつた事は異彩とせねばならぬ、後に少女歌劇の祖と成つて其趣味に耽り、近くは雅俗山荘漫筆《がぞくさんそうまんぴつ》の著を続刊さるゝのお道楽があるなど、寔《まこと》に以《もつ》てユエなきにあらずと知られよ。

昭和九年七月十四日土曜日の午後

東京帝国大学明治新聞雑誌文庫に於て記す　再生外骨

ラーヂ殺しと云ふのは明治二十三年四月四日の夜、麻布鳥居坂《とりいざか》の東洋英和女学校イー・エス・ラーヂ女史の夫、宣教師米人テー・ラーヂ氏を兇賊が殺した事件である。当時、其犯人を検挙し得なかつたので巷説紛々《こうせつふんぷん》、物奪《ものと》り強盗でなく意趣斬りであるなどの風説も行われたのであつた。それを靄渓学人は直ちに（十日以内）小説に作つて発表したのであるが、警視庁では犯人検挙に努めてゐた最中なので、ラーヂの娘の情人を犯人としてあるのを見た当局者は、事件の内情を知る者が作つた小説であるらしいと見て、甲府の山梨日日新聞又新社へ、靄渓学人の住所氏名を照会し、小林氏の下宿所へ麻布警察署の刑事巡査が同新聞を携へ行き、氏にうるさく詰問する所があり、尚ほ甲府の本社にて其筋の偵察をいやがり、小林氏へ小説の掲載中止を申込まれた為めに、小林氏は続稿の腹案があつたにも拘《かかわ》らず、第九回限りで「完」としたのであると云ふのである。

練糸痕

靄渓学人

第一　恋　慕

　レニス嬢は少しく笑を漏らして薔薇花を弄せるのみ、嬢の笑は真に花の笑に異ならず、花の笑を眺めて楽しげに笑ひ居るは大森安雄なり、彼は今嬢に導かれて此の庭園を逍遥しつゝ、左の腕を与へて嬢を助け居れり、蓮歩《れんぽ》は嫋々《じょうじょう》として金髪東風に梳《くしけず》り、細腰は繊々として花叢の中に隠る、此処は庭園の後《しり》へにして、花木葱々《そうそう》として繁り、翩々《へんぺん》たる小鳥、飄々《ひょうひょう》たる蝴蝶、楽しげに飛び、快よげに戯れ、碧天遠くして水の如く、春日和らかに自ら爽然たり、安雄は今萌え出づる小草小花の塵を払うて、嬢に其席を進めり、鶯語一《おうごいっ》嬌多謝《きょうたしゃ》と答へつ、満面に笑を催ほし、安雄の面に注ぎつゝ座せり、彼も又た笑ひつ其かたへに座せり。

「愛する大森さん、嬢は突然に斯《か》く問ひつゝ眸子《ぼうし》を凝らして安雄を眺めり、されど安雄は至って冷淡に、

「何かお用、

「お用とはあまり……紅潮一瀉《こうちょういっしゃ》、言葉に力を入れて言ひ放ち、怨めしさうに面を合すれば、早や嬢の睫《まつげ》は湿めり、此の瞬間に安雄は何事をか感じたる、いたく凋《しお》れて首は自然に下れり、美妙の天地は寂として声なく、彼等の情合は濛《もう》として雲の如し、然《しか》れども雲何ぞ久しからむ、彼は思ひ直してキット嬢の手を握れり、さはらば散らむ花紅葉の如き軟き手

は、黄金の指輪を閃《ひらめ》かして、誘ふがまゝに従へり、露を含む緑眼は瑠璃《るり》の如く、鼻は高くして口唇蕾の如し、柳葉《りゆうよう》の眉いとゞ麗はしく、歯は細螺を並ぶるに似たり、さなきだに天麗の玉顔、いま愛郎の情を受けて、握らるゝ手は早や既に伝電千里、胸裡波を作て呶々《どうどう》つゞみの如く、銀波漣々《ぎんぱれんれん》――喜色麗艶、安雄の腕を引いて其の指を弄するに余念なし、ア、彼等は此の恋を無言の中に達せしなり、否々彼等は相愛し相慕ふこと、已《すで》に一年の昔にてありしなり、いま嬢が用ふる指輪は、嘗《かつ》て安雄が多愛の情をこめて送りたるものなり、安雄が指輪もまた嬢が送りしものなり、然《しか》り彼等は已に相互にエンゲージせしなり。

しばしにして嬢は嬉しさうに、「ネーあなた」と言放つて又悲しさうに、

「私のお父さん位《くらい》頑固のものは有りません。ネー何だつて異人種だからつて……あなたはさぞお憾《うらみ》でせう、斯く言ひ終つて、嬢は血涙千滴、安雄の膝に倒れり、安雄は之れを慰めて、

「ナニあなたさへ其のお心なら……彼も涙を払つて無言なり。

突如として風のもてくるオルガンは、玲瓏《れいろう》として響き渡れり、衆声一音、講堂の中にバイブルを称ふるの声は嘈々《そうそう》として耳に徹せり、安雄は急忙しく、

「もう時間だ、さア参りませう、

嬢は立ちてボンネットを直し、襟を正して安雄の腕に凭《もた》れり、蓮歩優々、一歩又一歩、

――止まつて互に笑ひ、相擁して接吻せり。

練糸痕の読後に

柳田泉

この小説を書いたときに、作者靄渓学人は十八歳であつたといふ。この小説は最初からこれを条件として読むべきである。

時事物のラーヂ殺しを扱つたのは、際物《きわ》とはいへ、先づ機敏とほめてい〻であらう。而《し》かもその扱ひ方が、事件の経過乃至《ないし》探偵の一点張りでなく、想像で事件をぼかして、人情の分解から筋の運びをつけようとしてあるのは、着眼としては悪るくない。事件も、た〻あつさり出してあるのは先づい〻。万事をレニス嬢の意を中心に描いて行かうといふのは、十八の少年としては、ちよつとマセた行き方だ。

文章も、さう練れてはゐないが、十八としては達者な方であらう。今日の十八歳では、とてもこれまでにはこなせまい。（もつとも時代も変つてゐるが）

た〻若い人の作だけに、その筋の運びが恐ろしく気が短かく、また行きと〻かない。大森と令嬢との恋が何かしら十分合点されぬうちに、もうレニス宣教師が殺される、レニス夫人が大森を疑つてゐるもやうが見える、大森の帰郷となる、箱根行きとなる、拘引となるといふ段取だが、大森がレニス宣教師の下手人と疑はれる理由がハッキリしない。またこの小説を読んでも、読者には大森がレニスを殺したかと疑ふべき点は何一つない。かういふ点は作者が年の若いせゐで気が短かいために、説明を端折《はしよ》つたからであらう。或《あるい》は、当時ラーヂ殺しの大評判だつたころには、かういふ説明がなくても読者にはよくわかつたのかも知れない。然《しか》し今日からいへば、説明がないと、一貫した筋といふものが生まれないと思ふ。

然し実話や単なる探偵物とせずに、ともかく小説としてまとめてゐるところに作者の才分が出てゐる。この作者が若《も》しこのまゝ小説道に入つたら、勉強次第では或は明治文学華やかなりしころの紅露鷗とは列伍されぬまでも、十指の中にはいる大物となつたかも知れない。

探偵小説としては、この頃が丁度創作探偵小説の出かゝるころだ。その点で、靄渓学人の作風が硯友社《けんゆうしや》派の探偵小説作家中村花瘦《なかむらかそう》の作風に似たところの見えるのが、面白いといへばいへる。然しこれはもちろん偶然であつて、模倣の結果でないことはいふまでもなからう。

お花団子《はなだんご》

逸山人

一

桂川《かつらがわ》の流に姿《すがた》を写す嵐山の桜は、艶《つや》美ある京女《きようじよ》の花の色《いろ》をあらはすとかや、男《おとこ》は吾妻《あづま》に名高く、ゆかしの香《かおり》を袖《そで》に移《うつ》さむには、麗艶《はなやか》なる京に限《かぎ》れど、愛恋《なさけ》は深き笑《え》くぼに、其清《そのきよ》き心も雪より白き肌《はだえ》は、無作法《ぶさほう》な田舎《ひな》に目珍《めず》らしやお花と呼《よ》びて、高田在《たかたざい》の或《あ》る茅舎《あばらや》に産声《うぶごえ》を上《あ》げたる時より、庭《にわ》の松《まつ》が枝《え》に紫色の雲棚引《たなびき》しと或人《あるひと》言ひけるが、十七年の春秋《はるあき》を数《かぞ》へ尽《つく》して、鬼《おに》も十八の美人姿《びじんすがた》、繡錦《にしき》につゝまねど名玉《たま》の光《ひかり》は争《あらそ》はれず、越路《こしじ》何万石を輝《て》らして、月も羞《はじ》なむ容色《きりようも》持ちながら而《し》かも世《よ》の栄華《えいが》を知らず、あたら吹雪《ふぶき》に操《みさお》の松は折《おら》れて靡《なび》けど、結《むす》ぶに夢《ゆめ》は寒《さむ》きをいとはで、両親《りようしん》の笑顔《えがお》を楽《たのし》みに貧《まず》しく此世《このよ》

お花団子
この小説は地方新聞に珍しい挿絵を入れて三十三回つづいた。時代物は私、現代物は田山花袋、同時に二人がデビューしたのである。

を暮《くら》すは、越後《えちご》七不思議の外《ほか》の不思議《ふしぎ》なりと言ひけり。

とても此世《このよ》に女と生《うま》れなば、一生独身《ひとりみ》に暮《くら》し得べきにあらず。何《ど》の道《みち》男の親切《しんせつ》を願《ねご》うて、初孫《ういまご》のやさしき顔《かお》に老《お》い行く両親《ふたおや》を喜《よろこ》ばすのも又深《またふか》き孝行《こうこう》ぞかし、女の十八は花の盛《さか》り、一夜に散《ち》らんず景色《けしき》は三日見ぬ間《ま》の眺望《ながめ》なれば、今の中《うち》に恋婿嫁《こいむこと》りて寿《ことぶき》を祝《いわ》ふに如《し》かずと、世話好《せわず》きの名主《なぬし》某日《あるひ》両親《ふたおや》に口説《とき》し事もありしが、親心《おやごころ》にそれと思《おも》へど相応《そうおう》の縁《えん》なきに、先づ娘の心の中をと聞《きけ》ば、鄙《ひな》に成長《おいた》ちて鄙《ひな》に終《おわ》らむに何の心苦《こころぐる》しき事なけれど、せめては女の道一通《ひととお》りは心得たく、嫋懦《かよわ》き腕《かいな》に両親《ふたおや》を養《やしな》はむとするは、女の業《わざ》に覚束《おぼつか》なけれど、海山《うみやま》の御恩《ごおん》をこのまゝに送《おく》らむも心苦《こころぐる》しと思へば、何処《いずかた》へなりと一二年の奉公《ほうこう》を願《ねが》ひて、礼儀《れいぎ》作法《さほう》の数《かず》々を習《なら》ひたしと、優《やさ》しき言葉《ことば》の裡《うら》をくゞれば、其実《そのじつ》梅本様《うめもとさま》の御邸《おやしき》を恋《こい》しときゝぬ。

理ある言葉且《かつ》は出世に望《のぞみ》ある娘の心根《こころね》を思うて、親《おや》に異存《いぞん》のあらうはづなく、其事《そのこと》を名《な》主《ぬし》に話《はな》せば、幸《さいわい》に城下《まち》の御邸《おやしき》に侍女《こしもと》一人欲《ほ》しき由《よし》の噂《うわさ》もきゝたれば、夫《それ》に願《ねご》うて見るべし。心優《こころやさ》しく他人《ひと》に親切《しんせつ》にして慈愛《なさけ》あり、容色《きりよう》に一点の中分《もうしぶん》なく年齢《とし》は十八と言《い》へば、先《さ》方《き》より駕籠《かご》にてお迎《むかい》にも来《きた》るべしと言《い》はれ、お花顔《かお》を父親《てておや》の後部《うしろ》にかくして、お邸《やしき》は何処《いずこ》か知らねど、又仇《あだ》な情《なさけ》を蒙《こうむ》りて楽《たのし》まむ心得《こころえ》にてもなし。蒔絵《まきえ》のお駕籠《かご》に御紋《ごもん》の光を借《かり》て、錦綾《にしき》をかざらむと思ふならば、今日《きょう》まで茅舎《あばらや》に両親まで寒《さむ》き思はさせまじ。願《ねが》ふは堅《かた》き御《お》邸《やしき》に苦労《くろう》せむ心なりと、見謬《みあやま》られしを口惜《くちおし》さうに言《い》ふを打消《うちけ》し、外《ほか》の御邸《おやしき》ならばいざ知《し》らず、我《われ》の世話《せわ》せむと言ふ御邸《おやしき》に限《かぎ》りて、其様《そのよう》な気遣《きづかい》はせぬものなりと言はれ、御邸《おやしき》は何処《いずこ》と問《と》へば、当時御家老職《ごかろうしょく》梅本様の御隠居様《ごいんきょさま》の御別荘《ごべっそう》ときゝて、お花覚《おぼ》えず顔を紅《あか》らめ乱《みだ》れ髪《げ》を頬《ほほ》にちらして口唇《くちびる》にくはへぬ。

梅本様《うめもとさま》の御邸《おやしき》にても異存《いぞん》のあるやと念《ねん》を押《お》され、今更《いまさら》の様に申訳《もうしわけ》なく羞《はず》かしうなりて無《む》言《ごん》に俯首《うつむけ》ば、其心を知《し》らぬ母親《ははおや》、お花の返事《へんじ》なきを見て、心に染《そま》ぬを無理に勧《すす》むるにもあらねば、其方《そなた》の量見《りょうけん》を曲《まげ》ても従《したが》へと言ふにあらず。如何《いか》にも夫《それ》にては我の世話甲斐《せわがい》もなしと、名主笑《なぬしわら》ひ乍《なが》らお花を眺《なが》むれば、又《また》ぽつと紅《あか》らめて辞儀《じぎ》しつゝ、何分御世話《おせわ》をお頼《たの》み申《もう》しまする。

二

霜深《しもふか》きまゝに紅葉早《もみじばはや》く、春日山《かすがやま》の樹木《きぎ》錦綾《にしき》を染《そ》めて、夕暮《ゆうぐれ》の鐘《かね》の音《ね》に散《ち》るには花の如き眺望《ながめ》を、窓開放《まどあけはな》して我家の庭《にわ》の如くに、清《きよ》き流を前に控《ひかえ》て黄銅《しんちゅう》の鋲《びょう》にかゞやく黒《くろ》の御門《ごもん》を聞《き》けば、梅本様の御別邸《おやしき》と如何な小児《こども》もうなづくべく、こゝに静閑《しずか》な境《さかい》に二百坪余《つぼあま》りの広《ひろ》き結構《けっこう》なる御構《おかま》へは、先《もと》の御家老《ごかろう》梅本新之助が数寄《すき》を好《この》みての新普請《しんぶしん》とぞ聞《きこ》えぬ。

老《おい》ての快楽《たのしみ》は心の安逸《やすき》にありとて、風雅《ふうが》な道に行末《ゆくすえ》を契《ちぎ》り朝夕《ちょうせき》の慰《なぐさ》みに盆栽《ぼんさい》を手入して、眼鏡越《めがねごし》に築山《つきやま》の風景を賞《しよう》し、もろき足《あし》を泉水《せんすい》のほとりに運《はこ》べば水の面《おも》に映《うつ》ろふ姿《すがた》は、霜《しも》白き髪《かみ》の毛《け》に秋はいよ〳〵深《ふか》き風情《ふぜい》あり。

半輪《はんりん》の土橋は池の水上《みなかみ》に渡され、鶴《つる》千年の寿《ことぶき》を祝《いわ》ふ松の風色《すがた》は、築山《つきやま》の裾《すそ》に舞《ま》ひて雪《ゆき》見灯籠《みとうろう》の立る辺《ほとり》に、ぬれがらす淡泊《さつぱり》と島田に結《むす》び銀《ぎん》の平打《ひらうち》を翳《かざ》し、裾《すそ》に秋艸《あきくさ》の模様《もよう》染めし御紋付《ごもんつき》黒縮緬の振袖《ふりそで》に矢羽《やばね》一本繋《つな》ぎを織出《おりいだ》せし博多《はかた》の帯を竪《たて》やの字にしめたるは、年頃《としごろ》十七八の美《うつく》しき瓜実顔《うりざねがお》、姿を水に宿《やど》して魚《うお》や沈《しず》まむと見しは、侍女《こしもと》お花なりける。

春日山《かすがやま》に今日を晴《はれ》の勝負《しようぶ》も暮近《くれちこ》うなれば染之助《そめのすけ》が勇壮《いさま》しき勝利を聞《き》くに時《ま》もあるまじ。褒賞《ほうび》に何《なに》がな志《しるし》せむと思へど、お花面白《おもしろ》き慰労《なぐさみ》なきやと尋《たず》ねられて、若様《わかさま》はお茶が御嗜《おすき》の御様子《ごようす》なれば不束《ふつつか》ながら参《まいら》せたしと言《い》へば、夫《それ》も可《よ》し。我も花を挿《はさ》まむ程に、寒菊《かんぎく》の一《ひと》枝《えだ》二枝を願《ねが》ひたし。一夜《ひとよ》一夜《ひとよ》に寒《さむ》うなる此頃《このごろ》の風には耐《こら》へかぬると言ひつゝ、殿は庭下駄《にわげた》を離れ座敷の方《かた》へ向《む》けぬ。

後《あと》にお花土橋《どばし》を渡りて枯尾花《かれおばな》の露《つゆ》にぬるゝ褄《つま》をとりつゝ、乱《みだ》るゝ寒菊《かんぎく》の咲香《さきにお》ふ彼方《かなた》に歩行《あゆみ》を移せば叢《くさむら》中の虫《むし》の音《ね》もたちまち止《やみ》けり。

菊《きく》の根元に立膝《たてひざ》して、斜《なな》めに其一端《そのはじ》を懐中《ふところ》の外《そと》にあらはす天鵞絨《びろうど》に牡丹《ぼたん》の花を縫《ぬい》たる函《はこ》迫《せこ》を取出し、包被《つつみ》たる小菊《こぎく》に手を拭《ぬぐ》ひ、鋏《はさみ》取出しつ、枝振《えだぶり》に、少時《しばし》眼《まなこ》を止《と》めて、黄菊《きぎく》白《しら》菊《ぎく》、香《か》を袖に移《うつ》して剪《きら》むとすれば、無情《つれな》や花は散《ち》りて口惜《くちお》し。

お花背《せ》をうたるゝに心付《こころづ》き、振返《ふりかえ》り見れば人の影《かげ》は見えず。紅葉《もみじ》の風に散《ち》りしならむと、菊《きく》に眼《まなこ》を奪《うば》はるゝ後部《うしろ》に、又もや山茶花《さざんか》の蕾《つぼみ》を投《なげ》つくる者あり、不思議《ふしぎ》と頭《こうべ》を廻《めぐ》らせば、又《また》しても影《かげ》はなきに、気の迷《まよい》と顔を返《かえ》す右の頰《ほほ》に、又投《なげ》つけられて驚《おどろ》く顔色《かおいろ》の、可笑《おかし》と思ひしか笑《わら》ひ声の聞《き》こゆる方《かた》を見れば、山茶花《さざんか》の後《うしろ》に笑ひつゝ立《たて》る美麗《うつくし》き若者《わかもの》あり。

お花《はな》ニッコリと笑《わら》ひて、若様《わかさま》の御戯《おたわむ》れかな。何事かと誠《まこと》は心冷《こころひや》せしと言《い》へば、許《ゆる》して呉《く》れ。

お庭口《にわぐち》より上《あが》らむと思ひて、其方《そなた》の姿を此所《ここ》に見とめ、むざと通《とお》るも興《きょう》なしとての悪戯《いたずら》、怪我《けが》は無《な》きやと問《と》はれ、花に打《うた》れて怪我《けが》する人はあるまじと笑《わら》へば、イヤ〱花《はな》よりも美艶《うつくし》き顔に、風さへ無情《つれなく》は吹《ふ》く者に非《あら》ず、何《なん》となう頰《ほほ》の辺《あたり》は殊に艶《つや》ありと進《すす》み寄《よ》れば、顔《かお》をそむけつ菊《きく》の一枝《ひとえだ》を剪《き》りて、存《ぞん》じませぬ。

染之助近寄りて傍《かたえ》に立《た》ち、祖父様《じいさま》は何《なに》をして居《お》るゝか。殿様《とのさま》は若様のお帰《かえ》りをお待《ま》ちなされて、花を活《い》けむと妾《わたくし》は其の御使《おつか》ひ、御勝負《ごしょうぶ》の御模様《ごもよう》を伺《うかが》ひたしと申されて御待遠《おまちとお》しき御様子《ごようす》と言へば、勝負《しょうぶ》とな、見事《みごと》山瀬《やませ》を打《なぐ》ッてやッた。山瀬《やませ》様《さま》を、夫《それ》は御目出度《おめでとう》御嬉《おうれ》しう存外《ぞんじます》。ナニ其方《そちゃ》悲《かな》しからう。エッと顔見《かおみ》合《あわ》すれば、染之助ハヽヽと笑《わら》ひて、気《き》の毒《どく》な事をしたり。

其方《そなた》には申訳《もうしわけ》なしと言ふを又其様《そのよう》な事、私《わたくし》には此位《このくら》ゐ心嬉《こころうれ》しい事は御座《ござ》りませぬ。御《ご》祝儀《しゆうぎ》申上舛と言《い》ひつゝ、お花立上《たちあが》りて裾軽《すそかろ》く払《はら》ひ、若様《わかさま》。何《な》に。お先《さき》にお立《た》ち遊《あそ》ばせ。我《われ》は表《おもて》より廻《まわ》れば其方《そなた》は我が帰《もど》りたる由を伝言《ことづけ》して玉はれ。分《わか》れてお花の進《すす》み行《ゆ》く後《うしろすがた》姿を見送り、お花！　呼止《よびと》むれば振《ふり》かへりて中腰《ちゆうごし》に屈《かが》曲み、命令《おおせ》を待《ま》たむ風情《ふぜい》に、用《よう》は無《な》けれど只《た》だ呼《よん》で見たのみなり。お口上手《くちじようず》なと言へば、実《まこと》は余《あま》り美麗《うつくし》さに、つい人見違《ひとみちがい》せし罪《つみ》は我《われ》にありと笑《わら》ひぬ。

忘れられない人

そのころの宗右衛門《そうえもん》町は、太左衛門橋《たざえもんばし》北詰から東側は道頓堀《どうとんぼり》に沿つて空地であつた。ところ〴〵樹木があつて子供たちの遊ぶ場所であつた。古い話だ。

明治二十六年か二十七年か、弁天座が焼け落ちたその夜半に、私たちは水に映る素晴しい光景を、熱い風に吹かれながら河岸の捨石に腰掛けて見物してゐる。彼女は堅く寄添つて私の両方の手を無理に引張つて握りしめている。

「あそこの紫娘、東京へゆくさうだね」と角の二階をちよつと見上げていつた。「さう」と聞きたくないやうな気のない返事だ。

「横浜の平沼さんといふ人のお妾《めかけ》さんになるさうだ、女つていふもの、みんなさうかしらん」

「知らんわ」と彼女は俄《にわ》かに泣声になつて、それからメソ〳〵と泣き始めた。

「イヤだね、もう火事も消える、お家へはいらうよ」二人は連立つて手をひきながら歩き出した。

「私のこと忘れないでネ、もう、だれにいふたつてかまはないわ、もう恐くないのよ」

「何をいふの、をかしいね」

「をかしくないわよ」

私たち二人の中は「知れては困るから、内証にしてね」と堅く彼女からいましめられて居つて、どんなにか、窮屈な不自由な逢瀬をたのしんで居つたことであらう。彼女は未だ十六か十七か、小柄であつたから若く見えるのかも知れない。存外ませて居つたから、あるひは十七以上であつたかも知れない。

二三日たつて、いつものお家にゆくと、その家の内儀が「あの子可哀さうに、西へ売られて行つたさうだ」

「え、いつ」私は彼女がM屋といふ旅館の娘だとばかり信じて居つたが、実は養女で、さういふ養女を、いつも三四人は仕込んでゐるといふ話であつた。

それから後、私は九州へ旅行するたびごと、どこぞで、必ず彼女にめぐり会ふかも知れない、会つて見たい、と心に念じて居つたのである。

　昭和十五年八月一日、私が蘭印使節として出発する時、門司《もじ》の山手の大きい料理屋で盛大な官民連合の送別会があつた。宴会が終つて玄関から門前の車に乗るまで、ダラ〳〵路を下りて行くその両側にならんで居つた群衆の中に、派手な浴衣を着た六十五六ごろの老婆が立つて居つた。私の顔をじつと見つめて居つたが、不図《ふと》、その老婆の顔と、私の視線があつた時、ア、ちがふかしら、と思はず立留まつた。彼女は横を向いて、それからスタスタと隠れるやうに、逃げるやうに歩いて行つた。

　五十年近くの間、私の心の底のどこかにかくれてゐる彼女の顔を、私はとき〳〵思ひ出す、彼女の顔に違ひない。しわくちやの老婆の顔！　忘れることのできない長い夢の中のともし火であるかも知れない。（朝日新聞、［昭和］二七年八月二日）

かるた会

　明治四十二年の天満焼《てんまや》けと呼ぶ大火事で、北区若松町《わかまつ》あたりは跡形も無く一変してゐるけれど、今から三十七八年も前の昔の話、堂島《どうじま》川に沿つた川添ひの二階家、其頃有名な伝法屋といふ宿屋の前から半町余りも北にゆくと、閑静な住宅地の一廓があつた。小路の左右は棟割長屋の軒つゞき、入口の東西に二階家が対立して居つた。三井銀行社宅の其東の家に、鈴木梅四郎といふ墨色も鮮かな木札を仰ぎ見ながら、四五人の書生風の青年が格子戸の前に立つた。

　冬枯れの川風が松飾りのしめ縄をゆすぶる、うら寒い夜であつた。四五人の書生風の誰々であつたかは判然と記憶に無いが、其中に菊本直次《きくもとなおじ》郎《ろう》君と酒井静雄君の居つたことだけは、此《この》物語りの主人公であるだけに間違ひは無いと信じてゐる。

鈴木《すずき》呑天《どんてん》［梅四郎］翁が血気横溢の青年時代であつて、三井銀行大阪支店の次席として赴任して来られて越年した初めてのお正月である。下宿住ひの書生上りの巣立つて間も無い連中を集めて、お屠蘇《とそ》の御馳走からカルタ会に春宵《しゆんしよう》の一夜を遊ばせようといふ催しであつた。其頃の私はニキビを気にする文学青年であつて、銀行の小僧としては、気乗りのせぬいたづら者であつたが、これより先、呑天翁がまだ時事新報大阪支局記者としての貧民窟探検記といふ南巷長町の記事を読んで、今の言葉で言ふならば、社会政策研究の第一人者といふやうな態度で記述された読物に心酔して居つたのであるし、平素店内にあつては事務上のお話か、浮世話としても、其時から既に〳〵頑固を看板にして居られた呑天先生からは、余り御高話拝聴の機会が無かつたのであるが、不図《ふと》、貧民窟探検に就《つ》いて此夜の席上、私の質問がお気に召したと見えて、それから、其当時の苦心談と気焔《きえん》とに私達青年の心を躍らせる訥々《とつとつ》たる其雄弁は、或ひは此当時から国民党代議士の萌芽がきざして居つたかもしれない――其面白いお話の最中に、美人が二三人、静かに襖を開けて現はれたのである。

良家の処女、鬼も十八、番茶も出花といふ年頃の御令嬢に対して礼儀も知らなければ、お話しすることすらも覚束《おぼつか》ない野生の一群の中に、貴公子のやうな菊本君だけは金縁の眼鏡に色白の優男《やさおとこ》、平素裕福の生活から断然一頭地をぬいてのモダンであつたが、此菊本君だけは自分の定期預金から引出して、五分利の整理公債を百〇四円八十銭で何百円か買収するといふやうな豪勢な若旦那様振り。平素から指をくはへて羨望してゐる連中から見ると、まだ紅葉山人の金色夜叉といふ小説は此世の中に生れぬ先であるから、誰がお宮で誰が貫一で、そして何人が富山の役割に当るやら其点は不明であるが、此夜のカルタ会のにぎやかさは下宿生活の銀行小僧達にどんなにか恐慌を起さしめたであらう。其時の語り草が今尚私の脳底にきざみついて居るのでも判ると思ふ。

「お咲さん」と呼ぶ御令嬢の名前を覚えてゐる。小作りな瓜実顔《うりざねがお》の可愛らしい娘で、それが鈴木夫人のお妹御であつたやら、お知り合の御令嬢やら、其点は少しも記憶がないが、指折り数ふれば、此お嬢さんも昭和七年の今日になると、五十五六のお婆さんになつて、お孫さんのお世話をして安楽な余生を送られて居られるかもしれない。

私達はお互に経て来た一生の歴史の中に、何等か印象を残すべく、其夜のカルタ会を語り合うて、どんなにか呑天先生に感謝して居つたらう。

然《しか》るに、それは偶然から、ある一人の男の不平話で、忽《たちま》ちに私達の間に一大波瀾を捲起したのである。

「君、先達ての晩、鈴木君によばれたあのカルタ会ね。あれはあのお嬢さん方の婿選みで、菊本君が候補者ださうだ。菊本君だけがイヤに一人洒落《しや》れて居つたらう、其理由が茲《ここ》に於いて明瞭であると言ふべしだ。畢竟《ひつきよう》僕等は、刺身のツマに利用されたのだよ、馬鹿々々しいから、君、菊本君に奢らせるか、然《しか》らざればだ、も一度鈴木君の御馳走にならなければ埋合せがつかないと思ふ」

「賛成々々」

「動議が成立したやうだ、異議がなければ、実行せしむる手段を研究しようではないか」

と言ふやうな冗談に花も咲いたけれど、それがどう具体化したか、或は其儘泣寝入《そのままなきねいり》になつたか、其辺のことは今になると記憶にも残らなければ、その花婿と目ざされた菊本君がお断りしたのやら、お咲さんと呼ぶお名前のお嬢さんが恥しがつて逃げなすつたのやら、其辺の事は皆目判らない、只《た》だ漠然と若き女性の名前だけをはつきり覚えてゐる青春の恋心を思ひ浮べ、微笑を禁じ得ない自身を顧みて、此機会に於いて依然として矍鑠《かくしやく》、壮者を

凌ぐ我が呑天先生の御健康をお喜び申上度いのである。（昭和七年四月一日）

住友家と私

上　〝住銀〟増資

「住友家と私」といふ題目は、一寸意外に思ふだらう。住友に対しては、全然門外漢である私に、住友に何の関係ありやといふ質問を受けるかもしれない。が、実は私も一度は住友の奉公人たるべく、面白い経歴を持つてゐるからである。それは明治三十二年前後の話である。其《その》当時私は、三井銀行大阪支店の営業部長といふやうな仕事をして居つたのである。支店長は平賀敏《ひらがさとし》氏であつた。或時平賀支店長は突然私に寝耳に水のやうなニュースを打開《うちあ》けた。

「これは絶対秘密だがね、今度住友が銀行を増資して本格的に乗出すことになつて、田辺《たなべ》貞吉《さだきち》君が支配人になるので、其副支配人に銀行事務に精通してゐる人を世話をしてくれと頼まれたが、君が適当だと推挙したが、行く気はないか」

と言ふのである。支配人になるといふ田辺貞吉さんは、小柄の風流才人で、どちらかと言へば、所謂《いわゆる》住友型の、融通のきかない、君子振つた態度とは全然異つて、酔へば必ず下手な踊を踊つて、座興の賑かな遊び好きな人であつた。平賀氏とは仲のよい友達であつた。

これより先明治二十九年頃と記憶する。岩下清周《いわしたきよちか》氏が北浜銀行を設立する時にも、三井銀行堂島支店長の小塚正一郎君と共に行くべき運命であつたが、ある事情によつて中止、三越呉服店専務理事であつた高橋義雄《たかはしよしお》氏から訓戒を受けて名古屋支店に左遷され、そこで支店長平賀敏氏の知遇を受け、三十一年頃平賀氏が大阪支店長として転住と共に、再び大阪支店に舞戻つた関係から、同氏の御引立を受けて居つたのである。住友財閥なぞと言ふのは日露戦役後の話で、それまでは東の古河《ふるかわ》、西の住友と呼ばれる程度の鉱山師にすぎなかつたのである。いよいよ銀行に乗出すといふ其住友には、まだ完全に資本金すらも準備されて居らなかつたので、三井から買つた土佐堀《とさぼり》の倉庫をウォーターバリューして資本の形態を備へたといふ内情を聞いてゐる。

此《この》土佐堀倉庫は、後年銀行から離れて住友倉庫として独立したものであるが、此不動産売買には面白い話がある。なぜ三井は土佐堀倉庫を住友に売却したかといふ事情である。明治何年であつたか、年は忘れたが、忘れ得ないのは、土佐堀川の左岸に繋いだ何艘かの和船に満載した米穀をめぐつて発行した倉庫証券の空券《くうけん》問題である。

丁度その頃、堂島には米の買占の大手筋強弱戦争の真最中で、渡し米がある、イヤ米不足だ、と双方が密偵を放つて在庫米の胸算用に狂奔してゐる時、無いと思つたお米が意外に沢山に現れて売り方が優勢になつた。それは三井倉庫が空券を発行したからであるといふ非難であつた。実地踏査といふ事になると、その時倉庫には記載の何千何百俵は完全に存在してゐる。倉庫の中にあるには違ひない。然《しか》し此お米は倉庫証券発行日付の時はまだ河岸に繋いであつた船の中のもので倉庫の中のものではない。船中は倉庫でない。やがて倉庫に保管すべき約束があつたとしても、廻送中の積荷を在庫品と認むることは出来ないといふ同一理由によつて、河岸に繋いである船中のお米に対し倉庫証券を発行することは不正行為である、空券である。三井は空券を発行したと攻撃されて、結局倉庫主任は処罰され、倉庫そのものまで売つてしまへといふ東京の命令を受けて、弐拾万円未満で住友に買つて貰つた。其不動産値上げによつて住友銀行は出来たと言ひ得るかもしれない。

さういふ内情まで聴いて居つた私は、彼は素行が修まらない道楽者だからいけないといふ反対を受けて落第をしたのである。そして平賀支店長の次席に居つた私より五六歳年長者の滝沢吉三郎《たきざわきちさぶろう》君が住友銀行副支配人として採用された。彼は東京支店長となり、後に独立して兜町《かぶとちょう》に株式仲買店を開き、財産も出来、斯界《しかい》の長老として尊敬された成功者であつた。

中　鈴木総理とS曲線

住友家には関係はないけれど総理〔住友総理事〕鈴木馬左也《すずきまさや》翁にトッチメられた恐ろしい経験がある。それは阪神急行電鉄と改名しない前の話である。神戸ゆき急行電鉄の計画は住吉川西堤から一直線に観音林《かんのんばやし》を貫通し、村山邸北庭を横断して現在の御影《みかげ》停車場に至る区間に対し、村山龍平《むらやまりようへい》氏から大反対を受けて、此区間を地下道式に変更してほしいといふ申出があつた。神戸線は今日こそ何人《なんぴと》も無謀の計画とは言はないだらうが、其当時は果して出来るか、出来ぬか。あれは阪神電鉄に合併を強要せんとする箕面電車の空威張で、あんなものは断じて出来るものではないと一笑に付せられて居た。折柄《おりから》世界戦争が始まり、物価はどしどし暴騰する、建設費の予算は狂ふ、資金の貸手はない。今に放棄するに違ひないと馬鹿にされて居つたから、結局あの計画は実現しないだらうと、同業者からも軽視されて居る間に、我々は岸本兼太郎《きしもとかねたろう》氏の義侠にすがつて三百万円の大金を借入れ、着々として工事を進行せしめたのである。あの様子では出来るかもしれない、と心配になつたと見えて、村山翁は隣邸の鈴木馬左也翁と観音林の武藤山治《むとうさんじ》の両氏を勧誘し、附近一帯の居住者を糾合し、地下鉄に変更の具体的調査と其建設資金増加額を負担する運動を開始し、彼是《かれこれ》百万円近い寄付金を調達して、私に会談を申込んで来たのである。

或日、大阪倶楽部の一室に村山、鈴木、武藤の三大人と、阪急からは平賀社長と私と五人、夕飯後彼是三時間余り会談したのである。

「静閑なる住吉《すみよし》の別天地に、電鉄をひくことすら我々は大反対である。住吉駅から山の手一帯は、阪神間唯一の明媚閑雅なる住宅地として保護すべき仙境である。其中央を横貫して雑騒の俗天地たらしむるより、地下鉄に変更するとせば、どれだけか其住民は喜ぶことであらう。然《しか》も地下鉄に変更する為めに要する建設費の増加の中へ、我々は百万円を寄付せんとするのであるから是非快諾せよ」

と言ふのである。村山翁は簡単に会合の挨拶をしただけで、議論の筋道を立てて堂々と演説口調に話されたのは鈴木翁であつた。私は唯《た》だ黙々として謹聴するのみであつた。平賀社長は早く既に三大人と内話《ないわ》ずみ、小林さへ異議なければと至極安易に受合つて居つた様子であつたから、私は、これは議論をしてはいけないと考へていつまでも無口で居つた。ところが、私は勿論馬鹿にして居るつもりではないが、かういふ場合になると、随分図々しい糞度胸《くそどきよう》があると見え平気を粧《よそお》うて居つたが、胸はドキドキと止《と》め処《ど》がない。然し黙つて居るに限ると思つたから沈思黙考の態《てい》でうなだれて居つたのである。

するると鈴木翁は声を激まして、

「小林君、既に平賀社長は承知し居るのである。君が頑張る理由はないではないか」

「そんなに叱らないで下さい。私は住友の奉公人ではありませんから」

私の声はふるへて居つたのである。村山翁は武藤さんと顔を見合せて、平賀社長に対し「あとは平賀君にお委せいたしませう、それでいゝでせう」と言ひながら席を立ちかけた。「小林君どうする」平賀社長は言ふのである。「大問題ですから重役会を開いてきめませう。然し私は反対であることをハッキリ申上げて置きます」と言ひ放つて、私はさつさと先に帰つたのである。地下式がよいか、わるいかに就《つ》いては、其可否いろいろの議論があつたが、私の一番心配した点は観音林一帯の地下は巨岩磊々《らいらい》の難工事で、さう簡単に引受ける勇気がないのみならず、此の地下鉄変更の為めに開通が遅れることは、財政的に会社の致命傷であることを恐れて居つたからであつた。さりとて阪神間に於ける巨頭三大人がこれほど辞を厚うしての申入に対し、余りに冷淡に看過しては申訳がないと思つて現在御覧の如く村山邸の北隣を通過するために、観音林からSカーブの悪線に余儀なく変更したことは、今になつて考へるとまことに何といふ意気地がなかつたであらうと、愚痴ざるを得ないのである。

下　須磨別邸で少女歌劇

大正七年七月七日、住友家須磨の別邸に於いて、英国皇太子、コンノート殿下御接待当夜の余興として、宝塚少女歌劇を御覧に入れてほしいから出演を頼む、といふ丁重な交渉を受け、私は喜んでその御希望に応じ「中将姫」、「雛祭」二幕を御覧に入れた。其当時、大阪クラブの食堂に於いて、これは時節柄だ、住友家が箕面《みのお》電車に好意を寄せる外交的お世辞だなぞと皮肉くつた話もあつたが、芸妓の余興なぞは千篇一律で各方面に於いてあきあきするほど御覧に入れてある。何か変つたものはないかといふ上役の指図から、宝塚少女歌劇ならば却《かえ》つて面白からう。洋楽で芝居をする珍しいものであるからと言ふのできまつたと言ふ話である。

「中将姫」も「雛祭」も、日本舞踊の美麗なるコスチューム満艦飾であつた。それは殿下の御前近くの晴れがましい舞台であつたから、特に新調したことを記憶してゐる。幸ひに好評を得て花籠を頂戴して引下つたが、住友家としては、此種の伎芸を邸内に持込むといふが如きは、破格の催しであるとのことであつた。

若《も》し私が其当時、川田順《かわだじゅん》先生のやうな文学青年社員に交際して居つたならば、須磨の別邸夜会の前例を持出して、住友家吉例の大夜会には無理からにも余興に頼み込んだかもしれないが、不幸にして歌人順先生を知らなかつた。そののち知つたのは、住友畑に似合はない粋人で、狭斜《きようしや》の巷《ちまた》に酔歩《すいほ》蹣跚《まんさん》、彼女から「あのお方は話せますよ」と教へられた後であつたが、元来住友畑の人達はいづれも堅造で通つてゐる。四国のある肥料会社の重役の述懐に「住友さんにお世話になることは誠に有難いが、衣冠束帯で塵捨箱までお調べになるから閉口する」と凡《およ》そ融通性の乏しさをこぼして居られたさうであるが、此衣冠束帯といふ言葉は、よかれあしかれ住友人の性格を一言し得て妙なりと感心したのである。

私は住友の上役には深いお近づきの人はないが、銀行の八代則彦《やつしろのりひこ》君と信託の今村幸男《いまむらゆきお》君にはお世話になつた。八代君とは特に五大電力連盟当時に於いて、今村君には私個人の借金に於いて、其借金は全部住友信託であつたから「そんなに貸しすぎて大丈夫かいと、総本店の問題になつたから毎期若干は必ず入金してくれ」といふ確約を実行することが出来ず、却つて貸増しをお願ひするに至つたのは、幸ひに私の関係会社が堅実に成長し増資、増配、新株といふ順調に恵まれた理由もあつたが、今村君の同情によるものと信じてゐる。すべて、それが昔の夢となつた今日に於いても深く感謝してゐる。そしてなぜ私が三井その他、縁故の深い銀行を離れて縁もゆかりもない住友にお願ひしたかといふ次第は、何も衣冠束帯を尊敬し崇拝したと言ふのではない。それにはかういふ訳がある。

昨秋逝去した南海電気鉄道の社長吉村茂君から聞いた話である。吉村君が多年、高麗橋《こうらいばし》四丁目島商店の責任者として、外国貿易に心血を注いで居つた当時、島商店が一時苦境に陥り、住友銀行の救助によつて再生し得た其いきさつの任俠と大乗的指針により、はじめて局面を転回し得た事情をきき、若し住友銀行がなかつたならば、必ずや閉店したであらうといふ吉村君の感激談に酔はされてから、立寄らば大樹の蔭といふ意味ではなく、青年時代二十年近く銀行で育つて来た私は住友に走つたのである。今日の大阪銀行も、恐らくその伝統的家風を維持して居るであらうか。今の私は既に〳〵門外漢であるを如何せんやである。（産業経済新聞、〔昭和〕二六年一〇月）

奈良のはたごや

六月八日、温室《むろ》の裡《うち》に居るやうな蒸暑い厭《いや》な心持の日だ。降り足らぬ雨が頭を押しつけるやうな灰色の空から時々少しづつこぼれる、汚れた去年の麦殻《むぎから》帽子に雨を防《よ》けて梅田の停車場に行く。

福沢桃介《ふくざわももすけ》さんと長田秋濤《おさだしゆうとう》君と一美人（川上貞奴《かわかみさだやっこ》）とを迎へて、この春開業した許《ばか》りの奈良行電車に御案内する事になつて、駅前から直ぐ上本町《うえほんまち》行の市電に乗つた。

奈良行電車とは一時大阪の経済市場を騒がし、疑問として注目された大阪軌道のことである。社長は僕の恩人として且《か》つ先輩たる岩下清周氏である。殆《ほとん》ど富士山の高さと同じ長さのトンネルを生駒山の半腹にぬいて、日本に未だ嘗《か》つて試みられた事のない広軌複線の大工事を企画した事であるから、其《その》成功を危んだのも無理はない。

何人も四月の末に開通しようとは、予期して居らなかつたのである。

四月三十日にいよ〳〵開業した、日本一の宏大なトンネルと、建設にあらゆる最新式を応用したる点と、汽車よりも早く然《しか》も乗心地よき点に於いて大阪市中の評判はすばらしいものである。電気業に幾多の関係をもたるゝ福沢桃介さんが、今日しも奈良行電車に試乗しようとして、僕自ら東道の主人たるを得たのは、如何にも心嬉しく光栄とするところである。

風に誘はれて雨が降り出した。

　上本町六丁目の停留場の正面に立つて涼しい西風の斜めに吹きつくる細い雨に、色白な横顔の半面をぬらしながら、四辺《あたり》を眺めて居る福沢さんは「出札口をなぜ斯《こ》う小さくするのだらう、小さくしないと、何か不都合があるのかい」と言はれる。

「サア、小さすぎますなア、何も斯う小さくする必要はないでせう」と僕は返事はしたものゝ流石《さすが》に注意深いのに驚いた。

「僕はこれでも奈良は初会だから不思議だらう」と秋濤君は尖髯《ポイント》の先に雨の雫を宿《とま》らしたまま、欧山米水を鵜《う》呑《のみ》にした椿姫を専門の博士にあるまじき初心《うぶ》な口振りで言ふ。

「奈良を知らぬとは妙ですな」

「いつでも京都でどうかなさるからでせう」と女の声。

「さうです、奈良へゆかぬ先に京都で酔ふからです。要するに美術よりも美人ですな」

「まだ早いよ」と福沢さんに言はれて、展望車のやうな綺麗な電車に乗り込むと、三百廿馬力、五十哩《マイル》の速力を有する車が帯のやうに真直《まつすぐ》な線路を滑《なめら》かに動き出した。

恋の辻占《つじうら》で名高い瓢簞山《ひようたんやま》のお稲荷さんの丸い小さい塚を朦朧《もうろう》たる雨中に眺めて、三十三分の一の爪先のぼり、二哩半の麓路を石切《いしきり》神社の鬱葱《うつそう》たる森の前まで来ると、いつもなら摂津《せつつ》、河内《かわち》の広い〳〵田畑が一眸《いちぼう》の裡に収まる沿線唯一の好景も雨にとざされて、峰の頂から吹き下がる白雲の中を、けたゝましい警笛の響が行手の谷間《たにあい》にこだまするると思ふと、直ぐに生駒大隧道の入口に来た。

崩壊！　爆発!!　黒煙り、叫び声、生血の泉なぞ、幾多の犠牲を払つたこのトンネルの中には、彼の世から此の世につゞくやうに電灯の光りが細く長く星のやうに限りなく輝いて居る。煉瓦巻から滴《した》たり落ちる雫をてらすヘッドライトの銀色のもの凄さ、バラストを伝うてせせらぐ流れの水の音がかすかに聞える、延長五千何百尺といふ処に大和、河内の国界の目標を見付けたと思ふと、出口の半円形の頂きが、山の端に現れる月のやうに見え出した。

「実に綺麗だ、愉快だね」と昼のやうに明るい車中に立つて行方を眺めて居つた秋濤君は

「君、出口が見え出したよ、随分長いトンネルだね」

「涼しくて佳《よ》い心持だわ、夏はいゝでせうね」と東京弁の女の唇から、巻煙草の白い煙が

もれる。

闇中正に八分、穴を出ると大和路につゞく小松の丘陵を左右に見て、速きこと矢の如しだ。

「流石に岩下君だ、この仕事は、岩下君でなければとても出来ないよ、よし岩下君が北浜銀行を開城しても、唯だ一つ此《この》大阪軌道の存在によつて彼の生命は永久だ、君、大阪からハイスピードの電車で、数十分間に奈良にゆかれるといふ事は、今に見給へ、それは非常なことになるから。他日、株主が必ず彼の頌徳碑《しようとくひ》を建てる時代が来るから」と福沢さんは熱心に語り初めた。それから優先株の発行額や運輸収入の予想なぞ、胸の裡で計算しながら、時々質問せられる。

「大阪軌道の前途は勿論有望だ。今に見給へ、此次《このつぎ》の成金時代には、此鉄道が起点になつて伊勢路から名古屋へ連絡する大鉄道になるから見給へ」

と言つて暫《しばら》く考へて居つたが、

「矢張り岩下君はえらいよ」と妙に感心をし初めた。

岩下さんに対する福沢さんの感情はどちらかと言へば平素冷かであるやうだ、岩下さんの此度の失敗に対して同情の念はあるけれど、然し当然免るべからざる運命だと、予期して居られるやうに断言せられたこともある。福沢さんも世間から誤解を受ける人である、岩下さんも亦《また》世間から誤解せられて居る人である、随分《ずいぶん》露骨に憎まれ口をきく福沢さんが「矢張り岩下君はえらいよ」と感慨無量にあつた様子を直覚した僕の心中は、実に嬉しくてたまらない。今や大阪に於ける唯一の問題は、岩下さんのお身の上である。実にお気の毒だとお世辞を言ふ人に、存外同情のない顔付を見厭《あ》きて居る僕は、平素悪口を言ふ福沢さんの其真率《そのしんそつ》の態度を見て、実に〱堪まらないほど嬉しかつた。

西大寺《さいだいじ》の甍《いらか》に注ぐ雨の大和路の夕暮のうす煙を彼方此方の青葉の影に漂はせて、まだ消えやらぬ菜種がら焼く野末の先にはお誂《あつら》への塔が見える。奈良はよい所、古き都の雰囲気の裡に電車が着くといふ事実其物が、少くとも史的興味を殺《そ》ぐやうに思はれては困る。「まだ水道の出来て居らない奈良の市街に僅か三四丁乗入れるといふだけで、ダブルトロリーを適用せしむるといふは実に馬鹿気た話だ。大阪から十九哩何十チェーンをシングルで来て僅かに二十チェーン、それを複線にしろといふのは随分無理な話だ、そのくせ、彼所《あすこ》は大極殿《だいごくでん》の跡だからというて遠廻りをしろ、一直線を大曲線にせよと強ひるのだから、この位矛盾した話は無い、お役人も困つたものだよ」と大阪軌道の当局者が愚痴を其まゝ受売しながら停留所につく、雨はまだ止まない。

「僕は田舎漢《いなかもの》だ、お上りさんだから、幌を上げて置いてくれ、なに濡れてもかまはない、見物すべい」と秋濤君は洋服の襟を立て、夏帽子を阿弥陀《あみだ》に被りながら車に乗る。四台の車は軽き風に柳のみどりなびく猿沢《さるさわ》の池のほとり、人に馴れる鹿の一群をよけて、南円堂前の坂を上つて、青柴の広やかな春日野の一端を左に見て、こけむす灯籠に杉の木立、大鳥居の前を右に折れて奈良ホテルに着く。

池を隔て春日山、東大寺、三笠山が一目に見ゆる二階の一室へ落付く、「実に絶景だ、いゝ処だね」と秋濤君は上衣をぬいで窓を明ける。若草山のあたり、一抹の白雲軽羅《うすぎぬ》の如く漂ふ、折から聞ゆる大仏の鐘の声！

「詩的を通り越して芝居気に出来て居る、争はれんものぢやテ」と秋濤君は少し反身になつて、シガーをくゆらしながら部屋の中を歩いて居る。突然「君、奈良の鹿には角がなかつたやうだね」

「今は何処《どこ》の鹿にだつて角はありませんわ、これからですもの」

「ヘエー」と秋濤君は不思議さうな顔をする。

「君、鹿の角は年に一度、枯れて落ち、それから来年の春頃になつて新らしく出るものだ」と福沢さんは説明する。

「冗談ぢやないよ」とすました顔付。

「アラ真実《ほんと》よ、貴方《あなた》、貴方の様な博識《ものしり》に似合はぬことですわ、春日さんの年中行事には、鹿の角切りといふ古式なお祭まであつてよ」と物を言ふ度《たび》に白いそろつた歯を一寸見せるのが、愛嬌ある此美人の特色だ。

「然《しか》し、角のある方が男の鹿でせう」

「男の方に角があるのよ」

「これは妙だ、角を切るべきものならば女の方に有るべき筈だ」

「知らないわ」と茶化されて美人は横を向く。

「ハ、、」と秋濤君は安楽椅子にどしんと坐る。

「妾《あたし》、失礼してお浴《ゆ》をいたゞきますわ」と三人を残して出てゆく、後髪《うしろがみ》には唯だこれのみと飾れる音符形にちりばめたダイヤモンドの光りが消ゆると共に、部屋に漂ひたる香水の馨《かお》りは自然とうすれゆく。

「情夫《いろおとこ》では何しても食へない、とても女で食う資格は無いと見える」と何に感じたのか秋濤君はそれから独言のやうに「もう、舞子の浜浪宅の場も飽々《あきあき》だ」と大きな欠伸《あくび》をする。

「君は反抗心があるから駄目だ、女で食はうと決心する以上は、何も女髪結や女義太夫の亭主を学ばずとも、或る点までは自我を没却しなくては駄目だよ」と福沢さんは言ふ。

「強《あな》がち自我を没却せんでも、情夫の資格のある者はちやんと統御して居るから妙だ、君、林亀にしても伊藤大八《いとうだいはち》にしても、さうだ。どうもそこへゆくと僕には情夫《いろ》の資格は絶対的にないものと大いに悲観したくなる、福沢君なぞは不幸にして金があるから困るけれど、或点は充分に情夫の資格があるから偉いよ」

「さうすると僕は女で食へる見込があるのだね、有難《ありがた》いな」

「福沢さんなぞは問題外だ、それは長田君の方が段が違ふと思ふ、長田君は実に理想的の色男だ」

「何故かい」

「何故つて只《た》だ色男過ぎるから困るので、要するに美人薄命の類さ、何時でも何人でも出来るから、直《じき》に逃げるか、逃げられるかで解決が着くので、男女の問題を軽く見すぎる罪だ」と僕は物知り顔に少しおだてた心持で言ふ。矢張り嬉しいと見えて頰のあたりに少し微笑が浮んで来た。

「さうすると矢張り執念深いのに限るかな、然し執念深いのには閉口するよ、物事は淡泊《あつさり》としなくては長持がしないやうに思はれるが」

「程度問題、余りに淡泊すぎると乗気になれず、執拗《しつこい》と嫌はれるし」

「結局は恋を重大視するものが勝つに極《き》まつて居る、長田君なぞは余りに恋を軽視して来た罪で、今日に至つて情夫の売口を探さうとしてもそれは無理だ」

「さうだ、もうかう老衰《おやじ》になつては駄目だよ」と心の底から出るやうな錆《さ》びた声で言はれた時、僕は不図《ふと》秋濤君の横顔を見る。

中央《まんなか》からうすくなり初めて来た髪の毛には油気もなく、今朝は剃刀《かみそり》もあてぬと見ゆる頬髯にも白髪が見える、女優浪子の情夫として一度は満都の青年の羨望の中心となった才人秋濤子の哀れなる末路——といふは少し言ひにくいけれど、女にかけては思ふこと叶はざるなしと、艶福のありたけをつくして来たこの色男の口から、自分には情夫の資格がないものと自覚せしむるに至つたのは実に悲惨な話である。

行く春を惜むのは女ばかりではない。年齢《とし》は重《と》りたくないという愚痴は、わけて此道に趣味を持つ四十男の偽らざる述懐として何人も苦笑する所である、朝な朝な何時とはなしに知らぬ間に禿げかゝる髪と、増える白髪とを鏡に見る心中の無念さは人に言はぬだけで、女房にさへも内所で繕ひ勝ちの人情をさらけ出して言ふものとせば、一廉《ひとかど》の豪傑も昔より思案の外と定まれる範囲内の痴漢たるに過ぎぬから、況《ま》して我秋濤先生が其老境に入るを悔やむ面影を見ると、情夫資格論を持出すのも実に無理がないかも知れぬ。

「年齢をとつては事実駄目です、馬鹿らしいと言ふのは実は負惜みで、到底落伍者たるを免れんからですな」と僕も近来趣味索然《さくぜん》たるに心細くてたまらぬ折柄とて、百万の味方を得たやうな心持がする。福沢さんは黙つて瞑目、長椅子にもたれたまゝ、気味の悪い笑いを漏らして居るのは、青春の恋を顧うて居るのではあるまいか。

「奈良は僕の初恋を味はしめた旧き都である、僕が二十二三の頃宗右衛門町に中雪といふお茶屋があつて、そこに別嬪《べつぴん》の娘があつて、それから一人可愛らしい芸妓があつて、名は勿論覚えて居るけれども言へない、娘と芸妓と三人で奈良に遊びに行つたと思ひなさい……今に忘れぬのはその娘が（妾、貴方のやうなお方にあつたことはない）と言うたが何ういふ意味か、それが判つて堪るものか」と要領を得ぬ話の中にも特に其文句を忘れない位、頗《すこぶ》る得意気に嘗《か》つて話されたことを思ひ出して、今それを繰返し〳〵思ひ出して居るのではあるまいかと、僕もつい誘はれて微笑するやうになつた。

過去を語るものは老いたり。過去を回想して其興味に満足するに至つては、現在に希望なきを証して余りありで、四十男三つ巴《どもえ》の智慧《ちえ》の無さ加減が可笑《おか》しくなる。

「長田君さう悲観するにも及ばないのは、下山京子のことが今月の〝ニコニコ〟誌に出てゐたよ」と僕は少し景気づける。

「あれを読んだのか」

「読んだ」

「来月はもつと面白いものが出るから読んでくれ給へ」

「今度は松竹女優征伐談かね、あれは君が一わたり平均に恩怨なしに満足さしたさうぢやないか、決して悲観するに及ばんテ」

「冗談ぢやないよ、馬鹿なこと、僕は松竹の女優には一人も関係ないよ、まさか長田秋濤老いたりと雖《いえど》も」

「いやに老いたりを気にするね」

「老いたる点は京子には誂へ向きだ」

「あれも僕は全く関係ないよ、然し存外彼女《あれ》は堅いよ、今世評に上つて居る連中で望月小太郎《もちづきこたろう》、野間五造《のまごぞう》、勿論駄目さ、神戸の鹿島、あれだけは確かだ、ア、いふヌーボー式でなければ一寸《ちよつと》京子の相手にはなれぬよ、僕も一月余り一葉茶屋に寝食を共にしたが、たつた一度機会があつたけれど」

「その機会は先方《むこう》からか、又は当方《こつち》からか」

「無論先方からさ、然し中々考へて居るから僕にもさう馬鹿は出来なかつた、福沢さん貴方も評判されて居る一人ですぜ」

「まさか、僕はア、いふ悪党はきらひだ」

「君も御連中の一人ではないかい」

「僕も初めの中《うち》二三度行つたけれど、到底我々の敵でないと見た、段が違ふから、直ぐに引下つたね。僕等の連中には箱根へ一泊がけで引つ張り出した男が一人あるだけで、然しそれも悧巧《りこう》な男だから退却したやうだ」と話の最中に浴上りの美人が這入《はい》つて来た。ほんのりと色付いた両頰を手で擦《こす》りながら窓を開けて涼風を呼ぶ。雨は益々《ますます》強く白銀のやうに斜めに〳〵硝子《ガラス》扉を打つ、春日の山も森も闇の中に隠れて、脚下断崖の池に倒まに映るホテルの灯影は画を見るやうである。

　酒場《バア》にゆく。ホィスキー、コックテール、平野《ひらの》水《すい》［炭酸水］なぞ思ひ〳〵にて、やがて食堂に入る。食後、喫煙室にて安楽椅子に足を投出しながら語る。

「女で飯が食へると言へば、島村抱月《しまむらほうげつ》は今後《いま》に［松井《まつい》］須磨子《すまこ》で食つて行けるだらうか」

と、僕は不図抱月のことを思ひ出して、彼の男は五人組から直ぐに女房、直ぐに女優と一足飛に結論に到達した因果として、喜劇と悲劇が一時に現れるべき運命を有すといふ話を聞いて居つたから、尚一つの理由は、僕の尊敬する先輩が精神的に須磨子を扶養して大成せしめたいといふ希望を――実に幼稚な笑ふべき希望を真面目に持つて居るから、僕は須磨子に対する知識を努めて養成しようと心掛けて居つたから、つい問うて見たのである。

「須磨子で飯が食へるものか、島村は今後《いま》に狂気するよ、然し同時に狂的文学者として大成するかもしれぬ」

「四十男の初恋ださうだ、可愛さうに」

　将来《いま》に島村はどういふ小説を書くだらうと、妙に同情の念が湧いて来ると、現状に不満足なる僕の胸中には、そゞろに過去の熱烈なる恋を回顧して一瞬の興味を貪《むさぼ》りたくなると、急にホテルが厭《いや》になつた。僕は春日の森が好きだ、朝露を踏みしだく吾妻下駄と、其裾のぬれるにまかすお召縮緬《めしちりめん》の女が好きだ。あゝ僕は奈良が好きだ。僕の初恋、三つある初恋の一つは、奈良のはたごやに一夜を明かした二十二歳の昔の夢の年上の女だ。

僕は急にホテルが厭やになつて大阪へ帰る気になつた。

「今夜はこれでお別れして帰ります」と力なく椅子を離れた。僕の胸中には淡い〳〵夢のやうに年上の女の顔が浮かんで居る、此幻影を何時までも保存したい。もう何にも言ひ度《た》くない。早く此まばゆきホテルを去つて闇《くら》き春日の森にゆき度い。

「雨が降つてこんなに遅う御座いますから、今夜は泊つてゐらつしやいな」と美人はすゝめてくれたけれど、僕は人力車を命じて帰ることにした。

雨の吹込む窓を開けて、こゝらあたりと思ふ菊屋の裏二階を闇の中に茫乎《ぼんやり》と見る。蛍が飛ぶやうだ、もしやお歌さんに心が通じたのではあるまいかと云ふ気がする。お歌さんはたしか其時二十五歳、浅黒かつたけれど細そりとした意気な芸妓であつた、書生上りの其頃の僕の眼には、何だか非常にお婆さんのやうに思はれた。色も、恋も、さういつた事は微塵《みじん》もない、遊びを覚えた許《ばか》りの僕の眼中には、二十五歳のお歌さんなぞは勿論無かつたのである。

梅雨の晴れ間の或る土曜日の夕方、お歌さんと二人で鳥六で御飯をたべて、芝居の看板を見ながら道頓堀のそゞろ歩き「ほとゝぎすといふ鳥の啼《な》く声を聞いたことがありますか」といふ話が糸口になつて、お歌さんに誘はれて、俄《にわか》に奈良へ遊びにゆくことになつた、菊屋の裏二階へ着いたのは彼《か》れ是《こ》れ十一時過であつた。

「別々に寝るんだよ」

女中は笑ひながら僕の言ふがまゝに床を二つ展《の》べた。僕の言葉にお歌さんは女中と顔を見合せて、笑ひながら済まして居つた。

「蚊が居るのかい」

と僕は蚊帳《かや》を吊る女中に聞く、ハイと軽く返事をしたばかりで吊つて出てゆく、一つ蚊帳の中に寝るのは一種の侮辱を受けるやうに感じたけれど、強ひて拒まうとしなかつた。

丁度猿沢の池に映る半円の月が、躍る魚に砕かれると又雲に隠れて消え、欄干の下の流の音と蛙の声が喧《やかま》しく聞えるだけで、ほとゝぎすのことは忘れてしまつた。一枚だけ開け残した雨戸の傍にある椅子にもたれて、朗詠式の詩吟を小さい声で試みる僕に関《かま》はず、お歌さんは蚊帳の裡でしばく煙管《キセル》をたゝく音をさせて居つたが、

「もう、寝なはれや」

と初めて言つた。僕は一枚の雨戸をしめて、蚊帳へ這入《はい》つた。

黙つて横になつたけれど僕にはとても寝入られない。坊主枕をくるくと廻しながら右

に左に寝返りをするばかりだ。

其中にお歌さんの鼾声が聞えた。僕は蛇の首のやうに少し立てゝ様子をうかゞつた。うす暗き有明の火影《ほかげ》は、蚊帳越の水色に美しい寝顔をてらして居る。

一時、二時、三時、二階の上り口のあたりで響く時計の音よりも、二階中を馳せ廻る鼠の音よりも、暢気《のんき》に寝入られるお歌さんの鼾《いびき》の声が耳について困る、なぜ女は斯《こ》う平気だらうと口惜しい様な心持がして来た。僕はそつとお歌さんの顔を覗いて見る。

「もうお起きなはつた」

と突然お歌さんが眼を半開にした時、驚いて自分の床へ飛び下つた。

「もう、お起きなはつた、まだ早いわ」

とお歌さんは右の手をだるさうに畳の上に投げ出した。

たうとう一睡もしない僕は、お歌さんに誘はれて、朝日の上らぬ中にと、朝詣でがてら春日の森に運動に出かけた。

「ゆふべ杜鵑《ほととぎす》が啼きましたか」

とお歌さんは僕の手を握りながら「なきやしまへんでつしやろ」

僕は黙つてうつむいて、お歌さんの露にぬるゝ吾妻下駄とお召の裾を見詰めて居た。

初めて我に返つたやうに「どうしたらいゝの」と顔を上げると、

「何をどうするの」

とお歌さんは頗る平気だ、そして「もう一晩とまりなはれや」といつて僕の顔を見てニッコリ笑つた。其笑ひ顔の当時を思ひ出しながら僕はホテルを出た。

雨が少し小止みになつて雲の絶間から星の光が見える、空想にふけつて丁度阿片を飲めば、斯うもあらうかと思はるゝ情調の中に、車は鳥居前に来た。

「オイ車屋、ちよつと降して呉《く》れ」

車夫は不思議さうに梶を下ろして幌を上げた。僕の好きな春日の森、お歌さんに手を曳《ひ》かれた青葉の影、僕はどこまで其幻夢の境に酔ふことが出来るかと心嬉しく車を降りた。

「暫く待つてくれ」

僕は二歩三歩、あゆみ出した。

雨夜の森の中、シャンデリヤの光りを避けてお歌さんを思ひ浮べながら行くと、一陣の強風、杉の木立のたまれる水を颯《さつ》とこぼす、洋服の片腕はしたゝかぬれた。森の奥より冷たい風が襲ふやうに吹いてくると、急に馬鹿々々しい様な気がして、直ぐに引返して車に乗る。「なんだ、馬鹿々々しい」と我知らずつぶやいた。狐につまゝれたやうな気がせぬでもない。もうお歌さんのことは忘れてしまつて、斯うい ふ時に鹿の鳴音が聞えると宜いがなと耳をそばだてるけれど駄目だ。ペタ〳〵と車夫の足音が、広い公園のさみしい裡を

―走るばかりだ。(中央公論、大正三年八月)

最も有望なる電車

箕面有馬電車軌道会社の開業はいつごろですか。

明治四十三年四月一日の予定です、先《ま》づ第一期線として大阪梅田から宝塚まで十五哩《マイル》三十七鎖《チエーン》及び箕面支線二哩四十四鎖、合計十八哩一鎖だけを開業するつもりです、そして全線複線で阪神電気鉄道と凡《す》べて同一式であります。

それだけの大仕事が現在の払込金、即ち第一回払込金百三十七万五千円で出来ますか、それとも払込金を取るお考へですか。

株主が喜んで払込金をする時まで払込を取らなくて屹度《きつと》開業して御覧に入れます。

これは近頃以《もつ》て不思議なお話を聞くものかな。他社の振合ひを聞くにいづれも第二回以上の払込金を取らなければ、開業はさて置き工事を進行することも出来ないと聞いて居りますのに、箕面有馬電鉄は払込金を取らなくてどうしてやりますか。

第一期線工事予算額に対する支弁法を左の如く定めましたからです。

一金二百七十万円　　大阪宝塚間及び箕面支線複線延長十八哩間建設費

一金十万三千百二十五円　未開業中年五分の利息配当金
一金五万円　未開業中借入金利息
合計金二百八十五万三千百二十五円
一金二百八十五万三千百二十五円　第一期建設費予算額
内金百三十七万五千円　第一回払込金
差引金百四十七万八千百二十五円　不足額
内金百三十万円　輸入材料品ニ対スル借入金額
再差引不足額　十七万八千百二十五円
外ニ
一金二十万円　住宅地買収予定額
合計金三十七万八千百二十五円　不足額
百三十万円の借入金は年利六分、手数料二分五厘にて他の会社よりも尚ほ有利の方法を選み、三井物産の仲介及び金融によつて既に約束致しました。尚ほ不足金三十七万円の借入先も承諾を得て居りますから安心です。
成程わかりました。然《しか》し聞く所によればいづれの電鉄線路も一哩の建設費は二十二三万円かかると云ふ話であるのに、箕面有馬電鉄だけが僅かに一哩十六七万円で出来ると云ふは何か特別な理由があるからですか。

大いにあります。その詳細の事は省き一寸《ちよつと》概略だけ申上げます。

一　創業以来経費の掛からざる組織で出来上つた特殊の会社であると云ふことが、他と大いに異なること。

一　経済界の沈静なる時に事業に着手するから材料の買入、土工の費用等凡べてのものが一割以上も下落して居ると云ふ点だけでも、好景気の時に施工した他の会社より利益の少なからざること。

一　測量、設計等、阪鶴鉄道会社が梅田直通線に投資した諸材料を、無償にて譲り受けた為めに経費を省き得たること。

一　最大工事と予期せられた新淀川の鉄橋が最も進歩したる設計によつて、約二十二万円ぐらゐにて出来る快便の鉄橋を敷設し得ること。

一　工事進行に伴ひ巨額の資金を要する上に尤[最]も困難のものと覚悟したる梅田の起点より、東海道線を越ゆる陸橋架設及び梅田附近土地買収の件が大阪市と契約が出来て、道路敷地買収費を会社より寄附し八間幅の新道路が出来、其上に電鉄を敷設する事となりましたから万事速急に成就し従つて経費の省き得ること。

一　世人が当会社を解散すべきものと誤認して居りました間に着々計画を進捗《しんちよく》しました

から、凡べて予想以外万事安価に処置し得た利益の大いなること。

大いにわかりました。そこで利益及び配当の御見込はどうですか。

未開業中は定款によつて年五分の配当を致します。また開業の上の利益及び配当は何人《なんぴと》が御覧になつても直ぐに御会得が出来るやうに明細表が御座いますから、委《くわ》しいことはそれを御覧下さることに願ひまして、一言に申上げますれば開業後八分の配当をなし得る事と信じます。尤もいま会社が計画して居ります事業が予定の如くうまく行けば一割以上の配当は何んでもない事と考へます。

それは余まりうますぎる話だと思ひますが、何か他に計画して居る事があるのですか。

それは外国の電鉄会社が盛んにやつて居る住宅経営の事です。会社の所有となるべき土地が気候適順、風景絶佳の場所に約二十万坪、僅かに梅田から十五分乃至《ないし》二十分で行けるところにあります。此所に停留場を設け大いに土地開発の策を講じて沿道の乗客を殖やし、同時に土地の利益を得ようと云ふ考へです。

箕面有馬電鉄の沿道はそんなによいところですか。

之《これ》は委しく申上げるまでもありません。何人でも宜しい、大阪附近を跋渉《ばつしよう》して御覧なさい。吹田《すいた》方面、桃山《ももやま》、天王寺《てんのうじ》、天下茶屋《てんがちやや》、住吉《すみよし》、浜寺《はまでら》、それから阪神線の沿道を御一覧になつた上で比べて見て下さい。この沿道は飲料水の清澄なること、冬は山を北に背に

大阪宝塚間及び箕面支線工事予算表

種目	金額		備考
	円		一 大阪梅田宝塚間十五哩三十七鎖、箕面支線二哩四十四鎖、合計十八哩一鎖ノ複線 一 利息配当金ハ明治四十三年三月三十一日まで年五分ノ割合 一 開業予定期日ハ明治四十三年四月一日
測量費	13,000	000	
工事監督費	45,000	000	
用地費	432,800	000	
土工費	206,598	500	
橋梁費	416,700	000	
溝橋費	44,000	000	
伏樋費	12,090	000	
軌道費	445,893	000	
発電所費	348,739	000	
変圧所費	43,385	000	
車輛費	248,850	000	
諸建物費	85,000	000	
器械場費	25,000	000	
運送費	3,700	000	
建築用具費	2,405	000	
柵垣及び境界杭費	1,850	000	
電線路費	170,040	000	
電信線架設費	5,365	000	
総係費	45,000	000	
予備費	104,584	500	
合計	2,700,000	000	
外ニ 利息配当金	103,125	000	
建設時代借入金利子	50,000	000	
建設費合計	2,853,125	000	
平均一哩	158,396	946	
内第一回払込金	1,375,000	000	
外国材料借入金	1,300,000	000	
差引不足金	178,125	000	
外ニ 住宅用地買収費	200,000	000	
再差引不足金	378,125	000	

収支予算表

摘　　要	金　　額	備　　考
	円	
一ヵ年総収入	413,545,000	
一ヵ年総支出	278,799,000	
差引益金	134,746,000	
法定積立金	6,800,000	
役員賞与金	6,800,000	
配当金	110,000,000	年利八朱
後期繰越金	11,146,000	

して暖かく、夏は大阪湾を見下ろして吹き来る汐風の涼しく、春は花、秋は紅葉と申分のないことは論より証拠で御一覧になるのが一番早やわかりが致します。

大ざっぱに承はりましただけでも、箕面有馬電鉄の有望なることは判かりました。併《しか》し尚ほもつと委しいことを承知したいと思ひますが、どうしたら宜しう御座いますか。

それならば、これから先の明細なる説明を御面倒ながら御一覧を願ひます。

目　次

一　建設費明細表
二　収支予算表
三　収入賃金予算表
四　支出金予算表
五　収入予算の説明（一日平均四千九百五十人の乗客あれば八分の配当は容易なり、電灯兼業はまた直ちに配当金を一分以上増加し得る見込なり）

六　建設工事の説明（起点・梅田停留所、梅田跨線橋、新淀川鉄橋、発電所及び変圧所）
七　遊覧電鉄の真価（服部《はっとり》の天神、箕面公園、勝尾寺《かつおじ》、池田町、能勢《のせ》の妙見《みようけん》、山本の牡丹《ぼたん》、中山の観音、売布《めふ》神社、米谷《まいたに》の梅林、日本一清荒神《きよしこうじん》、宝塚の温泉、宝塚の梅林）
八　適当なる住宅地（土地経営の説明）
九　阪神、京阪両電鉄連絡線

住宅地御案内

如何《いか》なる土地を選ぶべきか

美しき水の都は昔の夢と消えて、空暗き煙の都に住む不幸なる我が大阪市民諸君よ！出産率十人に対し死亡率十一人強に当る、大阪市民の衛生状態に注意する諸君は、慄然として都会生活の心細きを感じ給ふべし、同時に田園趣味に富める楽しき郊外生活を懐《おも》ふの念や切なるべし。

郊外生活に伴ふ最初の条件は、交通機関の便利なるに在りとす、今や、大阪市内電車の縦横に開通せんとするに際し、阪神、南海の既成線、並に京阪、箕面有馬の各電車は東西南北より市の内外を結びつけ、各々其沿道に於ける特色を発揮し、諸君の希望を満足せしめんとするものゝ如し。この時に於いて箕面有馬電車たるものは、風光明媚なる其沿道住宅地を説明し『如何なる土地を選ぶべきか』の問題を諸君に提供すべき義務あるを信ぜんとす、何となれば、最も適当なる場所に三十余万坪の土地を所有し、自由に諸君の選択に委《まか》し得べきは、各電鉄会社中、独り当会社あるのみなればなり。

『如何なる土地を選ぶべきか』の問題の前には、如何なる土地を所有せるやを明瞭ならしめざるべからず、折柄《おりから》天高く、秋爽の清気人に迫り、黄ばめる稲原を渡る風は、やがて全線十八哩半、野山の錦、二月の花よりも紅なる紅葉に音づれて、海内無双の箕面公園に遊ぶべき時、其沿道を跋渉せんとする諸君のために、試みに自ら薦めんか。

三十余万坪の田や畑や、山林、原野、これを十区に別つ、大阪より四哩余、服部天神よりゆくゆく二哩毎に、停車場あるところ、必ず其附近に会社の所有地あり、木標を辿りて歩めば、畑に果物熟り、其処《そこ》に培養せらるゝ植木、苗樹に不断の花を見るべし、森あれば池あり、山あれば流あり、而して東南に面せる丘陵一帯、蜿蜒《えんえん》として岡山より箕面、宝塚に走る。所謂《いわゆる》戌亥《いぬい》に住みて辰巳《たつみ》に通ふ理想的住宅地は左に 詳《つまびら》かなりとす。

場所	大阪より	大阪より	坪数
第一区　梅田	——哩——鎖	——分	八八〇坪

第二区	服部天神附近	四、七一	一〇	一五、六〇〇
第三区	曾根《そね》附近	五、四〇	一一	三三、七〇〇
第四区	岡町附近	六、二六	一三	六四、七〇〇
第五区	同	六、二六	一三	五〇、〇〇〇
第六区	麻田附近	七、二五	一六	一二、六四〇
第七区	分岐点附近	八、四九	二〇	二七、九〇〇
第八区	池田新住宅及附近	九、七八	二三	三三、〇二〇
第九区	中山及米谷梅林附近	一三、五〇	三〇 三五	一一、九〇〇
第十区	箕面公園附近	一一、一一	二五	六一、九二〇
合計				約三一二、二六〇

会社所有土地は八十六町余、此価格三十万余円（市内を除く）なれば一反平均僅かに三百六十余円に過ぎず、是《こ》れを実測すれば三十余万坪に上るべし、理想的郊外生活の新住宅地として、諸君の選択に任すべき三十余万坪を、一大楽園たらしめんには勢ひ諸君の移住を待たざるべからず、梢に宿る月に影あれば、沖の白波に千鳥の友呼ぶ声あり、然《さ》れば会

社も亦《ま》た自ら進んで模範的新住宅地を経営し、大いに大阪市民諸君の趣味に訴へんとするなり、住宅地として各々好む処を選ぶ以上は其風光に調和し、尚ほ且つ衛生的設備の完全したる家屋即ち住宅其物の設計も亦た等閑視すべきにあらず。玆《ここ》に於いて諸君は如何なる家屋に住むべきかといふ問題に逢著《ほうちゃく》すべき愉快を禁ぜざるべし。

如何なる家屋に住むべきか

家屋は諸君の城砦にして安息場所なり。古《いにしえ》より衣食住といへど、実は住食衣といふが自然の順序なるべし、家庭の平和、人体の健康等、家屋の構造に原因すること尠《すくな》しとせず、世人の家屋に意を払ふこと、切なる理ありといふべきなり。

人各々其趣味を異にすれば、家屋の構造、壁柵の好みに就《つ》いても意見一ならざるべしと雖《いえど》も、凡《およ》そ烟塵《えんじん》の大阪を去りて郊外に居住を構へんと企画せらるゝ諸君は、現在各電車の沿線に在る所謂る郊外生活の家屋を一覧せられよ、其設計が人家の稠密《ちゅうみつ》せる大阪市街の家屋と同様型にあらざれば、棟割長屋的の不愉快なるものにして、且つ塀を高くし垣を厳にせる没趣味なる、如何に諸君の希望に添はざるの甚《はなは》だしきかに驚かるべし。

巨万の財宝を投じ、山を築き水を導き、大厦《たいか》高楼《こうろう》を誇らんとする富豪の別荘なるものは暫く措《お》き、郊外に居住し日々市内に出でて終日の勤務に脳漿《のうしょう》を絞り、疲労したる身体を其家庭に慰安せんとせらるゝ諸君は、晨《あした》に後庭の鶏鳴《けいめい》に目覚め、夕《ゆうべ》に前栽《せんざい》の虫声を楽しみ、新しき手造りの野菜を賞味し、以《もっ》て田園的趣味ある生活を欲望すべく、従つて庭園は広きを要すべし、家屋の構造、居間、客間の工合、出入に便に、日当り風通し等、屋内に些《いささ》かも陰鬱《いんうつ》の影を止めざるが如き理想的住宅を要求せらるゝや必せり。

若《も》し斯《か》かる理想的家屋が、諸君の眼前に提出せられたりと仮定せんか、諸君は躊躇《ちゆうちよ》なく、郊外生活を断行せらるゝに至るべし、果然！ 諸君の眼前に模範的新住宅地、理想的新家屋は提供せられたるに非ずや。諸君は即《すなわ》ち『模範的郊外生活、池田新市街』を精読せざるべからず。

解説

鹿島茂

本書は、阪急グループの創業者で宝塚歌劇団の創始者である小林一三が、昭和二十七年（一九五二）四月から十月にかけて「週刊サンケイ」に連載した回想を中心にして、これに「生まれて初めて海を見た時代」（「新文明」昭和二十六年十一月号）と「何処に青春を買わん」（「東洋経済新報」昭和二十六年一月号）を合わせて一巻とした『逸翁自叙伝』（昭和二十八年刊）の文庫化です。

したがって、最初からこの自伝をしっかり味わっていただくのが、小林一三というこの特異な経済人を理解するのに最も良い方法ですが、しかし、読者の中には解説から読みはじめる癖のある方もおられるようですので、小林一三および阪急文化と筆者の拘《こだ》わりについてあらかじめ語ってから、本書で語られている伝記的事実を簡単にまとめ、次いで、この特異な自伝の読み所について説明を加えたいと思います。

たしか、オリックス・ブルーウェーブ（現バファローズ）の前身である阪急ブレーブスが西本幸雄監督によってパ・リーグの強豪チームに仕立てあげられるよりも前の、「灰色の阪急」と呼ばれていた「定位置四位」の昭和三十年代前半のことだと記憶します。関西から横浜に転校してきた非常にませた子が、巨人と阪神の対決に熱中している私たち小学生のプロ野球談義に割って入ってきてこう言いました。

「君ら、関東もんはなーんも知らんやろけど、阪神ちゅうのはホンマ小さな鉄道会社なんやで。反対に、阪急ゆうたら、そらゴツイ会社や。電車の線路も長いけど、デパートも、劇場も、大阪のキタはみんな、阪急のもんや。野球と逆やわ。阪神の選手かて、みんな偉うなったら、阪急の沿線に住みたい思うとるんや、宝塚のきれいな嫁はんもろうてな」

私たち「なーんも知らん関東もん」は、「へえー、あの《灰色の阪急》がねえー」とたまげたことを覚えています。

次に、阪急と出会ったのは、高校に入って文学青年となり、阪急沿線の高級住宅地を舞台にした谷崎潤一郎の『卍《まんじ》』や『細雪《ささめゆき》』、それに三島由紀夫の『愛の渇き』などを読んだときのことです。関西からのあの転校生の言葉がにわかによみがえってきました。そうか、谷崎や三島がひそかな憧れをもって描いているモダン関西というのは阪急文化圏のことなのか？だけど、なんで、関西では阪急沿線だけがモダンなんだ？　なにかわけでもあるのか？

この疑問は、社会人となり関西に出張することが増えるにつれ、阪急文化というのは小林一三という優れた実業家が関西に残した大切な遺産であることがわかってくると氷解しました。小林一三がつくったのはたんに阪急電鉄とその沿線文化、および宝塚歌劇団だけではないということが理解できたのです。しかし、このときにはまだ、私たちが東京起源のものと思い込んでいる大劇場、駅デパート、球場、郊外行楽地、室内プール、プレジャー・ランドそれに私鉄沿線の田園都市、洋風住宅など、いわゆる大正・昭和の新興中産階級のモダン文化が、みな小林一三の頭の中のアイディアの現実化であったということには気づいてはいませんでした。

そう、小林一三はたんに関西のモダン文化をつくりだしただけではないのです。われわれが今日もなおその影響下にあるライフスタイルの原型的イメージを造形した人物なのです。

ところで、ある一人の文化クリエイターの本質を知ろうとするときには、その人物が最も頻繁に口にする言葉を取り上げて、その核にあるイメージを明らかにするのが一番いいというのが私の信条ですが、小林一三の場合、好んで用いた言葉は意外なことに「大衆」でした。小林一三全集第三巻に収録された文章の中で、小林はこう言っています。

私の若い頃は文学青年で小説家を志願して文学をいじったり小説を書いたことがあった。……兎に角そんな人生を通って実業界に入って来たから大衆の気持、大衆の動向というものに非常な興味があるし、又よく判る、だから何時でも大衆に接する仕事、電車の乗客に対してはどうすべきものか、百貨店のお客様はこれこれである、芝居をやればどうしたら客が来るかというようなことを年中考えている……

（「私の経営法」）

これは切り離して読んだのでは非常に誤解を招きやすいテクストです。事実、誤読している小林信者も少なくありません。なぜ誤読が起きるかというと、「大衆」という言葉に与えている小林のイメージと、一般的なそれとの間にはかなりのずれがあるからです。小林一三の頭にあった大衆というものは、同時代の日本の左翼知識人が思い描いていた「額に汗して働く、勤勉な労働者大衆」というイメージとははっきりと位相を異にしていました。では、小林のいう「大衆」イメージとはどんなものだったのでしょうか？

昭和十一年、初の欧米視察旅行を終えた小林は「欧米より帰りて」という一文の中で、自分はアメリカに着いたときには、最初のうちはなぜもっと早くこなかったのかと痛感したが、イギリスやフランスを回っているうちに考えが変わり、今来てよかったと考えるようになったと述べ、次のようなはなはだ興味深いことを述べています。

実際のことを考えて見ても、もし私が十五年前にヨーロッパへ来て、勉強していたとすると恐らく私は、デパートに於いても、宝塚延《ひ》いては東宝チェーンに就いても、今日のような経営方針で会社を創設しなかったろう、と思う。私のやっている色々な事業は、私が外国へ行かなかったから出来たのであって、云わば怪我の功名であると痛感するのである。……大衆とか民衆とかデモクラットとか云う言葉も向こうで生まれた言葉であるから、さぞ大衆の芸術も盛んで立派であろうと考えて行って見ると、これまた非常なる誤りであって、すべての芸術はブルジョワの手に独占されていて、大衆とは遥かに縁遠いということを知ったのである。……富裕階級にはすべての芸術が媚を凝らしている反対に、民衆のためには、単に富籤《とみくじ》、犬のレース、賭博などという、野卑な射幸心をそそるものだけが用意されている。これで健全な大衆の成長があるだろうか。

つまり、小林は、自分がブッキッシュな知識から欧米型の大衆というイメージを勝手につくりあげ、その理想像に向けてすべての事業を展開してきたが、実際に行ってみると、欧米とくにイギリスやフランスの大衆が自分のイメージとはまったく違っていることにショックを受けたと言っているのです。

しかし、その一方で、小林は自分のつくりあげたイメージのほうが理想像として正しかったとも結論づけているのです。では、小林のいう「大衆」とは、いったいどんなものだったのでしょうか？　それを知るには、なにはともあれ、彼の事業を見てみなくてはなりません。なぜなら、彼の主張する通り「事業は人なり」なのですから。

小林一三は明治六年（一八七三）一月三日、山梨県の韮崎で、酒造業や絹問屋などを営む富商の家に生まれました。一三という名前は誕生日にちなんだものです。明治二十一年十五歳で上京して慶応義塾に学び、二十五年に十九歳で卒業。この間、文学青年となって創作に励み、小説「練糸痕」を故郷の「山梨日日新聞」に連載したこともあります。この小説は、東洋英和女学校の宣教師ラージがなにものかに殺された事件をもとにした推理小説の元祖で、のちに国文学者の柳田泉が「勉強次第では或は明治文学華やかなりしころの紅露鷗とは列伍されぬまでも、十指の中にはいる大物となつたかも知れない」と評したように十八歳の青年の手になるとはとうてい思えぬ才筆でした。細部の迫真性のために警察の取り調べを受けたほどでした。

このように、小林は小説家になることだけを夢見て、卒業後は都新聞に入社する予定でいたのですが、果たせず、明治二十六年に三井銀行に入社しました。

三井銀行には都合十四年間在籍しましたが、この間、出世らしい出世はなく、窓際社員に終始しました。途中、住友銀行や三越呉服店への移籍話もありましたが、いずれも先方の都合で話が立ち消えになるなど、不遇といっていい銀行員生活でした。

転機が訪れたのは、明治四十年、付き合いのあった北浜銀行頭取岩下清周《いわしたきよちか》から新設の証券会社の支配人になるよう要請を受けて、三井銀行を退職したときのことです。小林一三は日本初の証券会社の設立という仕事にファイトを燃やし、家族をつれて勇躍大阪にやってきましたが、なんと着いたその日に日露戦争後の株式大暴落が始まり、証券会社の設立などおよそ不可能な状況となってしまったのです。

それから三ヵ月後、三井物産常務飯田義一の推挙でようやく阪鶴鉄道の監査役の職を得て、この私鉄の発起した新しい鉄道「箕面有馬電気軌道株式会社」の創立事務に取り組むことになりましたが、折からの不景気の真っ只中、箕面公園や有馬温泉などという辺鄙《へんぴ》な場所に通ずる新鉄道などに人気があつまるはずもありません。十一万株のうち五万四千余株も未引受株が出て、新会社はスタートする前から解散の危機に瀕しました。ここで解散してしまえば、また素浪人に逆戻りとなります。

しかし、人間の運命というものは不思議なものです。創立事務の責任者として箕面有馬電気軌道株式会社（大正七年に阪神急行電鉄株式会社と社名変更、略称阪急電車）の計画線路の敷地を歩いているうちに、小林一三は、この新しい私鉄は案外将来性があるのではないかと思い始めたのです。なぜなら、この鉄道は信用はゼロで沿線住民からは早晩解散するだろうと思われていましたので、沿線の地価は安いまま底値にはりついていました。そこで土地を一坪一円で五十万坪買い集め、これを鉄道開通後に住宅地として二円五十銭の利益を乗せて転売すれば、半期ごとに五万坪売っても各期十二万五千円の利益が出ると計算したのです。

問題ははたして何十万坪という土地が計画通りに買収できるかですが、沿線の地主は危ない会社なので土地を買ってもいずれ投げ出すだろうと馬鹿にしていましたから、小林は、あるいはこれはうまくゆくかもしれないと考えたのです。そこで、未引受株の引受人探しも含めて箕面有馬電気軌道株式会社（以下、箕面電車と略す）設立のリスクを一人で負う決心をして、東奔西走したのです。

当時はまだ鉄道経営は乗客や貨物の輸送という観点からだけしか考えられておらず、分譲地を開発して鉄道の採算を取るというアイディア自体が存在していませんでした。つまり、これだけでも小林の鉄道経営の哲学はそうとうに画期的なのです。

しかし、本当に革命的なのは、その分譲地の住宅街をどう作り上げるかという小林の開発理念でした。それは小林が分譲地の売り出しのために作成したパンフレット『住宅地御案内＝如何なる土地を選ぶべきか・如何なる家屋に住むべきか』によくあらわれています。

美しき水の都は昔の夢と消えて、空暗き煙の都に住む不幸なる我が大阪市民諸君よ！出産率十人に対し死亡率十一人強に当る、大阪市民の衛生状態に注意する諸君は、慄然として都会生活の心細きを感じ給ふべし、同時に田園趣味に富める楽しき郊外生活を懐ふの念や切なるべし。……

……凡そ烟塵の大阪を去りて郊外に居住を構へんと企画せらるゝ諸君は、現在各電車の沿線に在る所謂る郊外生活の家屋を一覧せられよ、其設計が人家の稠密せる大阪市街の家屋と同様型にあらざれば、棟割長屋的の不愉快なるものにして、且つ塀を高くし垣を厳にせる没趣味なる、如何に諸君の希望に添はざるの甚だしきかに驚かるべし。

巨万の財宝を投じ、山を築き水を導き、大厦高楼を誇らんとする富豪の別荘なるものは暫く措き、郊外に居住し日々市内に出でて終日の勤務に脳漿を絞り、疲労したる身体を其家庭に慰安せんとせらるゝ諸君は、晨に後庭の鶏鳴に目覚め、夕に前栽の虫声を楽しみ、新しき手造りの野菜を賞味し、以て田園的趣味ある生活を欲望すべく、従って庭園は広きを要すべし、家屋の構造、居間、客間の工合、出入に便に、日当り風通し等、屋内に些かも陰鬱の影を止めざるが如き理想的住宅を要求せらるゝや必せり。

……果然！　諸君の眼前に模範的新住宅地、理想的新家屋は提供せられたるに非ずや。諸君は即ち『模範的郊外生活、池田新市街』を精読せざるべからず。


小林一三は、まず排煙に煙る人口密集地の不潔、非衛生を槍玉にあげ、それと対比する形で、箕面電車沿線の爽やかな郊外生活を描き出します。ついで、その郊外分譲地の住宅は、既存の私鉄沿線の趣味の悪い棟割長屋的住宅とは異なる新しいタイプの住宅であることを強調し、富豪の大邸宅ではないが、清潔で明るく、便利で、合理的、しかも広々とした庭を持ち、ガーデニングなども楽しむことができるような理想的な郊外住宅であると結んでいます。ようするに小林が箕面電車の最大の売り物としようとしているのは、欧米の田園都市の郊外住宅のイメージにかなり近いモダン住宅なのです。

それをよく示すのが、小林が実際に建てた建売住宅の中に純洋式の住宅があったという点です。なんと、それは畳の部屋がひとつもない完全な西洋館でした！　ところが、目論見に反して、この建て売り西洋館はさっぱり売れませんでした。しかし、小林はそれでもなお自分は洋式礼賛論者だといい張り、『逸翁自叙伝』の中でこう主張しています。

……今日まで何千何百軒の建売をしたけれど、阪神間高級住宅においてすらも、純洋式の売家には買手がない……寝台的設計よりも畳敷が愛されて、純洋式は不評である。……畳に対する執着力は寝室、客間、居間といろいろ便利だからというばかりではない。座って暮らすのが国民的習慣だからというばかりでもない。この二重生活がいつまでつづくか私には判らないが、寝台によって毛布が採用され、寝具を廃止する時代の一日も早く来ることを希望する。（本文一七〇～一七一ページ）

空気の爽やかな郊外の、畳の間が一つもない純洋式住宅で、決して贅沢は言えないが健康的で合理的な生活を営む人々、それこそが小林一三が頭に描いていた「大衆」にほかなりません。あるいはすくなくとも、不潔な都市部の密集地を抜け出し、そうした郊外の住宅に住もうという上昇志向を持つ人々でした。より具体的に言えば、官吏、弁護士、医者、銀行員、商社員など、資産はないが学歴はある新しいホワイトカラー階級です。彼らはまだ社会的には少数派でしたが、やがて日本をリードする階層に育ってゆくにちがいない。小林は、箕面電車の創立をたった一人で引き受けるに当たって、こうした新しい階層の人々を「賭ける」に値する「大衆」と判断したのです。

小林の予想は見事に当たり、分譲住宅はたちまちのうちに完売しました。なによりも、それまで住宅販売に用いられることがなかった月賦払い方式、つまり長期ローンを組んだことが吉と出ました。新しいホワイトカラーたちは夢と将来性はあるが、資金はなかったからです。

……だいたい二階建、五、六室、二、三十坪として土地家屋、庭園施設一式にて二千五百円ないし三千円、頭金を売価の二割とって残金を十ヵ年賦、一ヵ月二十四円支払えば所有移転するというのである。売出すとほとんど全部売れたので、順次豊中、桜井その他停留所付近に小規模の住宅経営を続行して、ここに阪急沿線は理想の住宅地として現在に至ったのである……。（本文一六八ページ）

それはさておき、小林の先駆性を見るには、この住宅分譲が行われたのが明治の四十年代のことである事実を思い出しておく必要があります。すなわち、東京では、この時代にはまだようやく市電が開通したにすぎず、山の手の中産階級も夏目漱石の『それから』や『門』に描かれたようなつましい借家に住み、純和風の生活を送っていたのです。

小林のいう「大衆」のライフスタイルが東京にも登場するのは、これから十五年ほどたった大正末期のこと、それも小林自身の協力によって、目蒲《めかま》線に田園都市が作られてからのことです。小林の頭にあった「大衆」のイメージの先駆性には恐れ入るほかありません。先駆性といえば、箕面電車の建売住宅の販売の際、小林が各市街に、購買組合と倶楽部（社交クラブ）を設けたことは、彼の理想が欧米型の田園都市計画にあることをよく物語っています。すなわち、小林は池田室町の中心地点に倶楽部を造り、同時にそこに購買組合を設けて、住民自身で生活用品を仕入れ配分するようなシステムを作ったのです。購買組合は最初のうちは好評でしたが、やがてデフレで物価が下がるようになると市中の商人との価格競争に勝てなくなり、解散の憂き目を見ました。同じく倶楽部も日本の住宅地では欧米のような帰宅後の付き合いというものがないために挫折します。

しかし、これらのシステムの導入一つをもってしても、小林の理想とする田園都市の原型的なイメージがわかって興味深いのではないでしょうか？

小林が箕面電車を立ち上げるために用いた方策は、理想的住宅地の建設ばかりではありません。宝塚線・箕面支線が開通すると、小林は郊外への行楽客を引き付けるために、箕面公園に動物園を造営して、「行くや公園一の橋、渡る谷間の水清く」という唱歌を印刷した絵葉書を遠足児童に配り、父兄へのお土産とするという工夫もしました。また宝塚には、旧温泉とは別に新温泉を開発すると同時に、巨大な室内プールを中心としたプレジャー・ランド「パラダイス」を建設して、強力な集客施設を宝塚に集中することにしたのです。

もっとも、このパラダイスは温水プールの水が冷たすぎたりしてアイディア倒れとなり、経営的には失敗に終わりましたが、そこから思いもかけない救世主が誕生することとなります。宝塚少女歌劇団です。

パラダイスの巨大な室内プールの利用に困った小林は、しばらくは結婚博覧会や婦人博覧会などの博覧会ブームに乗った企画展を催していましたが、そのうちに、一つの合理的利用法を思いつきます。

そのころ、大阪の三越呉服店には、東京のそれを模した少年音楽隊なるものがありました。赤地格子縞の洋装のチャーミングな少年たちによる音楽隊です。小林はこれを見て、宝塚にも音楽隊を組織しようと思いついたのです。ただし、少年ではなく少女を使う。すなわち宝塚少女唱歌隊を組織して、パラダイスの室内プールを改造した劇場で歌わせ、宝塚新温泉の集客源にするというのです。やがて、少女唱歌隊は、唱歌だけではなく歌劇もこなせるほどに上達したので、宝塚少女歌劇団と改名して旗上げすることが決まりました。こうして、大正三年（一九一四）の四月一日、歴史に残る宝塚少女歌劇団の処女公演の幕が開いたのです。

宝塚少女歌劇団の成功で自信を得た小林は、かねてよりの持論の「国民的歌劇」を創出すべく、まず大正十三年に、四千人収容の宝塚大劇場を、ついで昭和七年には、いよいよ東京に進出して、翌々年に東京宝塚劇場を完成させ、さらには東宝を作って映画製作にも乗り出します。このとき、小林が書き残した「演劇経営作戦」は、それまで日本の興行界を独占していた松竹に対する挑戦状であると同時に、小林の頭にある「大衆」「国民」のイメージを明瞭に打ち出したものです。

……私の目的は一部少数者の要求する芸術の為めの芸術でもなければ、従って又、多数大衆に媚ぶるが為めの享楽本位に堕落せしめようとするのではない、私の最大目的は、生活の単位を個人より家族に、従って其《その》娯楽も亦《また》個人より家族に、即ち、如斯《かくのごとく》にして、家族より家庭に、更に、家庭より公共に、而《しか》して大衆に、全国民に、——其旗幟は簡単にして鮮明である。朗らかに、清く、正しく、美しく……

小林の戦略をひとことで言えば、インテリではないが下品な娯楽を嫌うアッパーな大衆、つまり「清く、正しく、美しい」国民や大衆の層を拡大してゆくために、演劇経営に乗り出すというものです。しかし、そのためには、「清く、正しく、美しい」国民が演劇や映画を気軽に見に出掛けられるシステムをつくらなければならない。それには、大劇場主義によって観覧料を安くするほかない、というのです（「私の経営法」）。

私は国民の見るべき芝居は、国民の生活状態を基礎としなければいけないと信じている。国民の生活程度を標準として考えると、家庭本位に、家族が打連れてゆく芝居見物は一人前一円位の観覧料が最も適当であると思うものである。そこで一円で見せるにはどうすればよいか、芝居の実質を低下せずして、国民の希望に添うには収容力の増加より途はない……

ようするに、できるかぎり良い芝居や映画を、できるかぎり安く、できるだけ多くの人にというモットーです。しかし、小林の真に偉大なところは、その一方で、大劇場主義を貫くための合理化を怠らなかった点です。すなわち、興行時間を短縮し、窓口の従業員の数を減らして、経費を削減すると同時に、どんな芝居や映画でも一定数の客が確保できるように冷暖房や飲食などのサービスを良くする。これだけが、儲かるときにだけ暴利をむさぼる水商売的な経営から近代的劇場経営へと脱却させる方法だと考えたのです。

この方法は小林が阪急百貨店をつくったときにも同じように適用されました（「同前」）。

……従来のデパートはお客様を集めるために自動車で送り迎えをしたり、種々の催物をしたり、コップ一つでも遠方へ配達するという工合に非常な金を使っている。併《しか》しお客様はどうかと言うと、その当時で一番入る所で八万、あとは五万位であった。

これだけのお客様を集めるのに巨額の金を使うなんて凡そ馬鹿々々しいことだ、私共の阪急では一日十五六万人の乗降客がある。其処《そこ》へもって行って百貨店を拵《こしら》えれば黙って居ってもお客様が来て下さる、それに今迄百貨店は大阪の南の方にはあるが北の方には無い。ここでやれば客寄せの経費が省けて一割だけ安く売れるから屹度《きっと》お客様に満足して戴ける、と言うのが私が百貨店を始めた理由であった。

小林は、さらに、水もの商売の代表といわれる食堂経営にもこの「より良く、より安く、より多数の人に」という原則をあてはめました。それは阪急百貨店の大食堂のメニューがカレー、オムレツなどの洋食中心だったことによくあらわれています。なぜなら、日本料理では一年中同一品質のものをふんだんに用意することができないが、洋食なら、「より良く、より安く、より多数の人に」が可能だからです。

小林がすべての面でターゲットとして設定した「清く、正しく、美しい」大衆、すなわち、学歴はあるがインテリではなく、下品なものは嫌うが芸術至上主義にはならない大衆、ようするに、阪急沿線の健康的な住宅地に住み、阪急デパートで買い物をして、宝塚の公演を年に何回か見にゆくようなアッパーな大衆というイメージは、戦後、日本全国に広まり、高度資本主義の確立に貢献することになります。

この意味で、小林一三は、阪急文化ばかりか、戦後日本の、より限定的にいえばバブル崩壊以前まで日本に確かに存在していた「一億総中産階級文化」も創ったといえるのです。

（かしま・しげる／明治大学教授）

後記

本稿は『東京人』一九九八年五月号収録の「『大衆』をつかんだ実業家」に加筆し、修整をくわえたものです。

KODANSHA

本書は一九九〇年に図書出版社から刊行された『逸翁自叙伝』を底本とし、あらたにサブタイトルを付して文庫化したものです。なお、原著は産業経済新聞社より一九五三年に刊行されました。

小林一三（こばやし　いちぞう）

明治～昭和期の実業家、政治家（1873～1957）。山梨県巨摩郡河原部村（現・韮崎市）に生まれる。慶応義塾卒業後、三井銀行入社。箕面有馬電気軌道（現・阪急電鉄）創立に参加して専務、のち社長。宝塚少女歌劇、東宝映画などを創設。第2次近衛内閣の商工相、幣原内閣の国務相、戦災復興院総裁を歴任。戦後、公職追放解除後に東宝社長。逸翁は号。

講談社学術文庫

定価はカバーに表示してあります。

逸翁《いつおう》自《じ》叙伝《じょでん》
阪急創業者《はんきゅうそうぎょうしゃ》・小林一三《こばやしいちぞう》の回想《かいそう》

小林一三《こばやしいちぞう》

2016年4月11日　第1刷発行
2025年4月3日　第5刷発行

発行者　篠木和久
発行所　株式会社講談社
東京都文京区音羽 2-12-21 〒112-8001
電話　編集（03）5395-3512
販売（03）5395-5817
業務（03）5395-3615

装　幀　蟹江征治
印　刷　株式会社ＫＰＳプロダクツ
製　本　株式会社国宝社
本文データ制作　講談社デジタル製作

2016　Printed in Japan

ISBN978-4-06-292361-3

「講談社学術文庫」の刊行に当たって

これは、学術をポケットに入れることをモットーとして生まれた文庫である。学術は少年の心を養い、成年の心を満たす。その学術がポケットにはいる形で、万人のものになることは、生涯教育をうたう現代の理想である。

こうした考え方は、学術を巨大な城のように見る世間の常識に反するかもしれない。また、一部の人たちからは、学術の権威をおとすものと非難されるかもしれない。しかし、それはいずれも学術の新しい在り方を解しないものといわざるをえない。

学術は、まず魔術への挑戦から始まった。やがて、いわゆる常識をつぎつぎに改めていった。学術の権威は、幾百年、幾千年にわたる、苦しい戦いの成果である。こうしてきずきあげられた城が、一見して近づきがたいものにうつるのは、そのためである。しかし、学術の権威を、その形の上だけで判断してはならない。その生成のあとをかえりみれば、その根は常に人々の生活の中にあった。学術が大きな力たりうるのはそのためであって、生活をはなれた学術は、どこにもない。

開かれた社会といわれる現代にとって、これはまったく自明である。生活と学術との間に、もし距離があるとすれば、何をおいてもこれを埋めねばならない。もしこの距離が形の上の迷信からきているとすれば、その迷信をうち破らねばならぬ。

学術文庫は、内外の迷信を打破し、学術のために新しい天地をひらく意図をもって生まれた。文庫という小さい形と、学術という壮大な城とが、完全に両立するためには、なおいくらかの時を必要とするであろう。しかし、学術をポケットにした社会が、人間の生活にとってより豊かな社会であることは、たしかである。そうした社会の実現のために、文庫の世界に新しいジャンルを加えることができれば幸いである。

一九七六年六月

野間省一

人生・教育

253
村井　実全訳・解説
アメリカ教育使節団報告書

戦後日本に民主主義を導入した決定的文献。臣民教育を否定し、戦後の我が国の民主主義教育を創出した不朽の原典。本書は、「戦後」を考え、今日の教育問題を考える際の第一級の現代史資料である。

271
夏目漱石著（解説・瀬沼茂樹）
私の個人主義

文豪夏目漱石の、独創的で魅力あふれる講演集。漱石の根本思想である近代個人主義の考え方を述べた表題作を始め、先見の明に満ちた『現代日本の開化』他、『道楽と職業』『中味と形式』『文芸と道徳』を収める。

電P

274～277
佐藤一斎著／川上正光全訳注
言《げん》志《し》四《し》録《ろく》（一）～（四）

江戸時代後期の林家の儒者、佐藤一斎の語録集。変革期における人間の生き方に関する問題意識で貫かれた本書は、今日なお、精神修養の糧として、また処世の心得として得難き書と言えよう。（全四巻）

442・443
吉田松陰《しょういん》著／近藤啓吾全訳注
講《こう》孟《もう》箚《さつ》記《き》（上）（下）

本書は、下田渡海の挙に失敗した松陰が、幽囚の生活の中にあって同囚らに講義した『孟子』各章に対する彼自身の批判感想の筆録で、その片言隻句のうちに、変革者松陰の激烈な熱情が畳み込まれている。

451
宇《う》野《の》哲《てつ》人《と》著（序文・宇野精一）
論語新釈

「宇宙第一の書」といわれる『論語』は、人生の知恵を滋味深く語ったイデオロギーに左右されない不滅の古典として、今なお光芒を放つ。本書は、中国哲学の権威が詳述した、近代注釈の先駆書である。

493
下村湖人《こじん》著（解説・永杉喜輔）
論語物語

『論語』を心の書として、物語に構成した書。人間味あふれる孔子と弟子たちが現代に躍り出す光景が、みずみずしい現代語で描かれている。『次郎物語』の著者の筆による、親しみやすい評判の名著である。

電P

人生・教育

523

小堀桂一郎訳・解説

森鷗外の『智恵袋』

文豪鷗外の著した人生智にあふれる箴言集。世間へ船出する若者の心得、逆境での身の処し方、朋友・異性との交際法など、人生百般の実践的な教訓を満載。鷗外研究の第一人者による格調高い口語訳付き。

527

サミュエル・スマイルズ著／中村正直訳（解説・渡部昇一）

西国立志編《さいこくりっしへん》

原著『自助論』は、世界十数ヵ国語に訳されたベストセラーの書。「天は自ら助くる者を助く」という精神を思想的根幹とした、三百余人の成功立志談。福沢諭吉の『学問のすゝめ』と並ぶ明治の二大啓蒙書の一つ。Ⓟ

567

新渡戸稲造《にとべいなぞう》著（解説・佐藤全弘）

自警録《じけいろく》　心のもちかた

日本を代表する教育者であり国際人であった新渡戸稲造が、若い読者に人生の要諦を語りかける。人生の妙味はどこにあるか、広く世を渡る心がけは何か、全力主義は正しいのかなど、処世の指針を与える。

568

橋本左内《さない》著／伴　五十嗣郎全訳注

啓発録《けいはつろく》　付　書簡・意見書・漢詩

明治維新史を彩る橋本左内が、若くして著した『啓発録』は、自己規範・自己鞭撻の書であり、彼の思想や行動の根幹を成す。書簡・意見書は、世界の中の日本を自覚した気宇壮大な思想表白の雄篇である。

577

貝原益軒著／伊藤友信訳

養生訓《ようじょうくん》　全現代語訳

大儒益軒は八十三歳でまだ一本も歯が脱けていなかった。その全体験から、庶民のために日常の健康、飲食飲酒色欲洗浴用薬幼育養老鍼灸など、四百七十六項に分けて、噛んで含めるように述べた養生の百科である。

594

宇野哲人全訳注（解説・宇野精一）

大学

修己治人、すなわち自己を修練してはじめてよく人を治め得る、とする儒教の政治目的を最もよく組織的に論述した経典。修身・斉家・治国・平天下は真の学問の修得を志す者の熟読玩味すべき哲理である。